高等继续教育财经专业精品教材系列

财智睿读

审计基础

Basics of Auditing（第二版）

李 冰 陈 勇 主 编
吴兰飞 郭晓晨 副主编

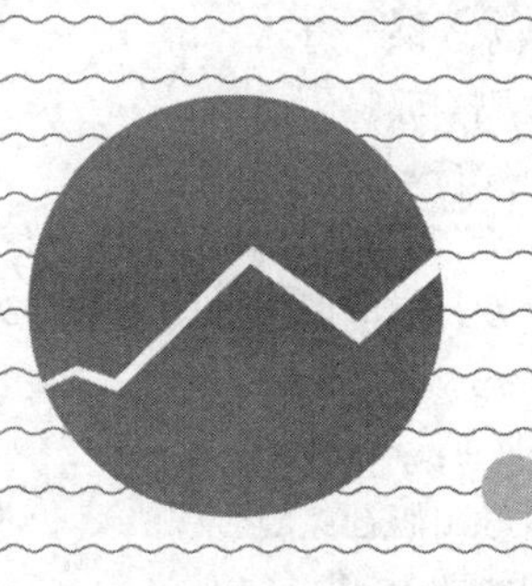

中国财经出版传媒集团
经济科学出版社
Economic Science Press

图书在版编目（CIP）数据

审计基础/李冰，陈勇主编．—2 版．—北京：经济科学出版社，2020.1（2022.1 重印）
高等继续教育财经专业精品教材系列
ISBN 978－7－5218－1236－7

Ⅰ.①审…　Ⅱ.①李…②陈…　Ⅲ.①审计学－成人高等教育－教材　Ⅳ.①F239.0

中国版本图书馆 CIP 数据核字（2020）第 012433 号

责任编辑：李一心
责任校对：杨　海
版式设计：齐　杰
责任印制：李　鹏

审计基础
（第二版）
主　编　李　冰　陈　勇
副主编　吴兰飞　郭晓晨
经济科学出版社出版、发行　新华书店经销
社址：北京市海淀区阜成路甲 28 号　邮编：100142
总编部电话：010－88191217　发行部电话：010－88191522
网址：www. esp. com. cn
电子邮箱：esp@ esp. com. cn
天猫网店：经济科学出版社旗舰店
网址：http：//jjkxcbs. tmall. com
北京密兴印刷有限公司印装
787×1092　16 开　14 印张　240000 字
2020 年 1 月第 2 版　2022 年 1 月第 2 次印刷
印数：3001—5000 册
ISBN 978－7－5218－1236－7　定价：28.00 元
（图书出现印装问题，本社负责调换。电话：010－88191510）

前　言

党的十八大以来，以习近平同志为核心的党中央坚定不移地实施科教兴国战略和人才强国战略，党的十九大明确提出要“办好继续教育”，为落实这一要求，推动高等继续教育提质增效，内涵式发展，山东财经大学组织长期从事高等继续教育教学的相关专家、教授，对原有的成人高等教育财经专业精品教材系列进行了修订。

该系列教材的修订，在内容上紧扣财经类专业课程设置和教学大纲，科学、系统地涵盖了专业教学的基本内容，适用于经济、管理学科，尤其是经济学、会计学、金融学和工商管理等专业高等继续教育的教学，对指导和帮助学生获取专业基础知识和基本技能具有较强的针对性；在篇章安排及体例设计方面，融合了国内外相应领域优秀教材的编写方法，每章开头提示“本章重点”，结束进行“本章小结”，前后呼应，并根据章节重点内容设计相应的练习题，对知识点加以巩固，符合学生学习的认知规律。该系列教材在使用范围和地域上，具有广泛的适应性。

《审计基础》是该系列教材之一。本教材考虑了学科发展的前沿性、实践性，紧密结合当前审计理论研究的最新成果和教学实践的最新发展，并结合高等继续教育的教学特点和要求，为学生提供了一个先进的、实用的、完整的、可操作的学习体系。本教材强调专业知识的系统性、实践性和宽泛性，以民间审计（即注册会计师审计）为主，并对政府审计和内部审计作了必要的介绍。教材共分为9章，第1～7章和第9章主要讲述审计的基本理论、基本知识、基本方法和技能，第 8 章讲述审计的基本实务。希望通过本教材的学习，使学生在了解并掌握基本理论知识的基础上，能更好地培养动手实践能力。

参加本教材编写的有：山东财经大学李冰（第 1 章、第 2 章、第 3 章、第 4 章），临沂市高等财经学校郭晓晨（第 5 章），山东省会计干部中等专业学校淄博分校陈勇（第 6 章、第 7 章、第 9 章），济南大学吴兰飞（第 6 章、第 7 章、第 8 章）。本教材由李冰、陈勇担任主编、负责设计教材的总体结构并总纂全文。

本教材的编写参考并吸收了有关法规制度、教材和书籍的相关内容，并得到了同仁的大力支持，谨此说明并致以诚挚的谢意！

审计基础是一门理论与实际应用紧密结合的课程。在本教材编写过程中我们虽然做了不少努力，但由于作者水平有限，书中难免有错误或疏漏之处，恳请专家、读者批评指正。

编者

2019 年 10 月

目　录

第 1 章
总论

本章要点

◇ 了解审计产生和发展的过程
◇ 掌握审计的概念、特征、种类、职能和作用
◇ 熟悉审计的组织机构和人员

1.1 审计的产生和发展

审计是一个经济范畴，又是一个历史范畴。它是在社会经济发展到一定阶段产生的，并伴随着经济的发展而发展。它经历了由简单到复杂，由低级到高级的发展过程。

1.1.1 审计产生的客观依据

审计是一门既古老又年轻的学科。我国在西周时期，外国在罗马帝国时代就已经有了审计的萌芽，一直发展至今。审计产生虽早，但真正发展成为一门学科，却是20世纪的事。当今的审计与古代审计相比，在审计的目标、范围、对象、职能、方法等方面，都有了极大的发展，已经形成了一套比较完整的科学体系，在当今经济生活中发挥着不可缺少的重要作用。

那么，审计产生的前提条件是什么呢？当社会生产力发展到一定水平，私有制出现后，剩余产品逐渐集中到少数人手中，财产所有者

对自己占有的财产照管不了，只好将其交付他人代管或代为经营。为维护财产所有者的利益，需要委派或委托另一机构和人员，对他人代管或代为经营的业绩进行审查和评价，因而才产生了审计。所以审计是在财产所有权和经营管理权分离后所形成的受托经济责任关系下，基于经济监督的客观需要而产生的。受托经济责任关系的确立是审计产生和发展的基础。当受托经济责任关系确立后，客观上就存在着委托者对受托者实行经济监督的需要。由于二者之间存在着直接利益关系，财产所有者自身对财产管理者的监督、检查便带有一定的主观性和片面性。因此，对财产管理者的监督检查，客观上要求与财产所有者和管理者都无利害关系的第三者来进行，于是审计应运而生。

受托经济责任关系产生审计的同时，也形成了审计关系。审计关系是指一项审计行为必然涉及的审计人、被审计人和审计授权人或委托人三方之间所形成的经济责任关系。这三方面的关系人形成了下列关系：

（1）审计授权人或委托人与审计人之间是授受审计监督权的关系，同时，审计人要向审计授权人或委托人如实报告审计结果。

（2）审计授权人或委托人与被审计人之间是授受财产管理权的关系。被审计人作为财产管理、运用者，要保证财产安全、完整，保证财产有效运用，有及时报告财产管理、运用结果的责任，所以两者之间是一种委托代理关系。

（3）审计人与被审计人之间是审查与被审查的关系。审计人是监督被审计人的经济活动，并不参与或管理被审计人的经济活动。即审计人与被审计人不存在任何财产利益上的利害关系。

1.1.2 审计的产生和发展

1. 政府审计的产生和发展

审计的最初形态是政府（官厅）审计，它产生于奴隶社会末期。我国是世界上最早产生审计的国家之一。我国审计的发展经历了一个漫长而曲折的过程，大体可分为六个阶段：

（1）西周初期初步形成阶段。我国政府审计起源于西周时期，其主要标志是“宰夫”一职的出现。在西周官制天官系统中，就设有“宰夫”官职，负责对各级官府的财政收支进行独立全面的审查。宰夫行使就地稽查之权，是独立于财计部门之外的官职，发现违法乱纪者可越级向天官乃至周王报告，而且还建立了较为科学的原始财计牵制制度。

（2）秦汉时期最终确立阶段。秦汉时期是我国审计的确立阶段，初步形成了统一的审计模式。秦代实行御史制度，国家设御史大夫直接辅佐皇帝，执掌弹劾、纠察之权，专司监察全国的民政、财政以及财物审计事项。汉承秦制，由御史大夫兼上计之职，行使监察大权，并确立“上计律”，使我国审计与法联系，成为我国审计立法的开端。

（3）隋唐至宋日臻健全阶段。隋唐至宋时期是我国审计制度日臻健全阶段。隋唐两代，在刑部之下设比部，是我国最早的独立于财政机关以外的审计监督机关，行使司法审计监督权。宋代除在刑部之下设比部之外，北宋初期还在太府寺内设立“审计司”。宋太宗淳化三年（公元 992 年），设置了专门审查军政开支的“诸军诸司专勾司”，南宋时改为“审计院”。宋朝使“审计”成为财政财务监督的专用名词。

（4）元、明、清停滞不前阶段。元明清三朝，君主专制日益强化，审计虽有发展，但总体上可以说是停滞不前。元明两代均未设独立审计机构。清代直至光绪年间，拟单独设立审计院，并草成《审计院官职条例》，但未能实施，不久清政府即被推翻。

（5）中华民国不断演进阶段。辛亥革命后，中华民国于 1912 年在国务院下设审计处，1914 年北洋政府将其改为审计院，同年颁布《审计法》。1928 年国民政府设审计院，并颁布了《审计法》和实施细则，次年颁布《审计组织法》。1931 年改审计院为审计部，直属监察院，将审计机构置于监察系统之中，并于 1938 年修订了审计法，以后又有几次修改补充，审计制度日臻完善。但由于国民党当局政治腐败，致使审计徒具形式，起不到应有的监督作用。

（6）新中国振兴阶段。新中国成立后，会计检查取代审计，未设立独立审计机构。党的十一届三中全会后，审计工作有了长足的发展。我国将建立审计机构，实施审计监督载入 1982 年的宪法，并于 1983 年 9 月成立了我国政府审计的最高机关——审计署，并在县以上各级人民政府设置各级审计机关，配备专职审计人员。1985 年 8 月颁发了《国务院关于审计工作的暂行规定》，1988 年 11 月颁布了《中华人民共和国审计条例》。1995 年 1 月 1 日《中华人民共和国审计法》（以下简称《审计法》）的实施，使我国的政府审计工作有了一部基本法作为总的规范与指导。1997 年，国务院发布了《中华人民共和国审计法实施条例》，审计工作和审计制度进入了全面振兴时期。2006 年 2 月颁布的《审计法》（2006 年修订），更将我国的政府审计带进一个高速发展的新时期。

在西方国家，随着生产力的发展和经济关系的变革，审计也经历了一个漫长的发展过程。据考证，早在奴隶制度下的古罗马、古埃及和古希腊时代，已有了官厅审计机构。审计人员以“听证”方式，对掌管国家财物和赋税的官吏进行审查和考核，成为具有审计性质的经济监督工作。

2. 内部审计的产生和发展

一般认为，内部审计是伴随着政府审计而逐步形成、发展的，古代的内部审计与政府审计很难截然划分清楚。直至进入中世纪之后，内部审计才具有较为完整的形态，如寺院审计、宫廷审计、城市审计、行会审计、银行审计、庄园审计等，并出现了独立的内部审计人员。

现代内部审计产生于20世纪40年代。第二次世界大战后，由于公司经营规模的扩大、资本积累的加快和竞争的加剧，使很多企业十分重视加强内部经济监督，实行事前预防性控制，突破了由外部注册会计师进行事后查账的传统模式，逐步开展企业的内部审计工作。1941年，“国际内部审计师协会”（IIA）在美国成立，标志着内部审计走进了新的历史发展阶段。其后，该协会先后出版了《内部审计师职责条例》《内部审计实务标准》等重要著作，对内部审计的理论和实务都做出了有益的探索。

为完善审计监督体系，加强部门、单位内部经济监督和管理，我国于1984年在部门和单位内部成立了审计机构，实行内部审计监督，并于1985年12月颁布了《审计署关于内部审计工作的若干规定》，1995年7月颁布《审计署关于内部审计工作的规定》，2003年3月颁布了新的《审计署关于内部审计工作的规定》，2003年4月中国内部审计协会发布了《内部审计基本准则》等。从此，内部审计蓬勃发展。

3. 民间审计的产生和发展

民间审计又称注册会计师审计、社会审计、独立审计，虽然起源于意大利，但在创立和传播注册会计师审计职业的过程中发挥重要作用的却是英国。

西方国家的民间审计起源于16世纪的意大利。当时由于以威尼斯为代表的地中海沿岸城市商品贸易的发展、经营规模的扩大，单个业主的资金难以满足商业经营的资金需求，于是就产生了合伙制企业。在当时的合伙制企业中，有的合伙人既出资又参与企业的经营管理，有的合伙人只出资不参与企业的经营管理，这就导致了财产所有权与经营权的分离，由此产生了对审计的要求，当时便有部分财产所有者聘请会计工作者来负责对企业的监督检查工作。

18 世纪下半叶时，英国的资本主义经济得到迅速发展，生产的社会化程度大大提高，股份有限公司的兴起使企业的所有权与经营权进一步分离。绝大多数股东已完全脱离经营管理，为了维护自身利益，他们非常关心企业的经营成果，以做出是否继续持有公司股票的决定。同时，由于金融资本对产业资本的逐步渗透，增加了债权人的风险，他们也非常重视公司的生产经营情况，以便做出是否继续贷款或者是否索偿债务的决定。而公司的经营成果和财务状况，只能通过公司提供的财务报表来反映。因此，在客观上产生了由独立会计师对公司财务报表进行审计，以保证财务报表真实可靠的需求。

民间审计产生的催化剂是 1721 年英国的"南海公司"事件。当时"南海公司"以虚假的财务信息诱骗投资人上当，其股票价格扶摇直上。但好景不长，"南海公司"最终未能逃脱破产倒闭的厄运，使股东和债权人损失惨重。英国议会聘请会计师查尔斯·斯耐尔对"南海公司"进行审查。斯耐尔以"会计师"名义提出了"查账报告书"，从而宣告了独立会计师——注册会计师的诞生。1853 年，世界上第一个职业会计师的专业团体——爱丁堡会计师协会创立。嗣后，各国会计师协会和会计师事务所相继成立，注册会计师队伍逐渐壮大起来。

我国的民间审计起步较晚。1918 年 9 月北洋政府颁布了我国第一部注册会计师法规——《会计师暂行章程》，并于同年批准谢霖为中国第一位注册会计师，谢霖在北京创办的我国第一家会计师事务所——正则会计师事务所也获批准成立。1925 年上海成立了"全国会计师公会"，1930 年国民党政府颁布了《会计师条例》，1933 年又成立了"全国会计师协会"，民间审计得到了一定发展。但在半殖民地、半封建的旧中国，民间审计不可能充分发挥其应有的作用。

新中国成立后，民间审计在恢复经济的工作中发挥了积极作用。但后来由于推行苏联高度集中的计划经济模式，中国的注册会计师审计逐步退出经济舞台。党的十一届三中全会后，党和政府把工作重点转移到经济建设上来。为适应各方面的需求，我国在 1980 年恢复重建了注册会计师制度，财政部颁发了《关于成立会计顾问处的暂行规定》，标志着我国注册会计师行业开始复苏。1986 年 7 月，国务院发布了《中华人民共和国注册会计师条例》，据此在我国各大城市，相继成立会计师事务所和审计事务所等民间审计组织。1994 年 1 月 1 日，《中华人民共和国注册会计师法》的实施，使民间审计步入了法制轨道，并得到迅猛发展。2007 年 1 月 1 日实施的《中国注册会计师执业准则》，使民间审计开始朝着国际化的标准发展。

1.2 审计的概念和特征

1.2.1 审计的概念

审计，是指审计机关依法独立检查被审计单位的会计凭证、会计账簿、财务会计报告以及其他与财政财务收支有关的资料和资产，全面监督财政财务收支以及有关经济活动的真实、合法和效益的行为。对审计概念的理解应掌握以下要点：

（1）审计的主体是独立于被审计单位的审计机构和人员。

（2）审计的性质是法定的，必须依法接受委托或授权才能审计。

（3）审计的对象是会计凭证、会计账簿、财务会计报告以及其他与财政财务收支有关的资料和资产。

（4）审计的依据是国家法律、行政法规以及财政经济规章制度。

（5）审计的目的是保护国家利益，维护财经法纪，维护被审计单位的合法权益，改善经营管理，提高经济效益。

1.2.2 审计的特征

1. 独立性

独立性是审计的主要特征，主要表现在：

（1）组织机构的独立。这是保证审计工作独立性的关键。其主要内容为审计机构不能受制于其他部门和单位，尤其是不能成为国家财政部门和各机构财务部门的下属机构，否则，对财政、财务收支进行审计就会失去意义。组织机构的独立还表现为审计机构应独立于被审计单位之外，与被审计单位没有任何组织上的行政隶属关系。

（2）业务工作的独立。这里首先是指审计工作不能受任何部门、单位和个人的干涉，应独立地对被审查的事项作出评价和鉴定。其次是指审计人员在实施审计工作的全过程应当依法独立行使审计监督权，自觉抵制各种干扰，对被审计事项作出客观公正的结论。

（3）经济来源的独立。这是保证审计组织机构独立和业务工作独立的物质基础。审计机构的经济来源应有一定的法律法规或制度作保证，不受被审计单位的制约。即使是民间审计组织，也规定除了正常的业务收费外，不允许与被审计单位有其他经济依附关系。

2. 权威性

审计组织的权威性是审计监督正常发挥作用的重要保证。各国法律对实行审计制度、建立审计机关以及审计机构的地位和权力都做了明确规定，这样使审计组织具有法律的权威性。审计人员依法履行审计职能，受法律保护，任何组织和个人不得拒绝、阻碍审计人员开展审计工作，不得打击报复审计人员。审计机关有要求报送资料权，检查权，调查取证权，采取临时强制措施权，建议主管部门纠正其有关规定权，通报、公布审计结果权，对被审计单位拒绝、阻碍审计工作的处理、处罚权，对被审计单位违反预算或者其他违反国家规定的财政收支行为的处理权，对被审计单位违反国家规定的财务收支行为的处理、处罚权，给予被审计单位有关责任人员行政处分的建议权等。这样不仅有利于保证审计执业的独立性、准确性和科学性，而且有利于提高审计报告与结论的权威性。

1.3 审计的职能和作用

1.3.1 审计的职能

审计职能是审计本身所固有的内在功能，它不受人们主观意志所支配，而是决定于社会经济条件和经济发展的客观需要，并随着经济的发展而发展变化。审计具有以下三方面职能：

1. 经济监督

经济监督是审计基本的、首要的职能。所谓经济监督，是指检查和督促被审计单位的经济活动在规定的标准内，在正常的轨道上进行；检查受托经济责任人履行经济责任的情况，借以揭露违法违纪，制止损失浪费，查明错误弊端，判断管理缺陷，进而追究经济责任。

2. 经济评价

经济评价就是通过审核检查，评定被审计单位的计划、预算、决策方案是否先进、可行，经济活动是否按照既定的决策和目标进行，经济效益是否在提高，以及内部控制是否健全有效等，从而有针对性地提出意见和建议，以促使其改善经营管理，提高经济效益。

3. 经济鉴证

鉴证顾名思义就是鉴定和证明。经济鉴证是指通过对被审计单位财务报表及有关经济资料所反映的财务收支和有关经济活动的公允性、正确性和合理性的审核检查，确定其可信赖程度，并作出书面报告，以取得审计委托人或其他有关方面的信任。

1.3.2 审计的作用

审计的作用是指审计职能在审计工作中产生的客观效果，主要有制约作用和促进作用。

1. 制约作用

审计的制约作用是指通过对被审计单位的财务收支及其有关经营管理活动进行审查、监督和鉴证，在确保财经法规和财务制度得到遵守和执行方面起到的防护和制约作用。

2. 促进作用

审计的促进作用是指通过对被审计单位的经营管理活动和经营管理制度进行审查和评价，对被审计单位建立和健全内部控制制度、改善经营管理、提高经济效益，以及加强宏观调控起到建设性的促进作用。

1.4 审计的种类

由于审计的主体、范围、时间、地点不同，对审计工作的要求不同，从而形成了不同类型的审计。我国的审计分类标准有基本分类和其他分类两种。其中体现审计本质的分类是基本分类，即按审计主体、内容和目的的分类；此外的分类为其他分类。

1.4.1 审计的基本分类

1. 按审计主体分类，可分为政府审计、内部审计和民间审计

政府审计又称国家审计，是指由政府审计机关依法进行的审计。我国的政府审计机关分为中央和地方两个层次。根据我国《宪法》规定，我国政府审计机关包括由国务院设置的审计署和各省、自治区、直辖市、市、县等各级地方政府设置的审计厅（局）和政府在地方或中央各部委设置的派出审计机关。政府审计机关依法对国务院各部门和地方各级人民政府及其各部门的财政收支，国有金融机构和企业事业单位的财务收支及其经济效益，国有资本占控股或主导地位的企业及金融机构的财务收支进行审计监督。

内部审计是指由本单位内部专职的审计机构或人员依法执行的审计。内部审计机构或人员独立于财会部门之外，直接接受本单位董事会下设的审计委员会或主要负责人的领导，依法对本单位及其下属单位的财务收支、经营管理活动和经济效益进行审计监督。

民间审计又称注册会计师审计、独立审计、社会审计，是指由依法成立的民间审计组织所实施的审计，也即由经有关部门批准成立的会计师事务所实施的审计。民间审计组织接受各类资源财产的所有人或主管人的委托，依法对被审计单位的财务收支和经济效益等承办审计鉴证、经济案件鉴定、注册资本验证和管理咨询服务等业务。

2. 按审计内容和目的分类，可分为财政财务审计、财经法纪审计、经济效益审计和经济责任审计

财政财务审计分为财政审计和财务审计。财政审计是指政府审计机关对本级财政预算的执行情况和下级政府财政预算的执行情况和决算，以及预算外资金的管理和使用情况的真实性、合法性和效益性所进行的审计监督。财务审计是指由审计机关对各级政府部门、金融机构、企事业单位的财务收支以及有关经济活动的真实性、合法性和效益性所进行的审计。

财经法纪审计是指审计机关对被审计单位和个人严重侵害国家资产、严重损失浪费、失职、渎职及其他严重损害国家经济利益、违反财经法纪的行为所进行的一种专案审计。

经济效益审计是指审计机关对照预先确定的评价标准，对审计项目是否实现预定目标或者达到既定标准进行检查，对该项目的经济效益、社会效益和环境效益作出独立评价，对影响各种效益的深层次原因进行分析，为有关部门和单位改善管理、合理决策提供有用信息，促进公共资源的有效利用。

经济责任审计是指审计机关对党政领导干部和国有企业领导人员任职期间应负经济责任的履行情况，所进行的审计监督。经济责任是指主要负责人任职期间对其所在单位财政收支、财务收支的真实性、合法性和效益性，以及有关经济活动应当负有的责任，包括主管责任和直接责任。

1.4.2　审计的其他分类

1. 按审计范围分，可分为全部审计、局部审计和专项审计

全部审计是指对被审计单位审计期内的全部财政财务收支及其有关经济活动的真实性、合法性、效益性进行的审计。这种审计的范围广泛，有利于查出被审计单位的错弊，但审计工作量大，费时费力，适用于规模小、业务量少，或者内部控制不健全、存在问题多的单位。

局部审计是指对被审计单位审计期内的部分财政财务收支及其有关经济活动的真实性、合法性、效益性进行的审计。这种审计的范围小，审计重点突出，针对性强，省时省力，但因覆盖面有限，易遗漏问题。

专项审计是指对被审计单位经济活动的某一项目或某一方面进行监督检查。这种审计一般有特定的目的和特定的审计内容，具有较强的针对性。

2. 按审计实施的时间分，可分为事前审计、事中审计和事后审计

事前审计是指在被审计单位的财政财务收支和经济业务发生之前所进行的审计。事前审计的作用是为了预防、减少决策失误，实现决策的科学化。

事中审计也称跟踪审计，是指在相关被审计事项的发展过程中介入，并跟随被审计事项的发展过程持续进行监督的审计活动，主要包括项目跟踪审计、资金跟踪审计和政策跟踪审计。事中审计有利于及时发现和纠正偏差，挖掘潜力，改善管理，保证预定目标和预算的实现。

事后审计是指在被审计单位的财政财务收支和经济业务完成以后所进行的审计。事后审计的作用是研究问题、纠正错误舞弊、挽回损失和改进工作。

3. 按审计执行地点分，可分为报送审计和就地审计

报送审计是指审计机构对被审计单位依照审计机构要求报送的记录、反映被审计行为的各种资料实施的审计。这种审计方式可以节省时间、节约费用，但审计风险较大。

就地审计是指审计机构派审计人员到被审计单位实施的审计。这种审计方式可以使审计人员深入实地调查研究，全面了解和掌握被审计单位实际情况，从而减少审计风险。

4. 按审计动机分，可分为法定审计和自愿审计

法定审计是指审计机构根据法律、法规对被审计单位实施的审计。这种审计方式是按照审计机关的审计计划进行的，不管被审计单位是否愿意，都应依法接受审计。政府审计就属于法定审计。

自愿审计是指根据被审计单位自身的需要，委托审计组织就其委托项目所进行的审计。委托审计大多是按照《公司法》《商法》《证券交易法》及其他经济法规的要求而进行的审计。

5. 按审计是否预先通知被审计单位分，可分为预告审计和突击审计

预告审计是指审计机构在进行审计之前，将审计的目的、内容、日期及要求预先通知被审计单位的审计。这种审计方式可以使被审计单位提前做好各项准备工作，以利于审计工作的顺利进行。这种审计多用于财政财务审计和经济效益审计。

突击审计是指审计机构在对被审计单位实施审计之前，不将审计的有关事项预先通知被审计单位而进行的审计。突击审计的目的是使被审计单位在事前不知情的情况下接受审查，使其没有时间弄虚作假、掩饰真相，以取得较好的审计效果。这种审计多用于财经法纪审计和贪污舞弊审计。

随着社会经济的发展，审计的外延越来越丰富，其表现形态也日益多样化。上述审计分类虽然是从多角度、多方位进行的，但各种审计类型之间并不是各自孤立的，而是依据不同的审计主体相互交叉、相互结合在同一审计项目中。

知识拓展

审计按实施的周期不同，可分为定期审计和不定期审计；按审计证据的数量和范围，可分为详细审计和抽样审计；按照业务循环可分为销售与收款循环审计、采购与付款循环审计、生产与存货循环审计、人力资源与工薪循环审计、投资与筹资循环审计等。

1.5 审计组织和审计人员

1.5.1 审计组织

1. 政府审计组织

（1）政府审计机关组织形式。政府审计机关是代表政府依法行使审计监督的行政机关，它具有宪法赋予的独立性和权威性。根据我国宪法规定，我国的政府审计机构分为中央和地方两级。国务院设立审计署，是我国最高审计机关，由国务院总理领导，对国务院负责并报告工作。审计署负责组织全国的审计工作，依法对国务院各部门和地方各级人民政府的财政收支，对国家的财政、金融机构和企事业单位的财务收支，进行审计监督。县级以上的地方人民政府设立审计机关，负责本行政区域的审计工作。我国各级审计机关实行统一领导，分级审计，双重管理体制。地方各级审计机关，分别在省长、市长、县长和上一级审计机关的双重领导下，组织领导本行政区的审计工作，负责对本级政府所属单位和下一级政府的财政财务收支进行审计。地方审计机关在行政上受本级人民政府领导并报告工作，业务上受上一级审计机关的领导并报告工作。

（2）政府审计机关职责。根据《审计法》规定，政府审计机关的主要职责有：对本级各部门（含直属单位）和下级政府预算的执行情况和决算以及其他财政收支情况，进行审计监督；审计署在国务院总理领导下，对中央预算执行情况和其他财政收支情况进行审计监督，向国务院总理提出审计结果报告，地方各级审计机关分别在省长、自治区主席、市长、州长、县长、区长和上一级审计机关的领导下，对本级预算执行情况和其他财政收支情况进行审计监督，向本级人民政府和上一级审计机关提出审计结果报告；对国有金融机构的资产、负债、损益进行审计监督；对国家的事业组织和使用财政资金的其他事业组织的财务收支，进行审计监督；对国有企业的资产、负债、损益进行审计监督；由国务院规定的对国有资产占控股地位或者主导地位的企业进行的审计监督；对政府投资和以政府投资为主的建设项目的预算执行情况和决算，进行审计监督；对政府部门管理的和其他单位受政府委托管理的社会保障基金、社会捐赠资金以及其他有关基金、资金的财务收支，进行审计监督；对国际组织和外国政府援助、贷款项目的财务收支，进行审计监督；对国家机关和依法属于政府审计机关审计监督对象的其他单位的主要负责人，在任职期间对本地区、本部门或者本单位的财政财务收支以及有关经济活动应负经济责任的履行情况，进行审计监督等。

（3）最高审计机关国际组织。政府审计的国际组织是成立于1953 年的最高审计机关国际组织。该组织是由联合国成员国的最高审计机关组成的。其宗旨是促进最高审计机关之间在政府审计领域内的思想和技术交流，并就共同感兴趣的专业和技术问题进行探讨和提出建议。经国务院批准，我国审计署于 1983 年正式加入该组织。

知识拓展

世界各国政府审计机关的管理模式主要有四种：立法型审计机关，政府审计机关隶属于国家立法部门；司法型审计机关，政府审计机关隶属于国家司法部门；行政型审计机关，政府审计机关隶属于政府行政部门；独立型审计机关，审计机关独立于立法部门、司法部门和行政部门之外。我国政府审计机关属于行政型审计机关模式。

2. 内部审计组织

（1）内部审计机关组织形式。我国内部审计机关分为部门内部审计机构和单位内部审计机构两部分。部门内部审计机构是国务院和县级以上各级政府的各部门，根据审计业务需要而设置的专职审计机构，在本部门主要负责人领导下，负责对本部门及所属单位的财务收支和经济效益进行审计。审计业务受同级政府审计机关指导，向本部门负责人和同级政府审计机关报告工作。单位内部审计机构是财政、金融机构、企事业单位设置的专职审计机构，在本单位主要负责人领导下，负责对本单位的财务收支及经济效益进行审计。其审计业务受上一级主管部门审计机构的指导，向本单位负责人和上一级主管部门审计机构报告工作。

（2）内部审计机构职责。内部审计机构的主要职责有：对本单位及所属单位的财政财务收支及其有关的经济活动进行审计；对本单位及所属单位预算内、预算外资金的管理和使用情况进行审计；对本单位内设机构及所属单位领导人员的任期经济责任进行审计；对本单位及所属单位的固定资产投资项目进行审计；对本单位及所属单位内部控制制度的健全性、有效性及风险管理进行评审；对本单位及所属单位的经济管理和经济效益情况进行审计等。

（3）国际内部审计师协会。内部审计的国际组织是成立于 1941 年的国际内部审计师协会。它的宗旨是为会员完成各项专业职责和促进内部审计事业的发展提供服务。1987 年中国内部审计学会以国家分会的形式加入该协会。

3. 民间审计组织

（1）会计师事务所。民间审计组织是指根据国家法律或条例规定，经政府有关部门审核、注册登记的会计师事务所。目前我国会计师事务所的组织形式主要有有限责任会计师事务所和合伙会计师事务所。

（2）中国注册会计师协会。中国注册会计师协会是在财政部的领导下，经政府批准成立的注册会计师的职业组织，成立于1988年。1995年6月19日，与中国注册审计师协会联合组成注册会计师全国性组织。联合后的中国注册会计师协会，依法对全国注册会计师行业实行管理，依法接受财政部的监督、指导，并依据《中华人民共和国注册会计师法》和《中国注册会计师协会章程》行使职责。

该协会的宗旨是：服务、监督、管理、协调。为注册会计师、会计师事务所和审计事务所服务；为社会主义市场经济服务；监督注册会计师和事务所执业质量、职业道德；依法管理注册会计师行业；协调行业内、外关系，维护注册会计师和事务所的合法权益。

（3）民间审计的业务范围。根据我国《注册会计师法》的规定，会计师事务所及注册会计师业务主要包括审计业务、审阅业务、其他鉴证业务和相关服务业务。其中审计业务包括：审查企业会计报表，出具审计报告；验证企业资本，出具验资报告；办理企业合并、分立、清算事宜中的审计业务，出具有关报告；办理法律、行政法规规定的其他审计业务。

（4）国际会计师联合会。注册会计师审计的国际组织是成立于1977年的国际会计师联合会。其宗旨是建立会计师在执行国际业务时应遵循的职业道德准则和制定能够协调国际业务的审计标准，发展和提高世界范围内会计职业的协作。1997年中国注册会计师协会加入该组织。

知识拓展

根据《中华人民共和国注册会计师法》的规定，我国只准设立有限责任会计师事务所和合伙会计师事务所。

（1）有限责任会计师事务所是指以其全部资产对其债务承担责任的事务所。设立负有限责任的会计师事务所必须有5名以上的股东；有一定数量的专职从业人员，其中至少有5名注册会计师；有不少于人民币30万元的注册资本；有股东共同制定的章程；有会计师事务所的名称；有固定的办公场所。

（2）合伙会计师事务所是指由合伙人按出资比例或者协议的约定，以各自的财产承担连带责任的事务所。设立合伙会计师事务所必须有2名以上的合伙人，聘用一定数量符合规定条件的注册会计师和其他专业人员参加会计师事务所工作；有书面合作协议；有会计师事务所的名称；有固定的办公场所。

1.5.2 审计人员

审计人员是指在审计机关执行审计业务的专职人员。审计人员应具备以下条件：

1. 要有较高的业务能力和专业知识

审计工作涉及财政、财务、会计、金融、生产、经营、管理等方面，审计人员业务能力的强弱、专业知识水平的高低，直接影响着审计的工作质量。这就要求审计人员必须具备一定的审计专业知识，熟悉审计有关法律、法规、技术守则，掌握一定的财会知识，有发现问题和分析、判断问题并能准确表达意见的能力。能不断接受后续教育，提高自己的专业技能。

2. 要有坚强的法制观念

为保证审计工作的严肃性，审计人员必须具备较高的政治素质和法制观念。要依据审计的有关法规进行审计，承担必要的审计责任，不得滥用职权、营私舞弊、玩忽职守、弄虚作假，违反者应给予行政处分，构成犯罪者，要依法追究刑事责任。

3. 要有明确的职业道德

审计人员应具有高尚的职业道德品质，树立正确的业务指导思想和敬业奉献精神，遵循职业道德的基本原则，即审计人员在执行审计业务时必须坚持诚信、独立、客观和公正、专业胜任能力和应有的关注、保密、良好职业行为等原则。

知 识 拓 展

根据《注册会计师法》规定："具有高等专科以上学校毕业的学历，或者具有会计或者相关专业中级以上技术职称的中国公民，可以申请参加注册会计师全国统一考试；具有会计或者相关专业高级技术职称的人员，可以免予部分科目的考试。"通过注册会计师考试全科成绩合格的，均可取得注册会计师资格，并申请加入注册会计师协会成为非执业会员，但不能执业。要有执业资格，还必须按照规定，加入一家会计师事务所，具有两年审计工作经验，并符合其他审批条件。只有经批准注册后，发给国务院财政部门统一制定的注册会计师证书，方可执行注册会计师业务。

本 章 小 结

1. 审计是生产力发展到一定阶段的产物，其产生的根本原因是财产所有权与经营管理权的分离和受托经济责任关系的形成。

2. 审计指审计机关依法独立检查被审计单位的会计凭证、会计账簿、财务会计报告以及其他与财政财务收支有关的资料和资产，全面监督财政财务收支以及有关经济活动的真实、合法和效益的行为。

3. 审计的特征表现为独立性和权威性。独立性包括组织机构的独立、业务工作的独立、经济来源的独立。

4. 由于审计的主体、范围、时间、地点不同，对审计工作的要求不同，从而形成了不同类型的审计。其中最为常见的是按审计主体分类，可分为政府审计、内部审计和民间审计。

5. 审计的职能主要有经济监督、经济评价和经济鉴证三项。审计的作用主要体现在制约、促进两方面。

6. 根据我国《注册会计师法》的规定，会计师事务所及注册会计师业务主要包括审计业务、审阅业务、其他鉴证业务和相关服务业务。

复习思考题

一、填空题

1. ________的确立是审计产生的前提条件。

2. 审计关系由________、________和________三方构成。

3. 我国第一家会计师事务所是谢霖在北京成立的________。

4. ________日，《中华人民共和国注册会计师法》正式实施。

5. 审计有________、________和________三个职能。

6. 审计的作用主要有________和________。

7. 审计按主体分类，可分为________、________和________。

二、单项选择题

1. 我国审计一词的正式使用始于（　　）。

A. 西周时期　　B. “中华民国”

C. 新中国成立初期　　D. 宋代

2. 我国政府审计机关的管理模式为（　　）。

A. 立法型　　B. 司法型

C. 行政型　　D. 独立型

3. 我国审计署成立于（　　）年9月。

A. 1983　　B. 1995

C. 1949　　D. 1998

4. 下列关于民间审计的提法中，不正确的是（　　）。

A. 民间审计早于政府审计

B. 民间审计产生的直接原因是财产的所有权和经营权分离

C. 民间审计是由会计师事务所和注册会计师实施的审计

D. 民间审计能提高财务信息的可靠性和可信性

三、多项选择题

1. 审计产生的根本原因有（　　）。

A. 财产所有权与经营管理权的分离

B. 打击经济犯罪

C. 维护统治阶级利益

D. 受托经济责任关系的确立

2. 审计的特征包括（　　）。

A. 独立性　　B. 权威性

C. 广泛性　　D. 客观性

3. 按审计的内容和目的分类，可分为（　　）。

A. 财政财务审计　　B. 经济效益审计

C. 经济责任审计　　D. 财经法纪审计

4. 我国会计师事务所的组织形式主要有（　　）。

A. 个人独资　　B. 合伙制

C. 合营制　　D. 有限责任制

5. 设立有限责任事务所需符合的条件包括（　　）。

A. 不少于人民币 30 万元的注册资本

B. 有 5 名以上的注册会计师及股东

C. 有 5 名以上国家规定职龄以内的专职从业人员

D. 有固定的办公场所

6. 我国县级以上人民政府设立审计局，接受（　　）的领导。

A. 本级人民政府　　B. 本级人民代表大会

C. 上一级审计机关　　D. 上级人民政府

四、判断题

1. 审计的最初形态是民间审计。（　　）

2. 我国各级审计机关实行统一领导，分级审计，双重管理体制。（　　）

3. 对于被审计单位存在的违法违纪行为可采取预告审计的方式。（　　）

五、简答题

1. 审计的独立性表现在哪些方面？

2. 审计的定义是什么？它的作用体现在哪些方面？

3. 什么是审计关系？包括哪几方面的关系？

4. 注册会计师审计的业务范围有哪些？

第 2 章

审计准则和注册会计师的职业道德

本章要点

◇ 了解审计准则的概念和作用
◇ 熟悉我国国家审计准则和内部审计准则的内容
◇ 掌握注册会计师执业准则体系
◇ 准确把握我国注册会计师的职业道德的基本原则和防范措施

2.1 审计准则

2.1.1 审计准则的概念和作用

1. 审计准则的概念

审计准则又称审计标准，是专业审计人员在实施审计工作时，必须恪守的最高行为准则，它是审计工作质量的权威性判断标准。我国的审计准则有国家审计准则、内部审计准则和注册会计师执业准则。

2. 审计准则的作用

（1）规范和指导审计工作。审计准则是审计人员的行为指南，是评价审计人员工作的标准。各国审计准则对审计人员的专业资格、工作态度、工作程序和方法都做了详细规定，使审计人员能按照规范的审计程序和方法进行审计，从而获得社会公众的信任。

（2）维护、保障审计组织和审计人员的正当权益。审计准则规定了审计职业责任的最低要求，一旦审计人员与审计委托人因审计意见不一致而发生纠纷，使审计组织和审计人员受到不公正指责时，审计准则就成为明辨是非、划清责任的主要依据。

（3）评价和提高审计工作质量。审计质量的高低对于维护被审计单位和社会利益以及提高审计职业的社会地位有着直接联系。审计质量的高低，除受审计人员的素质和经验的制约外，还要看在审计过程中是否遵循了科学的审计程序和审计方法，而审计准则就是审计质量的准绳。

2.1.2　国家审计准则

《中华人民共和国国家审计准则》包括总则、审计机关和审计人员、审计计划、审计实施、审计报告、审计质量控制和责任、附则共 7 章 200 条，对执行审计业务基本程序作了系统规范，是审计机关和审计人员履行法定审计职责的行为规范，也是执行审计业务的职业标准和评价审计质量的基本尺度，适用于审计机关开展各项审计业务。下面就其主要内容做一介绍：

1. 总则

（1）审计机关和审计人员执行审计业务，应当适用本准则。其他组织或者人员接受审计机关的委托、聘用，承办或者参加审计业务，也应当适用本准则。

（2）审计机关和审计人员执行审计业务，应当区分被审计单位的责任和审计机关的责任。在财政收支、财务收支以及有关经济活动中，履行法定职责、遵守相关法律法规、建立并实施内部控制、按照有关会计准则和会计制度编报财务会计报告、保持财务会计资料的真实性和完整性，是被审计单位的责任。依据法律法规和本准则的规定，对被审计单位财政收支、财务收支以及有关经济活动独立实施审计并作出审计结论，是审计机关的责任。

（3）审计机关的主要工作目标是通过监督被审计单位财政收支、财务收支以及有关经济活动的真实性、合法性、效益性，维护国家经济安全，推进民主法治，促进廉政建设，保障国家经济和社会健康发展。

（4）审计机关对依法属于审计机关审计监督对象的单位、项目、资金进行审计。审计机关按照国家有关规定，对依法属于审计机关审计监督对象的单位主要负责人的经济责任进行审计。

（5）审计机关依法对预算管理或者国有资产管理使用等与国家财政收支有关的特定事项向有关地方、部门、单位进行专项审计调查。

（6）审计机关和审计人员执行审计业务，应当依据年度审计项目计划，编制审计实施方案，获取审计证据，作出审计结论。审计机关应当委派具备相应资格和能力的审计人员承办审计业务，并建立和执行审计质量控制制度。

（7）审计机关依据法律法规规定，公开履行职责的情况及其结果，接受社会公众的监督。

2. 审计机关和审计人员

（1）审计机关执行审计业务，应当具备下列资格条件：符合法定的审计职责和权限；有职业胜任能力的审计人员；建立适当的审计质量控制制度；必需的经费和其他工作条件。

（2）审计人员执行审计业务，应当具备下列职业要求：遵守法律法规和本准则；恪守审计职业道德；保持应有的审计独立性；具备必需的职业胜任能力；其他职业要求。

（3）审计人员应当恪守严格依法、正直坦诚、客观公正、勤勉尽责、保守秘密的基本审计职业道德。

（4）审计人员执行审计业务时，应当保持应有的审计独立性，遇有下列可能损害审计独立性情形的，应当向审计机关报告：与被审计单位负责人或者有关主管人员有夫妻关系、直系血亲关系、三代以内旁系血亲以及近姻亲关系；与被审计单位或者审计事项有直接经济利益关系；对曾经管理或者直接办理过的相关业务进行审计等。

（5）审计人员不得参加影响审计独立性的活动，不得参与被审计单位的管理活动。

（6）审计机关组成审计组时，应当了解审计组成员可能损害审计独立性的情形，并根据具体情况采取下列措施，避免损害审计独立性：依法要求相关审计人员回避；对相关审计人员执行具体审计业务的范围作出限制；对相关审计人员的工作追加必要的复核程序等。

（7）审计机关应当建立审计人员交流等制度，避免审计人员因执行审计业务长期与同一被审计单位接触可能对审计独立性造成的损害。

（8）审计机关可以聘请外部人员参加审计业务或者提供技术支持、专业咨询、专业鉴定。

（9）有下列情形之一的外部人员，审计机关不得聘请：被刑事处罚的；被劳动教养的；被行政拘留的；审计独立性可能受到损害的；法律规定不得从事公务的其他情形。

（10）审计人员应当具备与其从事审计业务相适应的专业知识、职业能力和工作经验。审计机关应当建立和实施审计人员录用、继续教育、培训、业绩评价考核和奖惩激励制度，确保审计人员具有与其从事业务相适应的职业胜任能力。

（11）审计机关应当合理配备审计人员，组成审计组，确保其在整体上具备与审计项目相适应的职业胜任能力。

（12）审计人员执行审计业务时，应当合理运用职业判断，保持职业谨慎，对被审计单位可能存在的重要问题保持警觉，并审慎评价所获取审计证据的适当性和充分性，得出恰当的审计结论。

（13）审计人员执行审计业务时，应当从下列方面保持与被审计单位的工作关系：与被审计单位沟通并听取其意见；客观公正地作出审计结论，尊重并维护被审计单位的合法权益；严格执行审计纪律；坚持文明审计，保持良好的职业形象。

3. 审计计划

（1）审计机关应当根据法定的审计职责和审计管辖范围，编制年度审计项目计划。编制年度审计项目计划应当服务大局，围绕政府工作中心，突出审计工作重点，合理安排审计资源，防止不必要的重复审计。

（2）审计机关按照下列步骤编制年度审计项目计划：调查审计需求，初步选择审计项目；对初选审计项目进行可行性研究，确定备选审计项目及其优先顺序；评估审计机关可用审计资源，确定审计项目，编制年度审计项目计划。

（3）下列审计项目应当作为必选审计项目：法律法规规定每年应当审计的项目；本级政府行政首长和相关领导机关要求审计的项目；上级审计机关安排或者授权的审计项目。

（4）上级审计机关直接审计下级审计机关审计管辖范围内的重大审计事项，应当列入上级审计机关年度审计项目计划，并及时通知下级审计机关。

（5）上级审计机关可以依法将其审计管辖范围内的审计事项，授权下级审计机关进行审计。对于上级审计机关审计管辖范围内的审计事项，下级审计机关也可以提出授权申请，报有管辖权的上级审计机构审批。

（6）审计机关应当将年度审计项目计划报经本级政府行政首长批准并向上一级审计机关报告。

（7）审计机关应当对确定的审计项目配置必要的审计人力资源、审计时间、审计技术装备、审计经费等审计资源。

（8）审计机关应当将年度审计项目计划下达审计项目组织和实施单位执行。年度审计项目计划一经下达，审计项目组织和实施单位应当确保完成，不得擅自变更。

4. 审计实施

（1）审计机关应当在实施项目审计前组成审计组。审计组由审计组组长和其他成员组成。审计组实行审计组组长负责制。审计组组长由审计机关确定，审计组组长可以根据需要在审计组成员中确定主审，主审应当履行其规定职责和审计组组长委托履行的其他职责。

（2）审计机关应当依照法律法规的规定，向被审计单位送达审计通知书。

（3）审计组应当调查了解被审计单位及其相关情况，评估被审计单位存在重要问题的可能性，确定审计应对措施，编制审计实施方案，确定审计的目标、范围、内容、工作要求等。

（4）审计人员根据审计目标和被审计单位的实际情况，运用职业判断确定调查了解的范围和程度。职业判断所选择的标准应当具有客观性、适用性、相关性、公认性。

（5）审计人员应当结合适用的标准，分析调查了解的被审计单位及其相关情况，判断被审计单位可能存在的问题，判断其重要性，以确定审计事项和审计应对措施。

（6）审计人员认为存在下列情形之一的，应当测试相关内部控制的有效性：某项内部控制设计合理且预期运行有效，能够防止重要问题的发生；仅实施实质性审查不足以为发现重要问题提供适当、充分的审计证据。当审计人员决定不依赖某项内部控制，或者被审计单位规模较小、业务比较简单时，可以对审计事项直接进行实质性审查。

（7）审计人员实施审计时，应当持续关注已作出的重要性判断和对存在重要问题可能性的评估是否恰当，及时作出修正，并调整审计应对措施。

（8）一般审计项目的审计实施方案应当经审计组组长审定，并及时报审计机关业务部门备案。重要审计项目的审计实施方案应当报经审计机关负责人审定。

（9）审计人员应当依照法定权限和程序获取审计证据。审计人员获取的审计证据，应当具有适当性和充分性。

（10）审计人员对审计证据的相关性进行分析时，应当关注下列方面：一种取证方法获取的审计证据可能只与某些具体审计目标相关，而与其他具体审计目标无关；针对一项具体审计目标可以从不同来源获取审计证据或者获取不同形式的审计证据。

（11）审计人员可以从下列方面分析审计证据的可靠性：从被审计单位外部获取的审计证据比从内部获取的审计证据更可靠；内部控制健全有效情况下形成的审计证据比内部控制缺失或者无效情况下形成的审计证据更可靠；直接获取的审计证据比间接获取的审计证据更可靠；从被审计单位财务会计资料中直接采集的审计证据比经被审计单位加工处理后提交的审计证据更可靠；原件形式的审计证据比复制件形式的审计证据更可靠。

（12）审计人员根据实际情况，可以在审计事项中选取全部项目或者部分特定项目进行审查，也可以进行审计抽样，以获取审计证据。

（13）审计人员可以采取检查、观察、询问、外部调查、重新计算、重新操作、分析等方法向有关单位和个人获取审计证据。

（14）审计人员应当真实、完整地记录实施审计的过程、得出的结论和与审计项目有关的重要管理事项，以实现下列目标：支持审计人员编制审计实施方案和审计报告；证明审计人员遵循相关法律法规和本准则；便于对审计人员的工作实施指导、监督和检查。审计记录包括调查了解记录、审计工作底稿和重要管理事项记录。

（15）审计人员执行审计业务时，应当保持职业谨慎，充分关注可能存在的重大违法行为。重大违法行为是指被审计单位和相关人员违反法律法规、涉及金额比较大、造成国家重大经济损失或者对社会造成重大不良影响的行为。审计人员检查重大违法行为，应当评估被审计单位和相关人员实施重大违法行为的动机、性质、后果和违法构成。

（16）审计人员根据被审计单位实际情况、工作经验和审计发现的异常现象，判断可能存在重大违法行为的性质，并确定检查重点。发现重大违法行为的线索，审计组或者审计机关可以采取下列应对措施：增派具有相关经验和能力的人员；避免让有关单位和人员事先知晓检查的时间、事项、范围和方式；扩大检查范围，使其能够覆盖重大违法行为可能涉及的领域；获取必要的外部证据；依法采取保全措施；提请有关机关予以协助和配合；向政府和有关部门报告等。

5. 审计报告

（1）审计组实施审计或者专项审计调查后，应当提出审计报告，按照审计机关规定的程序审批后，以审计机关的名义征求被审计单位、被调查单位和拟处罚的有关责任人员的意见。被审计单位、被调查单位、被审计人员或者有关责任人员对征求意见的审计报告有异议的，审计组应当进一步核实，并根据核实情况对审计报告作出必要的修改。

（2）审计组应将审计报告、审计决定书、被审计单位或被审计人员对审计报告的书面意见及审计组采纳情况的书面说明、审计实施方案、审计记录等报送审计机关业务部门复核，并提出复核意见。

（3）审计机关业务部门应当将复核修改后的审计报告、审计决定书等审计项目材料连同书面复核意见，报送审理机构审理。审理内容包括：审计实施方案确定的审计事项是否完成；审计发现的重要问题是否在审计报告中反映；主要事实是否清楚、相关证据是否适当、充分；适用法律法规和标准是否适当；评价、定性、处理处罚意见是否恰当；审计程序是否符合规定。审理机构将审理后的审计报告、审计决定书连同审理意见书报送审计机关负责人。

（4）审计报告应当内容完整、事实清楚、结论正确、用词恰当、格式规范。包括下列基本要素：标题；文号；被审计单位名称；审计项目名称；内容；审计机关名称；签发日期。

（5）审计报告的内容主要包括：审计依据；实施审计的基本情况；被审计单位基本情况；审计评价意见；以往审计决定执行情况和审计建议采纳情况；审计发现的被审计单位违反国家规定的财政收支、财务收支行为和其他重要问题的事实、定性、处理处罚意见以及依据的法律法规和标准；审计发现的移送处理事项的事实和移送处理意见，但是涉嫌犯罪等不宜让被审计单位知悉的事项除外；针对审计发现的问题，根据需要提出的改进建议。

（6）对审计或者专项审计调查中发现被审计单位违反国家规定的财政收支、财务收支行为，依法应当由审计机关在法定职权范围内作出处理处罚决定的，审计机关应当出具审计决定书。

（7）审计报告、审计决定书经审计机关负责人签发后，按照下列要求办理：审计报告送达被审计单位、被调查单位；经济责任审计报告送达被审计单位和被审计人员；审计决定书送达被审计单位、被调查单位、被处罚的有关责任人员。

（8）审计机关在审计中发现的下列事项，可以采用专题报告、审计信息等方式向本级政府、上一级审计机关报告：涉嫌重大违法犯罪的问题；与国家财政收支、财务收支有关政策及其执行中存在的重大问题；关系国家经济安全的重大问题；关系国家信息安全的重大问题；影响人民群众经济利益的重大问题等。专题报告应当主题突出、事实清楚、定性准确、建议适当。审计信息应当事实清楚、定性准确、内容精炼、格式规范、反映及时。

（9）审计机关统一组织审计项目的，可以根据需要汇总审计情况和结果，编制审计综合报告。必要时，审计综合报告应当征求有关主管机关的意见。审计综合报告按照审计机关规定的程序审定后，向本级政府和上一级审计机关报送，或者向有关部门通报。

（10）审计机关依法实行公告制度。审计机关的审计结果、审计调查结果依法向社会公布，包括被审计（调查）单位基本情况；审计（调查）评价意见；审计（调查）发现的主要问题；处理处罚决定及审计（调查）建议；被审计（调查）单位的整改情况。在公布审计和审计调查结果时，审计机关不得公布下列信息：涉及国家秘密、商业秘密的信息；正在调查、处理过程中的事项；依照法律法规的规定不予公开的其他信息。涉及商业秘密的信息，经权利人同意或者审计机关认为不公布可能对公共利益造成重大影响的，可以予以公布。

（11）审计机关应当建立审计整改检查机制，督促被审计单位和其他有关单位根据审计结果进行整改。检查或者了解的事项包括：执行审计机关作出的处理处罚决定情况；对审计机关要求自行纠正事项采取措施的情况；根据审计机关的审计建议采取措施的情况；对审计机关移送处理事项采取措施的情况。

6. 审计质量控制和责任

（1）审计机关应当建立审计质量控制制度，以保证实现下列目标：遵守法律法规和本准则；作出恰当的审计结论；依法进行处理处罚。

（2）审计机关应当针对审计质量责任、审计职业道德、审计人力资源、审计业务执行、审计质量监控等要素建立审计质量控制制度。

（3）审计机关实行审计组成员、审计组主审、审计组组长、审计机关业务部门、审理机构、总审计师和审计机关负责人对审计业务的分级质量控制。

（4）审计组成员的工作职责包括：遵守本准则，保持审计独立性；按照分工完成审计任务，获取审计证据；如实记录实施的审计工作并报告工作结果等。审计组成员应当对下列事项承担责任：对未按审计实施方案实施审计导致重大问题未被发现的；未按照本准则的要求获取审计证据导致审计证据不适当、不充分的；审计记录不真实、不完整的；对发现的重要问题隐瞒不报或者不如实报告的。

（5）审计组组长的工作职责包括：编制或者审定审计实施方案；组织实施审计工作；督导审计组成员的工作；审核审计工作底稿和审计证据；组织编制并审核审计组起草的审计报告、审计决定书、审计移送处理书、专题报告、审计信息；配置和管理审计组的资源等。审计组组长应当对审计项目的总体质量负责，并对下列事项承担责任：审计实施方案编制或者组织实施不当，造成审计目标未实现或者重要问题未被发现的；审核未发现或者未纠正审计证据不适当、不充分问题的；审核未发现或者未纠正审计工作底稿不真实、不完整问题的；得出的审计结论不正确的；审计组起草的审计文书和审计信息反映的问题严重失实的；提出的审计处理处罚意见或者移送处理意见不正确的；对审计组发现的重要问题隐瞒不报或者不如实报告的；违反法定审计程序的。

(6) 根据工作需要，审计组可以设立主审。主审根据审计分工和审计组组长的委托，主要履行下列职责：起草审计实施方案、审计文书和审计信息；对主要审计事项进行审计查证；协助组织实施审计；督导审计组成员的工作；审核审计工作底稿和审计证据；组织审计项目归档工作等。

(7) 审计机关业务部门的工作职责包括：提出审计组组长人选；确定聘请外部人员事宜；指导、监督审计组的审计工作；复核审计报告、审计决定书等审计项目材料等。审计机关业务部门应当及时发现和纠正审计组工作中存在的重要问题，并对下列事项承担责任：对审计组请示的问题未及时采取适当措施导致严重后果的；复核未发现审计报告、审计决定书等审计项目材料中存在的重要问题的；复核意见不正确的；要求审计组不在审计文书和审计信息中反映重要问题的。

(8) 审计机关审理机构的工作职责包括：审查修改审计报告、审计决定书；提出审理意见等。审计机关审理机构对下列事项承担责任：审理意见不正确的；对审计报告、审计决定书作出的修改不正确的；审理时应当发现而未发现重要问题的。

(9) 审计机关负责人的工作职责包括：审定审计项目目标、范围和审计资源的配置；指导和监督检查审计工作；审定审计文书和审计信息等。审计机关负责人对审计项目实施结果承担最终责任。

(10) 审计机关应当按照国家有关规定，建立健全审计项目档案管理制度，明确审计项目归档要求、保存期限、保存措施、档案利用审批程序等。审计项目归档工作实行审计组组长负责制，审计组组长应当确定立卷责任人。

(11) 审计机关实行审计业务质量检查制度，对其业务部门、派出机构和下级审计机关的审计业务质量进行检查。审计机关可以通过查阅有关文件和审计档案、询问相关人员等方式、方法，检查建立和执行审计质量控制制度的情况以及审计工作中遵守法律法规和本准则的情况等，并及时向被检查单位通报检查结果。

（12）审计机关在审计业务质量检查中，发现被检查的派出机构或者下级审计机关应当作出审计决定而未作出的，可以依法直接或者责成其在规定期限内作出审计决定；发现其作出的审计决定违反国家有关规定的，可以依法直接或者责成其在规定期限内变更、撤销审计决定。

7. 附则

（1）审计机关和审计人员开展下列工作，不适用本准则的规定：配合有关部门查处案件；与有关部门共同办理检查事项；接受交办或者接受委托办理不属于法定审计职责范围的事项。

（2）地方审计机关可以根据本地实际情况，在遵循本准则规定的基础上制定实施细则。

2.1.3　内部审计准则

我国的内部审计准则体系由内部审计基本准则、内部审计人员职业道德规范、20 个具体准则、5 个实务指南构成。本章重点介绍内部审计基本准则，包括 6 章 33 条，其主要内容包括：

1. 总则

（1）为了规范内部审计工作，保证内部审计质量，明确内部审计机构和内部审计人员的责任，根据《审计法》及其实施条例，以及其他有关法律、法规和规章，制定本准则。

（2）本准则所称内部审计，是一种独立、客观的确认和咨询活动，它通过运用系统、规范的方法，审查和评价组织的业务活动、内部控制和风险管理的适当性和有效性，以促进组织完善治理、增加价值和实现目标。

（3）本准则适用于各类组织的内部审计机构、内部审计人员及其从事的内部审计活动。其他组织或者人员接受委托、聘用，承办或者参与内部审计业务，也应当遵守本准则。

2. 一般准则

（1）组织应当设置与其目标、性质、规模、治理结构等相适应的内部审计机构，并配备具有相应资格的内部审计人员。

（2）内部审计的目标、职责和权限等内容应当在组织的内部审计章程中明确规定。

（3）内部审计机构和内部审计人员应当保持独立性和客观性，不得负责被审计单位的业务活动、内部控制和风险管理的决策与执行。

（4）内部审计人员应当遵守职业道德，在实施内部审计业务时保持应有的职业谨慎。

（5）内部审计人员应当具备相应的专业胜任能力，并通过后续教育加以保持和提高。

（6）内部审计人员应当履行保密义务，对于实施内部审计业务中所获取的信息保密。

3. 作业准则

（1）内部审计机构和内部审计人员应当全面关注组织风险，以风险为基础组织实施内部审计业务。

（2）内部审计人员应当充分运用重要性原则，考虑差异或者缺陷的性质、数量等因素，合理确定重要性水平。

（3）内部审计机构应当根据组织的风险状况、管理需要及审计资源的配置情况，编制年度审计计划。

（4）内部审计人员应当根据年度审计计划确定的审计项目，编制项目审计方案。

（5）内部审计机构应当在实施审计 3 日前，向被审计单位或者被审计人员送达审计通知书，做好审计准备工作。

（6）内部审计人员应当深入了解被审计单位的情况，审查和评价业务活动、内部控制和风险管理的适当性和有效性，关注信息系统对业务活动、内部控制和风险管理的影响。

（7）内部审计人员应当关注被审计单位业务活动、内部控制和风险管理中的舞弊风险，对舞弊行为进行检查和报告。

（8）内部审计人员可以运用审核、观察、监盘、访谈、调查、函证、计算和分析程序等方法，获取相关、可靠和充分的审计证据，以支持审计结论、意见和建议。

（9）内部审计人员应当在审计工作底稿中记录审计程序的执行过程，获取的审计证据，以及作出的审计结论。

（10）内部审计人员应当以适当方式提供咨询服务，改善组织的业务活动、内部控制和风险管理。

4. 报告准则

（1）内部审计机构应当在实施必要的审计程序后，及时出具审计报告。

（2）审计报告应当客观、完整、清晰，具有建设性并体现重要性原则。

（3）审计报告应当包括审计概况、审计依据、审计发现、审计结论、审计意见和审计建议。

（4）审计报告应当包含是否遵循内部审计准则的声明。如存在未遵循内部审计准则的情形，应当在审计报告中作出解释和说明。

5. 内部管理准则

（1）内部审计机构应当接受董事会或者最高管理层的领导和监督，并保持与董事会或者最高管理层及时、高效的沟通。

（2）内部审计机构应当建立合理、有效的组织结构，多层级组织的内部审计机构可以实行集中管理或者分级管理。

（3）内部审计机构应当根据内部审计准则及相关规定，结合本组织的实际情况制定内部审计工作手册，指导内部审计人员的工作。

（4）内部审计机构应当对内部审计质量实施有效控制，建立指导、监督、分级复核和内部审计质量评估制度，并接受内部审计质量外部评估。

（5）内部审计机构应当编制中长期审计规划、年度审计计划、本机构人力资源计划和财务预算。

（6）内部审计机构应当建立激励约束机制，对内部审计人员的工作进行考核、评价和奖惩。

（7）内部审计机构应当在董事会或者最高管理层的支持和监督下，做好与外部审计的协调工作。

（8）内部审计机构负责人应当对内部审计机构管理的适当性和有效性负主要责任。

6. 附则

（1）本准则由中国内部审计协会发布并负责解释。

（2）本准则自 2014 年 1 月 1 日起施行。

2.1.4 注册会计师执业准则

注册会计师执业准则是注册会计师执业的基本规范和规则。2012 年 1 月 1 日起施行的《中国注册会计师执业准则》，内容涉及鉴证业务基本准则、相关服务准则和会计师事务所质量控制准则三大部分。本章重点介绍鉴证业务基本准则，其主要内容包括：

1. 总则

（1）为了规范注册会计师执行鉴证业务，明确鉴证业务的目标和要素，确定中国注册会计师审计准则、中国注册会计师审阅准则、中国注册会计师其他鉴证业务准则（分别简称审计准则、审阅准则和其他鉴证业务准则）适用的鉴证业务类型，根据《中华人民共和国注册会计师法》，制定本准则。

（2）鉴证业务包括历史财务信息审计业务、历史财务信息审阅业务和其他鉴证业务。注册会计师执行鉴证业务时，应当遵守本准则以及依据本准则制定的审计准则、审阅准则和其他鉴证业务准则。

（3）本准则所称注册会计师，是指取得注册会计师证书并在会计师事务所执业的人员，通常是指项目合伙人或项目组其他成员，有时也指其所在的会计师事务所。本准则所称鉴证业务要素，是指鉴证业务的三方关系、鉴证对象、标准、证据和鉴证报告。

（4）注册会计师执行鉴证业务时，应当遵守中国注册会计师职业道德规范（简称职业道德规范）和会计师事务所质量控制准则。

2. 鉴证业务的定义、要素和目标

（1）鉴证业务是指注册会计师对鉴证对象信息提出结论，以增强除责任方以外的预期使用者对鉴证对象信息信任程度的业务。鉴证对象信息是按照标准对鉴证对象评价和计量的结果。

（2）鉴证业务分为基于责任方认定的业务和直接报告业务。在基于责任方认定的业务中，责任方对鉴证对象进行评价或计量，鉴证对象信息以责任方认定的形式为预期使用者获取。如在财务报表审计中，被审计单位管理层（责任方）对财务状况、经营成果和现金流量（鉴证对象）进行确认、计量和列报（评价或计量）而形成的财务报表（鉴证对象信息）即为责任方的认定，该财务报表可为预期报表使用者获取，注册会计师针对财务报表出具审计报告。这种业务属于基于责任方认定的业务。在直接报告业务中，注册会计师直接对鉴证对象进行评价或计量，或者从责任方获取对鉴证对象评价或计量的认定，而该认定无法为预期使用者获取，预期使用者只能通过阅读鉴证报告获取鉴证对象信息。如在内部控制鉴证业务中，注册会计师可能无法从管理层（责任方）获取其对内部控制有效性的评价报告（责任方认定），或虽然注册会计师能够获取该报告，但预期使用者无法获取该报告，注册会计师直接对内部控制的有效性（鉴证对象）进行评价并出具鉴证报告，预期使用者只能通过阅读该鉴证报告获得内部控制有效性的信息（鉴证对象信息）。这种业务属于直接报告业务。

（3）鉴证业务的保证程度分为合理保证和有限保证。审计属于合理保证（高水平保证）的鉴证业务，注册会计师将审计业务风险降至审计业务环境下可接受的低水平，以此作为以积极方式提出结论的基础。审阅属于有限保证（低于审计业务的保证水平）的鉴证业务，注册会计师将审阅业务风险降至审阅业务环境下可接受的水平，以此作为以消极方式提出结论的基础。

3. 业务承接

（1）接受委托前，注册会计师应当初步了解业务环境。业务环境包括业务约定事项、鉴证对象特征、使用的标准、预期使用者的需求、责任方及其环境的相关特征，以及可能对鉴证业务产生重大影响的事项、交易、条件和惯例等其他事项。

（2）在初步了解业务环境后，只有认为符合独立性和专业胜任能力等相关职业道德规范的要求，并且拟承接的业务具备下列所有特征，注册会计师才能将其作为鉴证业务予以承接：①鉴证对象适当；②使用的标准适当且预期使用者能够获取该标准；③注册会计师能够获取充分、适当的证据以支持其结论；④注册会计师的结论以书面报告形式表述，且表述形式与所提供的保证程度相适应；⑤该业务具有合理的目的。如果鉴证业务的工作范围受到重大限制，或委托人试图将注册会计师的名字和鉴证对象不适当地联系在一起，则该业务可能不具有合理的目的。

（3）对已承接的鉴证业务，如果没有合理理由，注册会计师不应将该项业务变更为非鉴证业务，或将合理保证的鉴证业务变更为有限保证的鉴证业务。当业务环境变化影响到预期使用者的需求，或预期使用者对该项业务的性质存在误解，或业务范围受到限制时，注册会计师可以应委托人的要求，考虑同意变更该项业务。如果发生变更，注册会计师不应忽视变更前获取的证据。

4. 鉴证业务的三方关系

（1）鉴证业务涉及的三方关系人包括注册会计师、责任方和预期使用者。责任方与预期使用者可能是同一方，也可能不是同一方。

（2）注册会计师可以承接符合本准则规定的各类鉴证业务。如果鉴证业务涉及的特殊知识和技能超出了注册会计师的能力，注册会计师可以利用专家协助执行鉴证业务。在这种情况下，注册会计师应当确信包括专家在内的项目组整体已具备执行该项鉴证业务所需的知识和技能，并充分参与该项鉴证业务和了解专家所承担的工作。

（3）责任方是指下列组织或人员：①在直接报告业务中，对鉴证对象负责的组织或人员；②在基于责任方认定的业务中，对鉴证对象信息负责并可能同时对鉴证对象负责的组织或人员。责任方可能是鉴证业务的委托人，也可能不是委托人。

（4）预期使用者是指预期使用鉴证报告的组织或人员。责任方可能是预期使用者，但不是唯一的预期使用者。注册会计师可能无法识别使用鉴证报告的所有组织和人员，尤其在各种可能的预期使用者对鉴证对象存在不同的利益需求时。注册会计师应当根据法律法规的规定或与委托人签订的协议识别预期使用者。在可行的情况下，鉴证报告的收件人应当明确为所有的预期使用者。

5. 鉴证对象

（1）鉴证对象与鉴证对象信息具有多种形式，主要包括：当鉴证对象为财务业绩或状况时（如历史或预测的财务状况、经营成果和现金流量），鉴证对象信息是财务报表；当鉴证对象为非财务业绩或状况时（如企业的运营情况），鉴证对象信息可能是反映效率或效果的关键指标；当鉴证对象为物理特征时（如设备的生产能力），鉴证对象信息可能是有关鉴证对象物理特征的说明文件；当鉴证对象为某种系统和过程时（如企业的内部控制或信息技术系统），鉴证对象信息可能是关于其有效性的认定；当鉴证对象为一种行为时（如遵守法律法规的情况），鉴证对象信息可能是对法律法规遵守情况或执行效果的声明。

（2）鉴证对象具有不同特征，可能表现为定性或定量、客观或主观、历史或预测、时点或期间。这些特征将对下列方面产生影响：①按照标准对鉴证对象进行评价或计量的准确性；②证据的说服力。

（3）适当的鉴证对象应当同时具备下列条件：鉴证对象可以识别；不同的组织或人员对鉴证对象按照既定标准进行评价或计量的结果合理一致；注册会计师能够收集与鉴证对象有关的信息，获取充分、适当的证据，以支持其提出适当的鉴证结论。

6. 标准

（1）注册会计师在运用职业判断对鉴证对象作出合理一致的评价或计量时，需要有适当的标准。适当的标准应当具备下列所有特征：

①相关性。相关的标准有助于得出结论，便于预期使用者作出决策。

②完整性。完整的标准不应忽略业务环境中可能影响得出结论的相关因素，当涉及列报时，还包括列报的基准。

③可靠性。可靠的标准能够使能力相近的注册会计师在相似的业务环境中，对鉴证对象作出合理一致的评价或计量。

④中立性。中立的标准有助于得出无偏向的结论。

⑤可理解性。可理解的标准有助于得出清晰、易于理解、不会产生重大歧义的结论。

（2）标准应当能够为预期使用者获取，以使预期使用者了解鉴证对象的评价或计量过程。标准可以通过下列方式供预期使用者获取：公开发布；在陈述鉴证对象信息时以明确的方式表述；在鉴证报告中以明确的方式表述；常识理解，如计量时间的标准是小时或分钟。

7. 证据

（1）注册会计师应当以职业怀疑态度计划和执行鉴证业务，获取有关鉴证对象信息是否不存在重大错报的充分、适当的证据。注册会计师应当及时对制定的计划、实施的程序、获取的相关证据以及得出的结论作出记录。

（2）职业怀疑态度是指注册会计师以质疑的思维方式评价所获取证据的有效性，并对相互矛盾的证据，以及引起对文件记录或责任方提供的信息的可靠性产生怀疑的证据保持警觉。

（3）证据的充分性是对证据数量的衡量，主要与注册会计师确定的样本量有关。证据的适当性是对证据质量的衡量，即证据的相关性和可靠性。所需证据的数量受鉴证对象信息重大错报风险的影响，即风险越大，可能需要的证据数量越多；所需证据的数量也受证据质量的影响，即证据质量越高，可能需要的证据数量越少。

（4）在确定证据收集程序的性质、时间和范围，评估鉴证对象信息是否不存在错报时，注册会计师应当考虑重要性。在考虑重要性时，注册会计师应当了解并评估哪些因素可能会影响预期使用者的决策。注册会计师应当综合数量和性质因素考虑重要性。在具体业务中评估重要性以及数量和性质因素的相对重要程度，需要注册会计师运用职业判断。

（5）鉴证业务风险是指在鉴证对象信息存在重大错报的情况下，注册会计师提出不恰当结论的可能性，它通常体现为重大错报风险和检查风险。在合理保证的鉴证业务中，注册会计师应当将鉴证业务风险降至具体业务环境下可接受的低水平，以获取合理保证，作为以积极方式提出结论的基础。在有限保证的鉴证业务中，由于证据收集程序的性质、时间、范围与合理保证的鉴证业务不同，其风险水平高于合理保证的鉴证业务；但注册会计师实施的证据收集程序至少应当足以获取有意义的保证水平，作为消极方式提出结论的基础。

（6）证据收集程序的性质、时间和范围因业务的不同而不同。注册会计师应当清楚表达证据收集程序，并以适当的形式运用于合理保证的鉴证业务和有限保证的鉴证业务。合理保证的鉴证业务和有限保证的鉴证业务都需要运用鉴证技术和方法，收集充分、适当的证据。与合理保证的鉴证业务相比，有限保证的鉴证业务在证据收集程序的性质、时间、范围等方面是有意识地加以限制的。

（7）可获取证据的数量和质量受鉴证对象和鉴证对象信息的特征以及业务环境中除鉴证对象特征以外的其他事项等因素的影响。

（8）注册会计师应当记录重大事项，以提供证据支持鉴证报告，并证明其已按照鉴证业务准则的规定执行业务。注册会计师应当将鉴证过程中考虑的所有重大事项记录于工作底稿。

8. 鉴证报告

（1）注册会计师应当出具含有鉴证结论的书面报告，该鉴证结论应当说明注册会计师就鉴证对象信息获取的保证。注册会计师应当考虑其他报告责任，包括在适当时与治理层沟通。

（2）在基于责任认定的业务中，注册会计师的鉴证结论可以采用以下两种表述方式：一是明确提及责任方认定；二是直接提及鉴证对象和标准。

（3）提出鉴证结论的方式有两种——积极方式和消极方式，它们分别适用于合理保证的鉴证业务和有限保证的鉴证业务。在合理保证的鉴证业务中，注册会计师应当以积极方式提出结论。在有限保证的鉴证业务中，注册会计师应当以消极方式提出结论。

知识拓展

1. 相关服务准则用以规范注册会计师代编财务信息、执行商定程序、提供管理咨询等其他服务。在提供相关服务时，注册会计师不提供任何程度的保证。

2. 会计师事务所质量控制准则用以规范会计师事务所在执行各类业务时应当遵守的质量控制政策和程序，是对会计师事务所质量控制提出的制度要求。

2.2 注册会计师的职业道德

职业道德是指从业人员在职业活动中应遵循、体现的具有一定职业特征的、调整一定职业关系的职业行为准则和规范。注册会计师的职业道德守则是用于规范注册会计师职业道德行为、提高职业道德水平，维护社会公共利益的准则。

2.2.1 注册会计师职业道德的基本原则

1. 诚信

诚信，是指诚实、守信。也就是说，一个人言行与内心一致，不虚假；能够履行与别人的约定而取得对方的信任。诚信原则要求注册会计师应当在所有的职业关系中保持正直和诚实，秉公处事、实事求是。注册会计师如果认为业务报告、申报资料或其他信息存在下列问题，则不得与这些有问题的信息发生牵连：

（1）含有严重虚假或误导性的陈述；

（2）含有缺少充分依据的陈述或信息；

（3）存在遗漏或含糊其词的信息。

上述情形都将影响报表或审计意见的正确性，注册会计师应当采取措施消除与该信息的关联。

2. 独立性

独立性，是指不受外来力量控制、支配，按照一定之规行事。在执行鉴证业务时，注册会计师必须保持独立性。在市场经济的条件下，投资者主要依赖财务报表判断投资风险，在投资机会中作出选择。如果注册会计师不能与客户保持独立，而是存在经济利益、关联关系，或屈从于外界压力，就很难取信于社会公众。

独立性包括实质上的独立性和形式上的独立性。实质上的独立性是一种内心状态，使得注册会计师在提出结论时不受损害职业判断的因素影响，诚信行事，遵循客观和公正原则，保持职业怀疑态度；形式上的独立是一种外在表现，使得一个理性且掌握充分信息的第三方，在权衡所有相关事实和情况后，认为会计师事务所或审计项目组成员没有损害诚信原则、客观和公正原则或职业怀疑态度。

3. 客观和公正

客观，是指按照事物的本来面目去考察，不添加个人的偏见。公正，是指公平、正直、不偏袒。客观和公正原则要求注册会计师应当公正处事、实事求是，不得由于偏见、利益冲突或他人的不当影响而损害自己的职业判断。如果存在导致职业判断出现偏差，或对职业判断产生不当影响的情形，注册会计师不得提供相关专业服务。

4. 专业胜任能力和应有的关注

（1）专业胜任能力。专业胜任能力是指注册会计师具有专业知识、技能和经验，能够经济、有效地完成客户委托的业务。注册会计师在运用专业知识和技能时，应当合理运用职业判断。专业胜任能力可分为两个阶段：专业胜任能力的获取和专业胜任能力的保持。即注册会计师应当持续了解和掌握相关的专业技术和业务的发展，以保持专业胜任能力。

（2）应有的关注。注册会计师在提供专业服务时，应当遵守执业准则和技术规范，勤勉尽责，认真、全面、及时地完成工作任务。

在执业过程中保持职业怀疑态度，运用专业知识、技能和经验，获取和评价审计证据。同时，注册会计师应当采取措施以确保在其授权下工作的人员得到应当的培训和督导。在适当情况下，应当使客户、工作单位和专业服务以及业务服务的其他使用者了解其专业服务的固有局限性。

5. 保密

注册会计师在执业过程中，应对获知的客户的信息保密。保密原则要求其避免出现下列行为：

（1）未经客户授权或法律法规允许，向会计师事务所以外的第三方披露其所获知的涉密信息；

（2）利用所获知的涉密信息为自己或第三方谋取利益。

注册会计师应当警惕无意泄密的可能性，特别是向近亲属（包括配偶、父母、子女、兄弟姐妹、祖父母、外祖父母、孙子女、外孙子女）以及关系密切的人员无意泄密的可能性。同时应当对预期的客户或拟受雇的工作单位向其披露的涉密信息予以保密。但在以下情况下可以披露客户的涉密信息：

（1）法律法规允许披露，并且取得客户或工作单位的授权；

（2）根据法律法规的要求，为法律诉讼、仲裁准备文件或提供证据，以及向有关监管机构报告发现的违法行为；

（3）法律法规允许的情况下，在法律诉讼、仲裁中维护自己的合法权益；

（4）接受注册会计师协会或监管机构的执业质量检查，答复其询问和调查；

（5）法律法规、执业准则和职业道德规范规定的其他情形。

6. 良好职业行为

注册会计师应当遵守相关法律法规，避免发生任何有损职业声誉的行为。注册会计师在向公众传递信息以及推介自身和工作时，应当客观、真实、得体，不得损害职业形象，不应存在下列行为：

（1）夸大宣传提供的服务、拥有的资质或获得的经验；

（2）贬低或无根据地比较其他注册会计师的工作。

2.2.2 对遵循职业道德基本原则产生不利影响的因素及防范措施

1. 对职业道德基本原则的不利影响

注册会计师对职业道德基本原则的遵循可能受到多种因素的不利

影响。这些不利影响可归纳为五类情形：

（1）自身利益导致的不利影响。经济利益或其他利益会对注册会计师的职业判断或行为产生不利影响。如鉴证业务项目组成员在鉴证客户中有直接经济利益；会计师事务所的收入过分依赖某一客户；鉴证业务项目组成员与鉴证客户存在重要且密切的商业关系；会计师事务所担心可能失去某一重要客户；鉴证业务项目组成员正在与鉴证客户协商受雇于该客户；会计师事务所与客户就鉴证业务达成或有收费的协议；注册会计师在评价其所在会计师事务所以往提供的专业服务时，发现重大错误。

（2）自我评价导致的不利影响。自己鉴证自己的工作，对自己的工作进行评价，就存在该影响。如会计师事务所在对客户提供财务系统的设计或操作服务后，又对系统的运行有效性出具鉴证报告；会计师事务所为客户编制原始数据，这些数据构成鉴证业务的对象；鉴证业务项目组成员担任或最近曾担任客户的董事或高级管理人员；鉴证业务项目组成员目前或最近曾受雇于客户，且担任能够对鉴证对象产生重大影响的职务等。

（3）过度推介导致的不利影响。注册会计师过度推介客户或工作单位的某种立场或意见，使其客观性受到损害时，就会产生该影响。如会计师事务所推介审计客户的股份；在审计客户与第三方发生诉讼或纠纷时，注册会计师担任该客户的辩护人等。

（4）密切关系导致的不利影响。注册会计师与客户或工作单位存在长期或亲密关系，而过于倾向他们的利益或认可他们的工作时，就会产生该影响。如项目组成员与客户的董事或高级管理人员存在近亲属关系；项目组成员与客户某员工存在近亲属关系，而该员工所处职位能够对业务对象施加重大影响；客户的董事或高级管理人员，或所处职位能够对业务对象施加重大影响的员工最近曾担任会计师事务所的项目合伙人；注册会计师接受客户的礼品或款待；会计师事务所的合伙人或高级员工与鉴证客户存在长期业务关系等。

（5）外在压力导致的不利影响。注册会计师受到实际的压力或感受到压力不能客观行事时，就会产生该影响。如会计师事务所受到客户解除业务关系的威胁；如果会计师事务所坚持不同意审计客户对某项交易的会计处理，审计客户可能不将计划中的非鉴证服务合同提供给该会计师事务所；会计师事务所受到客户的起诉威胁；会计师事务所受到因降低收费而不恰当缩小工作范围的压力；由于客户的员工对所讨论的事项更具专长，注册会计师面临服从客户员工判断的压力；注册会计师被会计师事务所合伙人告知，除非同意审计客户的不恰当会计处理，否则将影响晋升等。

2. 防范措施

防范措施是指可以消除不利影响或将其降至可接受水平的行为或其他措施，主要包括：

（1）法律法规和职业规范规定的防范措施。主要包括：取得注册会计师资格需要的教育、培训和经验要求；持续职业发展要求；公司治理方面的规定；执业准则和职业道德规范的要求；监管机构或行业的监控和惩戒程序；由依法授权的第三方对注册会计师编制的业务报告、申报资料或其他信息进行外部复核。

（2）在具体工作中采取的防范措施。在具体工作中采取的防范措施包括会计师事务所层面的防范措施和具体业务层面的防范措施。

会计师事务所层面的防范措施主要包括：领导层强调遵循职业道德基本原则的重要性；领导层强调鉴证业务项目组成员维护公众利益；制定有关政策和程序，实施项目质量控制，监督业务质量；制定有关政策和程序，识别对职业道德基本原则的不利影响，评价不利影响的严重程度，采取防范措施消除不利影响或将其降低至可接受水平；制定有关政策和程序，保证遵循职业道德基本原则；制定有关政策和程序，识别会计师事务所或项目组成员与客户之间的利益或关系；制定有关政策和程序，监控对某一客户收费的依赖程度；向鉴证客户提供非鉴证服务时，指派鉴定业务项目组以外的其他合伙人和项目组，并确保鉴证业务项目组和非鉴证业务项目组分别向各自的业务主管报告工作；制定有关政策和程序，以防止项目组以外的人员对业务结果施加不当影响；及时向所有合伙人和专业人员传达会计师事务所的政策和程序及其变化情况，并就这些政策和程序进行适当的培训；指定高级管理人员负责监督质量控制系统是否有效运行；向合伙人和专业人员提供鉴证客户及其关联实体的名单，并要求合伙人和专业人员与之保持独立；制定有关政策和程序，鼓励员工就遵循职业道德基本原则方面的问题与领导层沟通；建立惩戒机制，保障相关政策和程序得到遵守。

具体业务层面的防范措施主要包括：对已执行的非鉴证业务，由未参与该业务的注册会计师进行复核，或在必要时提供建议；对已执行的鉴证业务，由鉴证业务项目组以外的注册会计师进行复核，或在必要时提供建议；向客户审计委员会、监管机构或注册会计师协会咨询；与客户治理层讨论有关的职业道德问题；向客户治理层说明提供服务的性质和收费的范围；由其他会计师事务所执行或重新执行部分业务；轮换鉴证业务项目组合伙人和高级员工。

本章小结

1. 审计准则是专业审计人员在实施审计工作时，必须恪守的最高行为准则，它是审计工作质量的权威性判断标准。它有利于规范和指导审计工作，维护、保障审计组织和审计人员的正当权益，评价和提高审计工作质量。

2. 我国审计准则根据审计主体和作用范围的不同可分为国家审计准则、内部审计准则和注册会计师执业准则三类。其中，中国国家审计准则包括7章200条；内部审计准则包括内部审计基本准则、具体准则和实务指南；注册会计师执业准则包括鉴证业务基本准则、相关服务准则和会计师事务所质量控制准则。

3. 注册会计师职业道德的基本原则包括：诚信、独立性、客观和公正、专业胜任能力和应有的关注、保密、良好职业行为。

4. 对职业道德基本原则产生不利影响的因素包括自身利益、自我评价、过度评价、密切关系、外在压力。防范措施则包括由法律法规和职业规范规定的防范措施和在具体工作中采取的防范措施。

复习思考题

一、单项选择题

1. 下列关于鉴证业务的说法中不正确的是（　　）。

A. 鉴证业务分为基于责任方认定的业务和直接报告业务

B. 鉴证业务是指注册会计师对由责任方负责的鉴证对象或鉴证对象信息提出结论，以增强除责任方以外的预期使用者对鉴证对象信息的信任程度

C. 鉴证业务的保证程度分为合理保证和有限保证

D. 合理保证的鉴证业务的目标是注册会计师将鉴证业务风险降至该业务环境下可接受的低水平，以此作为以消极方式提出结论的基础

2. 注册会计师在运用职业判断对鉴证对象作出合理一致的评价或计量时，需要有适当的标准。下列各项中不属于适当标准应具备的特征是（　　）。

A. 相关性　　　　B. 可靠性

C. 完整性　　　　D. 独立性

3. 职业道德守则要求注册会计师保持实质上和形式上的独立性，以下说法不正确的是（　　）。

A. 实质上的独立性要求注册会计师在提出结论时不受损害职

业判断因素的影响

B. 实质上的独立性要求注册会计师不能与客户之间存在任何经济利益关系

C. 如果注册会计师在形式上不独立，则可被推断为其诚信原则、客观和公正原则或职业怀疑态度已经受到损害

D. 注册会计师在执行鉴证业务时必须在实质上和形式上独立

4. 下列关于注册会计师应当保持应有关注的说法中不正确的是（　　）。

A. 要求注册会计师勤勉尽职执业

B. 要求注册会计师保持职业怀疑态度，运用专业知识、技能和经验，获取和评价审计证据

C. 要求注册会计师查出被审计单位财务报表的所有舞弊

D. 应保证在其授权下工作的人员得到适当的培训和督导

5. 下列情形中对保密原则构成威胁的是（　　）。

A. 职业规范允许的情况下向第三方披露由于职业关系获知的涉密信息

B. 对预期的受雇用单位的信息予以保密

C. 利用因商业关系获知的涉密信息为第三方谋取利益

D. 因接受注册会计师协会的质量检查而披露由于职业关系获知的涉密信息

6. 下列情形中不会损害注册会计师职业形象的是（　　）。

A. 注册会计师对其积累的经验进行夸大宣传

B. 注册会计师对其他注册会计师的工作进行比较

C. 注册会计师对执行的业务性质与收费依据和被审计单位管理层沟通

D. 注册会计师对其拥有的资质进行夸大宣传

7. 会计师事务所承接了具体的某项审计业务后，在业务层面对违反职业道德的防范措施无效的是（　　）。

A. 由审计项目组以外的更有经验的注册会计师复核已执行的审计业务

B. 向客户审计委员会、监管机构或注册会计师协会咨询

C. 向被审计单位治理层披露服务性质

D. 建立惩戒机制，保障相关政策和程序得到遵守

8. 对于注册会计师的专业胜任能力表述不当的是（　　）。

A. 注册会计师的专业胜任能力包括获取和保持两个阶段

B. 如果注册会计师在缺乏足够的知识、技能和经验的情况下

提供专业服务则违反了职业道德基本准则

C. 注册会计师拥有了专业胜任能力就能够胜任所有特定业务工作

D. 专业胜任能力基本原则要求注册会计师在提供专业胜任服务时合理运用职业判断

二、多项选择题

1. 下列选项中符合会计师事务所承担鉴证业务的条件有（　　）。

A. 鉴证对象适当

B. 有可能获取到足够的证据，但不一定能够保证适当

C. 注册会计师的结论以书面报告形式表述，且表述形式与所提供的保证程度相适应

D. 使用的标准完全由客户提供，预期使用者无法获取该标准

2. 中国注册会计师的鉴证业务准则包括（　　）。

A. 中国注册会计师审计准则

B. 中国注册会计师审阅准则

C. 中国注册会计师其他鉴证业务准则

D. 中国注册会计师相关服务准则

3. 鉴证业务涉及的三方关系人包括（　　）。

A. 注册会计师　　　　B. 责任方

C. 预期使用者　　　　D. 注册会计师协会

4. 按照注册会计师职业道德规范的要求，下列情形中注册会计师应向其所在的会计师事务所声明并实行回避的是（　　）。

A. 注册会计师持有客户股票、债券或与客户有其他经济利益

B. 注册会计师担任客户的常年会计顾问或代为办理会计事项

C. 注册会计师与客户负责人和主管人员、董事或委托事项的当事人有过分亲密关系

D. 注册会计师与客户负责人和主管人员、董事或委托事项的当事人有近亲关系

5. 专业胜任能力原则是指（　　）。

A. 不得跨地区、跨行业执业

B. 不得从事不能胜任的工作

C. 注册会计师具有专业知识、技能和经验，能够经济、有效地完成客户委托的业务

D. 注册会计师不得对其能够提供的服务进行夸大宣传

6. 注册会计师在执行财务报表审计业务时，如遇到下列情况仍与客户发生关联则违背诚信原则的是（　　）。

A. 客户提供的存货永续盘存表有明显的虚假

B. 客户提供的应收账款明细账遗漏了许多重要单位

C. 客户有一起正在诉讼的法律纠纷而且很可能导致大额违约赔款而未作披露

D. 总经理对同一问题的陈述完全相反

7. 注册会计师执行 A 公司 2018 年财务报表审计业务，下列情况中未违反保密原则的行为有（　　）。

A. 在未得到 A 公司同意的情况下将 A 公司利润分配情况提供给 A 公司所在行业联营单位

B. 在未得到 A 公司授权的情况下向中国证监会报告其发现的 A 公司隐瞒巨额收入的偷税行为

C. 在未得到 A 公司授权的情况下向法庭提供作为共同被告而证实自己遵循审计准则的审计工作底稿

D. 在未得到 A 公司授权的情况下向后任注册会计师提供 2018 年审计工作底稿

8. 注册会计师职业道德明确包含以下基本原则中的（　　）。

A. 专业胜任能力和应有的关注

B. 独立、客观、公正和廉洁

C. 诚信、独立性、客观和公正

D. 保密、良好职业行为

9. 下列情况中会因自身利益导致不利影响的是（　　）。

A. 在被审计单位拥有直接利益关系

B. 审计项目负责人长期与被审计单位总裁个人发生借贷关系

C. 会计师事务所过分依赖于向被审计单位的收费

D. 会计师事务所承接的审计业务没有采用或有收费安排

10. 因自我评价导致不利影响的情况是（　　）。

A. 审计项目组成员现在或最近曾是客户的董事

B. 审计项目组成员与审计客户进行雇佣协商

C. 鉴证会计师事务所先前编制用于生成有关记录的数据

D. 审计项目组成员接受客户的礼品

三、判断题

1. 内部审计机构和人员应保持独立性和客观性，不得负责被审计单位经营活动和内部控制的决策和执行。（　　）

2. 在提供审计服务时，注册会计师对所审计信息是否不存在重大错报提供合理保证，并以消极方式提出结论。（　　）

3. 在有限保证的鉴证业务中，注册会计师应当将鉴证业务风险

降至具体业务环境下可接受的低水平，以获取合理保证，作为以积极方式提出结论的基础。(　　)

4. 注册会计师及其所在的会计师事务所只有独立于鉴证客户才能遵循客观性基本要求。(　　)

5. 应有的关注原则要求注册会计师勤勉尽责，只要勤勉尽责就能满足客户的所有要求。(　　)

6. 注册会计师向会计师事务所或受雇用单位以外的第三方披露涉密信息违背保密原则，会给受雇用单位造成损失。(　　)

7. 注册会计师不能同时为上市公司提供代为编制财务报表和审计业务。(　　)

四、简答题

1. 注册会计师鉴证业务的定义和目标是什么？

2. 注册会计师在哪些情况下对外披露涉密信息不违背保密原则？

3. 对遵循职业道德基本原则产生不利影响的因素主要有哪几种？

4. 因过度推介对职业道德基本原则的遵循导致不利影响的情形有哪些？

5. 因密切关系对职业道德基本原则的遵循导致不利影响的情形有哪些？

6. 因外在压力对职业道德基本原则的遵循导致不利影响的情形有哪些？

7. 会计师事务所层面上应对不利影响的防范措施有哪些？

第 3 章 审计目标

本章要点

◇ 了解审计目标的概念
◇ 准确掌握审计的总体目标和具体目标
◇ 区分被审计单位管理层的责任和注册会计师的审计责任
◇ 重点掌握认定和具体目标

在审计监督体系中，政府审计、民间审计和内部审计的审计目标是不同的，本章主要介绍民间审计目标。审计目标是在一定历史环境下，审计人员通过审计实践活动所期望达到的境地或最终结果，它包括审计总体目标和审计具体目标两个层次。审计总体目标是指注册会计师为完成整体审计工作而达到的预期目的。具体审计目标是指注册会计师通过实施审计程序以确定管理层在财务报表中确认的各类交易、账户余额、披露层次认定是否恰当。审计目标是整个审计的方向，一切审计工作都是围绕审计目标来进行的。

3.1 审计的总体目标

3.1.1 审计的总体目标内容

1. 对财务报表发表意见

在执行财务报表审计时，注册会计师的总体目标是：（1）对财务报表整体是否不存在由于舞弊或错误导致的重大错报获取合理保证，使得注册会计师能够对财务报表是否在所有重大方面按照适用的财务报告编制基础编制发表审计意见；（2）按照审计准则的规定，根据审计结果对财务报表出具审计报告，并与管理层和治理层沟通。在任何情况下，如果不能获取合理保证，并且在审计报告中发表保留意见也不足以实现向预期使用者报告的目的，注册会计师应当按照审计准则的规定出具无法表示意见的审计报告，或者在法律法规允许的情况下终止审计业务或解除业务约定。

财务报表预期使用者之所以希望注册会计师对财务报表发表意见，主要有四方面的原因：

第一，利益冲突。各财务报表的使用者与被审计单位之间往往存在着利益冲突，因担心被审计单位提供带有偏见、不公正的财务报表，他们便向外部注册会计师寻求鉴证，以维护其自身利益。

第二，财务信息的重要性。财务报表是其使用者进行投资、贷款及其他决策的最主要的资料来源，其使用者需要确定被审计单位是否按公认的会计准则编制财务报表。

第三，复杂性。会计业务的处理及财务报表的编制日趋复杂，财务报表的使用者因缺乏会计知识而难以对财务报表的质量作出评估，他们只能求助于注册会计师对财务报表的质量进行鉴证。

第四，间接性。绝大多数财务报表使用者都不参与被审计单位的经营，这种限制导致他们不可能接触到编制财务报表所依据的会计记录和会计账簿，即便使用者可以接触到，但往往因为时间和成本的限制，而无法对其进行审查。所以他们只能依靠注册会计师的审计。

2. 财务报表审计的局限性

财务报表审计属于鉴证业务。注册会计师作为独立第三方接受客户委托，运用相关专业知识和技能，对被审计单位的财务报表进行审计并发表审计意见，旨在提高财务报表的可信赖程度。由于审计本身存在固有限制，注册会计师据以得出结论和形成审计意见的大多数审计证据是说服性而非结论性的。因此，审计只能提供合理保证，不能提供绝对保证，注册会计师也不可能将审计风险降至零，但审计的固有限制并不能作为注册会计师满足于说服力不足的审计证据的理由。

审计的固有限制源于财务报告的性质、审计程序的性质、在合理的时间内以合理的成本完成审计的需要等。

3.1.2 财务报表审计责任

在财务报表审计中，被审计单位管理层和治理层与注册会计师承担着不同的责任，不能相互混淆和替代。明确划分责任，不仅有助于被审计单位管理层和治理层与注册会计师认真履行各自的职责，为财务报表及其审计报告的使用者提供有用的经济决策信息，还有利于保护相关各方面的正当权益。

1. 被审计单位管理层和治理层的责任

管理层，是指对被审计单位经营活动的执行负有经营管理责任的人员。在某些被审计单位，管理层包括部分或全部的治理层成员，如治理层中负有经营管理责任的人员，或参与日常经营管理的业主（以下简称业主兼经理）。治理层，是指对被审计单位战略方向以及管理层履行经营管理责任负有监督责任的人员或组织。治理层的责任包括监督财务报告过程。在某些被审计单位，治理层可能包括管理层，如治理层中负有经营管理责任的人员，或业主兼经理。

企业所有权和经营权分离后，经营者负责企业的经营管理并承担受托责任，管理层通过编制财务报表反映受托责任的履行情况。为了借助公司内部之间的权力平衡和制约关系保证财务信息的质量，现代企业治理结构往往要求治理层对管理层编制财务报表的过程实施有效的监督。管理层和治理层应当承担下列责任，这些责任构成注册会计师按照审计准则的规定执行审计工作的基础：

（1）按照适用的财务报告编制基础编制财务报表，并使其实现公允反映（如适用）；

（2）设计、执行和维护必要的内部控制，以使财务报表不存在由于舞弊或错误导致的重大错报；

（3）向注册会计师提供必要的工作条件，包括允许注册会计师接触与编制财务报表相关的所有信息（如记录、文件和其他事项），向注册会计师提供审计所需的其他信息，允许注册会计师在获取审计证据时不受限制地接触其认为必要的内部人员和其他相关人员。

2. 注册会计师的责任

按照审计准则的规定对财务报表发表审计意见是注册会计师的责任。注册会计师作为独立的第三方，对财务报表发表审计意见，有利于提高财务报表的可信赖程度。为履行这一职责，注册会计师应当遵守职业道德规范，按照审计准则的规定计划和实施审计工作，获取充分、适当的审计证据，并根据获取的审计证据得出合理的审计结论，发表恰当的审计意见。注册会计师通过签署审计报告确认其责任。同时，注册会计师是针对财务报表整体发表审计意见，因此没有责任发现对财务报表整体影响并不重大的错报。

注册会计师按照审计准则的规定执行审计工作，能够对财务报表整体不存在重大错报获取合理保证。合理保证不同于绝对保证，绝对保证是指注册会计师对财务报表整体不存在重大错报提供百分之百的保证。合理保证则要求注册会计师通过不断修正的、系统的执业过程，获取充分、适当的审计证据，对财务报表的整体发表审计意见，它提供的是一种高水平但非百分之百的保证。

3. 两种责任不能相互取代

财务报表编制和财务报表审计是财务信息生成链条上的不同环节，两者各司其职。管理层和治理层应对编制财务报表承担完全责任，对财务报表进行审计并发表审计意见则是注册会计师的责任，财务报表审计不能减轻被审计单位管理层和治理层的责任。如果财务报表存在重大错报，而注册会计师通过审计没有能够发现，也不能因为财务报表已经被注册会计师审计这一事实而减轻管理层和治理层对财务报表的责任。

3.1.3 财务报表审计的基本要求

1. 遵守审计准则

注册会计师应当按照审计准则的规定执行审计工作。审计准则作为注册会计师提供的审计服务质量的技术标准，对注册会计师在某一审计领域的责任、所需要达到的目标和核心要求、为达到这一目标所要实施的必要审计程序做出了明确规范。注册会计师应当按照审计准则的规定执行审计工作，以保证审计工作质量，维护社会公众利益，增进社会公众对注册会计师行业的信心。

2. 遵守职业道德规范

注册会计师应当遵守相关的职业道德规范，恪守独立、客观、公正的原则，保持专业胜任能力和应有的关注，并对执业过程中获知的信息保密。注册会计师行业是诚信行业，整个社会对行业从业人员的职业精神、职业技能、职业纪律和职业作风的期望很高。制定并遵循一套行业职业道德规范，是注册会计师维护行业形象、取信于社会公众的基础。

3. 保持职业怀疑

职业怀疑，是指注册会计师执行审计业务的一种态度，包括采取质疑的思维方式，对可能表明由于舞弊或错误导致错报的情形保持警觉，以及对审计证据进行审慎评价。在计划和实施审计工作时，注册会计师应当保持职业怀疑，认识到可能存在导致财务报表发生重大错报的情形。

4. 合理运用职业判断

职业判断，是指在审计准则、财务报告编制基础和职业道德要求的框架下，注册会计师综合运用相关知识、技能和经验，作出适合审计业务具体情况、有根据的行动决策。职业判断是注册会计师行业的精髓，对于适当地执行审计工作是必不可少的。如果没有运用职业判断将相关知识和经验灵活运用于具体事实和情况，仅靠机械地执行审计程序，注册会计师无法理解审计准则、财务报告编制基础和相关职业道德要求，难以在整个审计过程中作出有依据的决策。

3.2 具体审计目标

认定与具体审计目标密切相关，注册会计师的审计工作就是要确定被审计单位管理层对财务报表的认定是否恰当。注册会计师了解了认定，就很容易确定每个项目的具体审计目标。

3.2.1 认定

认定是指管理层在财务报表中作出的明确或隐含的表达，注册会计师将其用于考虑可能发生的不同类型的潜在错报。例如：某公司2018 年 12 月 31 日资产负债表中有关固定资产的一项内容是“固定资产 200 000 元”。这其中管理层作出的明示性的认定包括：（1）固定资产是存在的；（2）固定资产的正确余额是 20 万元。管理层作出的隐含性的认定包括：（1）所有应当报告的固定资产均已记录；（2）记录的固定资产都归被审计单位所有。

管理层对财务报表的组成要素均作出了认定，注册会计师的审计工作就是要确定管理层的认定是否恰当。

1. 关于所审计期间各类交易、事项及相关披露的认定

注册会计师对所审计期间的各类交易、事项及相关披露的认定通常分为以下类别：

（1）发生。记录或披露的交易和事项已发生，且这些交易和事项与被审计单位有关。

（2）完整性。所有应当记录的交易和事项均已记录，所有应当包括在财务报表中的相关披露均已包括。

（3）准确性。与交易和事项有关的金额及其他数据已恰当记录，相关披露已得到恰当计量和描述。

（4）截止。交易和事项已记录于正确的会计期间。

（5）分类。交易和事项已记录于恰当的账户。

（6）列报。交易和事项已被恰当地汇总或分解且表述清楚，相关披露在适用的财务报告编制基础下是相关的、可理解的。

2. 关于期末账户余额及相关披露的认定

注册会计师对期末账户余额及相关披露的认定通常分为以下类别：

（1）存在。记录的资产、负债和所有者权益是存在的。

（2）权利和义务。记录的资产由被审计单位拥有或控制，记录的负债是被审计单位应当履行的偿还义务。

（3）完整性。所有应当记录的资产、负债和所有者权益均已记录，所有应当包括在财务报表中的相关披露均已包括。

（4）准确性、计价和分摊。资产、负债和所有者权益以恰当的金额包括在财务报表中，与之相关的计价或分摊调整已恰当记录，相关披露已得到恰当计量和描述。

（5）分类。资产、负债和所有者权益已记录于恰当的账户。

（6）列报。资产、负债和所有者权益已被恰当地汇总或分解且表述清楚，相关披露在适用的财务报告编制基础下是相关的、可理解的。

3.2.2 具体审计目标

注册会计师了解了认定，即可确定每个项目的具体审计目标，并以此作为评估重大错报风险、设计和实施进一步审计程序的基础。

1. 与所审计期间各类交易、事项及相关披露相关的审计目标

（1）发生。由发生认定推导的审计目标是确认已记录的交易是真实的。例如，如果没有发生销售交易，但在销售日记账中记录了一笔销售，则违反了该目标。发生认定所要解决的问题是管理层是否把那些不曾发生的项目列入财务报表，它主要与财务报表组成要素的高估有关。

（2）完整性。由完整性认定推导的审计目标是确认已发生的交易确实已经记录。例如，如果发生了销售交易，但没有在销售明细账和总账中记录，则违反了该目标。发生和完整性两者强调的是相反的关注点。发生目标针对多记、虚构交易（高估），而完整性目标则针对漏记交易（低估）。

（3）准确性。由准确性认定推导出的审计目标是确认已记录的交易是按正确金额反映的。例如，如果在销售交易中，发出商品的数量与账单上的数量不符，或是开账单时使用了错误的销售价格，或是账单中的乘积或加总有误，或是在销售明细账中记录了错误的金额，则违反了该目标。

准确性与发生、完整性之间存在区别。例如，若已记录的销售交易是不应当记录的（如发出的商品是寄销商品），则即使发票金额是准确计算的，仍违反了发生目标。再如，若已入账的销售交易是对正确发出商品的记录，但金额计算错误，则违反了准确性目标，没有违反发生目标。在完整性与准确性之间也存在同样的关系。

（4）截止。由截止认定推导出的审计目标是确认接近于资产负债表日的交易记录于恰当的期间。例如，如果本期交易推到下期，或下期交易提到本期，均违反了截止目标。

（5）分类。由分类认定推导出的审计目标是确认被审计单位记录的交易经过适当分类。例如，如果将现销记录为赊销，将出售经营性固定资产所得的收入记录为营业收入，则导致交易分类的错误，违反了分类的目标。

（6）列报。由列报认定推导出的审计目标是确认被审计单位的交易和事项已被恰当地汇总或分解且表述清楚，相关披露在适用的财务报告编制基础下是相关的、可理解的。

2. 与期末账户余额及相关披露相关的审计目标

（1）存在。由存在认定推导的审计目标是确认记录的金额确实存在。例如，如果不存在某顾客的应收账款，在应收账款明细表中却列入了对该顾客的应收账款，则违反了存在目标。

（2）权利和义务。由权利和义务认定推导的审计目标是确认资产归属于被审计单位，负债属于被审计单位的义务。例如，将他人寄售商品列入被审计单位的存货中，违反了权利目标；将不属于被审计单位的债务记入账内，违反了义务目标。

（3）完整性。由完整性认定推导的审计目标是确认已存在的金额均已记录。例如，如果存在某顾客的应收账款，而应收账款明细表中却没有列入，则违反了完整性目标。

（4）准确性、计价和分摊。资产、负债和所有者权益以恰当的金额包括在财务报表中，与之相关的计价或分摊调整已恰当记录。

（5）分类。资产、负债和所有者权益已记录于恰当的账户。

（6）列报。资产、负债和所有者权益已被恰当地汇总或分解且表述清楚，相关披露在适用的财务报告编制基础下是相关的、可理解的。

因此，认定是确定具体审计目标的基础，注册会计师应当将认定转化为能够通过审计程序予以实现的审计目标。针对财务报表每一项目所表现出的各项认定，注册会计师相应地确定一项或多项审计目标，然后通过一系列审计程序获取充分、适当的审计证据以实现审计目标。以应收账款为例说明认定、审计程序和审计目标之间的关系，如表3－1所示。

表3－1　认定、审计程序和审计目标之间的关系举例

认定	审计程序	审计目标
存在	（1）客户函证 （2）检查销售合同、销售发票和发运凭证	确定资产负债表中记录的应收账款是否存在
完整性	（1）选取发运凭证，追查至销售发票和银行存款日记账、应收账款明细账 （2）获取销售发票，追查至发运凭证和银行存款日记账、应收账款明细账	确定所有应当记录的应收账款是否均已记录
权利和义务	（1）检查销售合同、销售发票和发运凭证 （2）以应收账款明细账为起点，检查有关合同，确定是否已经贴现、出售或质押	确定记录的应收账款是否由被审计单位所有或控制
计价和分摊	（1）检查应收账款账龄分析表 （2）评估计提的坏账准备是否充足	确定应收账款是否可收回，坏账准备的计提方法和比例是否恰当，计提是否充分

本章小结

1. 在执行财务报表审计时，注册会计师的总体目标是：（1）对财务报表整体是否不存在由于舞弊或错误导致的重大错报获取合理保证，使得注册会计师能够对财务报表是否在所有重大方面按照适用的财务报告编制基础编制发表审计意见；（2）按照审计准则的规定，根据审计结果对财务报表出具审计报告，并与管理层和治理层沟通。

2. 财务报表审计的具体目标包括与所审计期间各类交易、事项及相关披露相关的审计目标、与期末账户余额及相关披露相关的审计目标。

3. 在被审计单位治理层的监督下，按照适用的会计准则和相关会计制度的规定编制财务报表是被审计单位管理层的责任；按照中国注册会计师审计准则的规定对财务报表发表审计意见是注册会计师的责任。财务报表审计不能减轻被审计单位管理层和治理层的责任。

4. 与所审计期间各类交易、事项及相关披露相关的审计目标包括发生、完整性、准确性、截止、分类、列报；与期末账户余额及相关披露相关的审计目标包括存在、权利和义务、完整性、准确性、计价和分摊、分类、列报。

复习思考题

一、单项选择题

1. 下列关于注册会计师执行财务报表审计业务的说法中，错误的是（　　）。

A. 注册会计师对财务报表进行审计并发表审计意见，旨在提高管理层之外的其他报表使用者对财务报表的可信赖程度

B. 注册会计师发表的审计意见并不能为财务报表是否不存在重大错报提供任何保证

C. 注册会计师的财务报表审计不能减轻被审计单位管理层和治理层的责任

D. 注册会计师是针对财务报表整体发表审计意见，因此没有责任发现对财务报表整体影响并不重大的错报。

2. 由发生认定推导的审计目标是确认已记录的交易是真实的，它主要针对财务报表组成要素潜在的（　　）。

A. 数量　　B. 低估

C. 高估　　D. 金额

3. 由完整性认定推导的审计目标是确认已发生的交易确实已经记录，它主要针对（　　）。

A. 数量　　B. 低估

C. 高估　　D. 金额

4. 注册会计师审核某项资产是按历史成本入账还是按公允价值入账，主要是为了证实资产的（　　）认定。

A. 存在　　B. 完整性

C. 计价和分摊　　D. 准确性

5. 注册会计师通过对存货抵押情况的审查，可直接证实被审计单位管理层对存货项目的（　　）认定。

A. 存在　　B. 权利和义务

C. 计价和分摊　　D. 准确性

6. 注册会计师推论得出的下列各个具体审计目标中，（ ）对应于分类认定。

A. 应收账款账户余额是正确的

B. 主管和董事的欠账必须与客户的欠账区分开来

C. 有价证券是否按取得时的实际成本入账

D. 固定资产属于被审计单位

7. 下列各项中，（ ）可以实现注册会计师具体审计目标中与准确性、计价和分摊认定对应的目标。

A. 检查流动负债是否有所隐瞒

B. 检查所有的销售是否均已入账

C. 检查明细账合计数是否与总账相符

D. 检查销售业务有没有记录在恰当的期间

8. 在注册会计师所关心的下列问题中，（ ）是为了实现截止目标。

A. 年前开出的支票是否均在年前入账

B. 应收账款是否属实

C. 存货的跌价损失是否已抵减

D. 固定资产是否有充作抵押的

9. 在对被审单位存货进行审计时，注册会计师可以通过（ ）实现完整性目标。

A. 已记录的存货均存在

B. 现在存货盘点并计入存货总账

C. 存货未作抵押

D. 明细账和总账一致

10. 一般情况下，被审计单位舞弊行为的最终目的大都是为了获取益处或减少损失。基于这一假设，在审查上市公司财务报表的（ ）项目时，应将完整性列为重要的审计目标。

A. 应收账款　　B. 应付账款

C. 长期投资　　D. 实收资本

二、多项选择题

1. 被审计单位管理层在资产负债表中列报的银行存款及其金额，意味着作出了以下认定（ ）。

A. 记录的银行存款是存在的

B. 银行存款以恰当的金额包括在财务报表中

C. 所有应当记录的银行存款均已记录

D. 记录的银行存款都由被审计单位拥有

2. 下列各项中，属于注册会计师需要确认的应收账款“准确性、计价和分摊”认定的审计程序是（　　）。

A. 应收账款确实为被审计单位所有

B. 计提和冲销的坏账准备金额是正确的

C. 应收账款的总账和明细账是一致的

D. 应收账款均已记录

3. 在注册会计师对下列各项目分别提出的具体目标中，（　　）不是完整性目标。

A. 有价证券的金额是否予以适当列示

B. 长期投资是否超过净资产的50%

C. 购货引起的借贷双方会计科目是否在同期入账

D. 实现的销售是否登记入账

4. 注册会计师为证实甲公司外购固定资产的权利和义务认定，除检查相关所有权凭证外，还应检查以下（　　）文件和凭证。

A. 购货合同　　B. 购货发票

C. 保险单　　D. 发运凭证

5. 管理层的责任包括（　　）。

A. 按照适用的财务报告编制基础编制财务报表

B. 向注册会计师提供审计所需的其他信息

C. 向注册会计师提供必要的工作条件

D. 设计、执行和维护必要的内部控制

6. 一般来说，具体审计目标必须根据（　　）来确定。

A. 审计总目标　　B. 审计准则

C. 管理层的认定　　D. 审计程序

7. 注册会计师所确定的以下具体审计目标中，（　　）是根据完整性认定推论得出的。

A. 主营业务收入明细账余额合计是否与总账余额相符

B. 存货是否已适当地计提跌价损失准备

C. 购入在途的存货是否包含在存货项目内

D. 有关短期借款的入账是否及时

8. 被审计单位在其财务报表附注中对累计折旧方法的改变进行了适当说明，并对存在的应收账款的抵押、担保情况进行了充分披露；除此之外，附注中再没有其他内容。以下认定中的（　　）属于隐含性表达。

A. 坏账准备的计提方法没有改变

B. 应收账款被用作担保、抵押

C. 固定资产的分类方法发生了变化

D. 存货发出的核算方法没有变更

9. 注册会计师在审查甲公司财务报表中的存货项目时，能根据准确性、计价和分摊认定推论得出的审计目标有（　　）。

A. 存货账面数量与实物数量相符，金额的计算准确

B. 当存货成本低于可变现净值时，已调整为可变现净值

C. 年末采购、销售截止是恰当的

D. 存货项目余额与其各相关总账余额合计数一致

10. 注册会计师应选择以下审计程序来证明甲公司投资性房地产的权利和义务认定（　　）。

A. 检查建筑物权证、土地使用证等证明文件，确定房地产是否归属被审计单位所有

B. 与被审计单位讨论，以确定划分为投资性房地产的建筑物是否符合会计准则的规定

C. 结合对银行借款等的检查，了解建筑物是否存在抵押、担保情况

D. 采用公允价值模式的，说明公允价值的确定依据和方法，以及公允价值变动对损益的影响

三、判断题

1. 按照中国注册会计师审计准则的规定对财务报表发表审计意见是注册会计师的责任。（　　）

2. 注册会计师通过审计工作对财务报表整体不存在重大错报提供绝对保证。（　　）

3. 注册会计师的审计责任可以部分减轻被审计单位管理层和治理层对财务报表的责任。（　　）

4. 完整性认定主要与财务报表组成要素的低估有关。换言之，若被审计单位登记了未发生的经济业务则违反了完整性认定。（　　）

5. 注册会计师在通过函证确认甲公司应收账款明细账及总账上记录的一笔应收账款实际未发生。这一错误表明甲公司不仅违反了与交易和事项相关的发生目标，而且违背了与期末账户余额相关的存在目标。（　　）

6. 为证实被审计单位管理层对存货项目的存在认定，注册会计师应当从存货明细账、存货盘点记录中选取项目追查至存货实物，以测试存货明细账和存货盘点记录的正确性。（　　）

7. 存在或发生认定所要解决的问题是管理层是否把应当包括的

项目给遗漏了。(　　)

8. 甲公司于当年12月30日向乙公司发出23万元商品，次年1月5日办妥托收手续，甲公司在发出商品时确认收入，则其违反了完整性认定。(　　)

9. 如果被审计单位未在财务报表附注中披露有关存货的担保、抵押情况，就意味着管理层对外承诺不存在担保、抵押情况。(　　)

10. 考虑到时间和成本事项，注册会计师在审计过程中可以任意省略审计程序。(　　)

四、简答题

1. 在执行财务报表审计中，注册会计师的总体审计目标是什么？

2. 管理层和治理层对财务报表的责任是什么？注册会计师的责任是什么？

3. 财务报表审计的基本要求是什么？

4. 简述认定和对应的具体审计目标。

第4章 审计方法和审计过程

本章要点

◇ 了解审计方法的分类及选用原则
◇ 明确各种审计方法的主要内容
◇ 掌握开展审计工作的计划、实施和报告三个阶段各项工作的基本知识和技能

4.1 审计方法

4.1.1 审计方法的类别及选用原则

审计方法是指审计人员为了实现审计的目标所采用的专门方法和措施。审计方法是为审计目的和审计任务服务的。不同种类的审计，其审计目的和要求各不相同。因此，它们选用的审计方法也有区别。

1. 审计方法的分类

审计方法分为一般方法和技术方法。一般方法是审计中的原则方法，是审计工作的指导思想、应掌握的原则和路线；技术方法是为了获得审计证据所采用的手段和措施，主要包括审查书面资料的方法和证实客观事物的方法两大类。本教材着重介绍技术方法。

2. 审计方法的选用原则

由于审计的种类、目的、方式的不同，审计人员用以取证的审计

方法也应该因事、因时、因地而异，不能机械地照抄照搬某一种审计方法。在审计过程中，如能选用适当的审计方法，便可提高审计工作质量和效率；反之，则会浪费人力物力，并有可能导致错误的审计结论，延误审计工作和审计目标的完成。因此，审计人员在选用审计方法时应注意以下几点：

（1）审计方法必须为实现审计目标服务。审计方法是达到审计目的的手段。不同的审计目的，要用不同的审计方法。例如，在对企业财务审计中，其审计目的是查明被审计单位的会计资料及其经济活动的合法性和公允性，审计范围较广，通常采用抽样审计的方法；财经法纪审计的目的是对被审计单位是否存在严重违反财经法纪行为进行审计，则通常采用查询及函证、分析性复核等方法。

（2）审计方法必须从客观实际出发。审计方法必须结合被审计单位的具体情况和实际需要，反对主观臆断和脱离实际的做法。如果被审计单位内部控制制度比较健全，经营管理得当，财务管理有条不紊，就可以采取局部审计或抽样审计的方法。反之，如果被审计单位内部控制制度不健全，经营管理混乱，财务工作不力，就应该采取全面审计或详细审计的方法。

（3）审计方法必须能够提高审计效率。要提高审计工作效率，就必须采用科学的审计方法，尽量做到行动有计划、取证有目的、避免不必要的浪费。如果可以采取函证，就不必派出大量人员外出调查；可以抽查的，就不要全面审查。要在保证圆满完成审计任务的前提下，选用经济有效的审计方法。

（4）审计方法必须切实可行。审计方法的选用必须考虑具体的审计项目的性质、目的和条件，而不应该不加选择地盲目使用。审计人员应熟悉各种审计方法的联系和区别，灵活掌握各种审计方法的结合运用，使审计方法符合被审计单位的需要。

4.1.2 审查书面资料的方法

审计人员通过审查书面资料获取审计证据，是审计工作中常用的审计方法，可以按照不同的标准划分为不同的种类。

1. 按照审查的技术，可分为审阅法、核对法、查询法、比较法、复算法和分析法

（1）审阅法。审阅法是审计人员仔细审核阅读被审计单位一定时期会计资料及相关资料来获取审计证据的方法。审阅法主要是用来初步确定会计凭证、账簿、报表以及各种有关文件的真实性、合法性，如发现可疑之处，再根据情况用其他方法作进一步检查。

①审阅原始凭证。主要审阅原始凭证的内容和格式是否符合规定，其所反映的经济业务是否合法合理。在审阅原始凭证格式时，要注意查看凭证上所记载的抬头、日期、数量、单价、金额等方面是否填写齐全且清晰，签发凭证的单位名称、地址、图章、审批手续是否完整清楚，有无涂改、伪造等现象。

②审阅记账凭证。主要审阅记账凭证的内容和格式是否符合规定，其所反映的经济业务是否合法合理。在审阅记账凭证时，除了查看与原始凭证相同的部分外，还要着重查看记账凭证是否附有原始凭证，原始凭证是否与记账凭证的内容一致，有无制单人、复核人和主管人签字，记账内容是否符合会计原理和会计准则，所记账户名称和会计分录是否正确，有无错用账户或记错方向等情况，手续是否完备等。

③审阅会计账簿。主要审阅总账、明细账、日记账等，其中以审阅明细账和日记账为重点。审阅会计账簿时应注意：各种明细账与总账有关账户的记录是否相符，有无重登和漏登情况；账簿记录是否符合记账规则，有无涂改和刮擦等情况；账簿所登记的经济业务是否正常。对那些容易隐藏错弊的账户，如应收、应付账款、材料成本差异、待摊、预提、期间费用账户和营业外支出账户等应重点审阅。

④审阅财务报表。主要审阅资产负债表、利润表、现金流量表和所有者权益变动表。在审阅财务报表时，主要查看财务报表是否按有关规定编制，有无编制人员和审核人员的签章，财务报表的附注是否对重大事项做了充分披露；报表内各项目的对应关系和勾稽关系是否正确，相关数据是否一致，有无异常情况等。

⑤其他相关文件书面资料的审阅。主要审阅计划、合同、规章制度、业务规范、技术经济指标等相关资料，以进一步获得审计证据。

审阅法是审计最基本的技术方法之一。但该方法不能作为一种独立的审计方法取得审计证据，在许多情况下，审阅法应与其他一些审计技术方法结合运用才能取得较好的取证效果。

（2）核对法。核对法是对被审计单位有关书面资料按照它们的相互关系进行交叉对照，以检查它们之间是否一致的一种审计方法。它主要是核对证证、证账、账账、账表、表表和账实之间的有关数据是否相符，有无错账、漏账、重复记账、假账和账实不符等错误与舞弊问题。

①证证核对。是指原始凭证之间，原始凭证同记账凭证之间，记账凭证同汇总记账凭证之间的核对，主要核对其日期、内容、数据、

金额等是否相符。

②证账核对。是指核对记账凭证是否记入相关的日记账、明细账和总账，其中又以记账凭证与明细账之间的核对为重点，主要核对日期、会计分录同记入的相应账簿是否相符。

③账账核对。是指按照账簿之间的对应关系或相互关系，核对各明细账户的余额合计与总账中的有关账户余额是否相符，核对总账各账户的期初、期末余额、本期发生额的计算是否正确，核对各账户的借方余额合计和贷方余额合计是否平衡等。

④账表核对。是指核对财务报表余额与总账或明细账余额是否相符，核对财务报表各项目的数额计算是否正确，以期发现或查证账表不符或虽相符却不合理、不合法的会计错弊。

⑤账实核对。是指核对账卡记载的实物余额与实际结存的实物余额是否相等，核对银行对账单、客户往来清单等对外账单是否与本单位有关账项相符等。

⑥表表核对。是指核对本期报表与上期报表之间有关项目是否相符，核对资产负债表、利润表、现金流量表和所有者权益变动表等财务报表之间的相关数字是否相符。通过表表核对，可检查各报表之间有无不正常关系，应该存在的勾稽对应关系是否存在，以此检查被查单位有无会计错弊，也可据以分析评价被查单位的经营与财务状况。

核对法作为审计的一种基本方法，可比较快地发现存在的问题，而且取得的审计证据也较为可信，但由于其侧重于形式上的审查，难以查清“假账真做”的问题，因此，在运用核对法时，要确保作为核对依据的书面资料的真实性、正确性，同时还要与其他方法结合起来运用。

（3）查询法。查询法是指审计人员在审计过程中发现疑点和问题时，通过向被审计单位的内部和外部有关方面进行调查询问，弄清事实真相并取得证据的一种审计方法。查询法一般有面询法和函证法两种。

①面询法。面询法是通过直接找有关单位或个人进行当面调查询问，查明情况、弄清问题的一种方法。面询时，审计人员应注意谈话的方式和方法，使被询问者能够客观、如实地说明情况和问题，并要做好笔录，必要时要求交谈者签字。

②函证法。函证法是指采用发函给被调查单位或个人，要求对方通过函件说明经济业务的实际情况和问题，以取得审计证据的一种方法。函证又分为积极式函证和消极式函证两种。

积极式函证要求收函单位或个人对所调查事项不论是确认还是否

认，都应给予明确答复。积极式函证分为两种方式：一是询证函中列明拟函证的账户余额或其他信息，要求被询证者确认所函证的款项是否正确。这种询证函的回复能够提供可靠的审计证据，但询证者可能对所列示信息根本就不加以验证就予以回函确认。二是在询证函中不列明账户余额或其他信息，而要求被询证者填写有关信息或提供进一步信息。这种询证函可能会导致回函率降低，进而导致注册会计师执行更多的替代程序。

消极式函证则只要求收函单位或个人对所调查事项予以否认时才回函答复。对消极式函证而言，未收到回函并不能明确表明预期的被询证者已经收到询证函或已经核实了询证函中包含信息的准确性。因此，未收到消极式询证函的回函所提供的审计证据，远不如积极式询证函的回函提供的审计证据有说服力。当符合以下所有条件时，可以采用消极式函证：①重大错报风险评估为低水平；②涉及大量余额较小的账户；③预期不存在大量的错误；④没有理由相信被函证者不认真对待函证。

注册会计师通常以资产负债表日为截止日，充分考虑对方复函的时间，在资产负债表日后适当时间内实施函证，尽可能做到在注册会计师的审计工作结束前取得函证的全部资料。如果重大错报风险评估为低水平，注册会计师也可以选择资产负债表日前适当日期为截止日实施函证，并对所函证项目自该截止日起至资产负债表日止发生的变动实施实质性程序。

使用函证法时，询证函件应尽量争取对方配合，函证的内容一定要简单明确，便于对方回答，同时要打消对方的顾虑。函证法简便易行，可以节约调查费用，但所用时间较长，有时不能引起对方重视，往往需要再做出催询。如遇对方不予合作时，审计人员可亲自前往对方实地观察，务求取得有关证据。

（4）比较法。比较法是指审计人员对被审计单位的某些书面数据与有关数据进行比较，从中找出差异的一种审计方法。比较时可以用绝对数，也可用相对数；可以在本单位内对不同时期的数据进行纵向比较，也可以在同一行业内对同一时期的数据进行横向比较。例如可以通过实际产量和上期产量或计划产量的比较，找出差距，改进工作，就是绝对数的比较；采用百分比如成本利润表、劳动生产率进行比较，看某一产品的发展趋势是否合理，就是相对数的比较。通过比较分析，可以判断出被审计单位的经济活动是否经济、合理和有效。

（5）复算法。复算法是指审计人员对被审计单位书面资料的某些数据进行重新计算，以验证其审计的结果是否正确的一种方法。复算工作虽然机械、烦琐，却非常重要。因为数字计算错误或故意歪曲计算结果，将对会计资料的正确性产生重大影响。

复算的内容包括凭证数量乘单价的积数、小计和合计数，账簿中的小计、合计、累计数，过次页、承前页的数字，报表中的合计、总计数，有关原始凭证、原始凭证汇总表横向、纵向的合计数，有关费用提取、成本费用归集和分配的结果进行验算，以及流动比率、速动比率等财务指标的验算等。

（6）分析法。分析法是指审计人员通过对有关资料进行分解和综合，然后进行考察，从而揭示其本质和问题的一种审计方法。分析法一般分为静态分析法、动态分析法和账户分析法等。静态分析法是对某一时期经济指标的数值相互进行比较分析的方法；动态分析法是通过指标的发展情况考察事物的变化趋势，以找出存在问题的方法；账户分析法是指对各有关账户之间的关系进行比较发现企业存在的问题，如通过应收账款与主营业务收入账户的比较，发现产品赊销的变化。

2. 按照审查会计资料或审计取证的顺序，可分为顺查法和逆查法

（1）顺查法。顺查法又称正查法，是按照会计业务处理顺序进行审查的一种方法。顺查法的审查顺序与会计核算程序一致。首先审查原始凭证是否真实正确、合法合规，并核对记账凭证，然后再以记账凭证核对账簿，审查相关会计业务处理、过账是否正确；并进行证账核对、账账核对，最后以账簿核对财务报表，审查和分析财务报表的各项目是否正确、完整、合规，核对账表、表表是否相符。

顺查法的优点是全面系统，可以避免遗漏，审计结果一般比较可靠。其缺点是业务量大，费时、费力，审计成本高，审计重点不突出，审计效率低。顺查法一般适用于规模较小，业务量较少，或内部控制较差的被审计单位，以及特别严重的项目，贪污、舞弊的专案审计。

（2）逆查法。逆查法又称倒查法，是按照会计业务处理相反的顺序进行审查的一种方法。首先审查和分析财务报表，从中找出增减变化异常或金额较大，较易出现错弊的项目，从而确定审计的线索。然后追溯审查会计账簿，最后通过审验会计凭证来确定被审查事项的事实真相。

逆查法的优点是审查取证范围小，审计重点突出，省时省力，效率较高。其缺点是如果审计人员对审查的重点问题判断失误，就会造成本末倒置；由于审查不全面，难以查出所有问题，容易发生疏漏，不利于提高审计工作质量。逆查法一般适用于规模较大，业务量较多，内部控制较好的被审计单位。

在实际工作中，顺查法和逆查法往往结合起来使用，整体上采用逆查法，局部上可以采用顺查法。

3. 按照审查会计资料或审计证据所涉及的范围和数量，可分为详查法和抽查法

（1）详查法。详查法又称精查法，是对被审计单位一定时期内的所有会计资料进行详细审查的一种审计方法。详查法的优点是掌握情况全面、精细、准确，一般不会发生遗漏，审计质量、审查结果准确可靠，审计风险较小。其缺点是工作量大，费时费力，审计成本较高，一般情况下不宜采用。只是对那些存在重大贪污盗窃、营私舞弊等严重违纪现象的单位，以及账目极为混乱，非彻底查清不可的单位，才使用这种方法，当然业务量较少的单位也可以采用这种方法。

（2）抽查法。抽查法又称抽样法，是从被审计单位一定时期的全部会计资料中，抽取其中一部分有代表性的样本进行审查，再依据抽查结果推断总体正确性的一种审计方法。抽查法的优点是省时省力、费用低、效率高。其缺点是审计结果过分依赖所抽查部分的结论，如果样本抽查不合理或缺乏代表性，抽查结果往往不能发现问题，甚至以偏概全，作出错误的审计结论。因此必须事先进行样本的设计，使设计对象总体与审计目标具有相关性和完整性，并根据审计目标和被审计单位的实际情况，确定抽样单位，选取适当的样本量。审计抽样按照抽样决策的依据不同，一般分为统计抽样和非统计抽样。

①统计抽样是运用概率论原理，遵循随机原则，从被查总体中抽取样本进行审查，根据样本审查结果推断总体特征的一种抽样方法。它的优点是科学地确定了抽样规模，确定了适度的样本量，而且采用了随机抽取样本的方法，样本代表性强，加之通过计算把抽样误差控制在预先给定的范围内，减少了审计风险，同时统计抽样也便于审计工作的规范化。其缺点是抽样方法较为复杂，要求被审计单位提供的资料齐全、数据准确且内部控制健全，同时也要求审计人员具备特殊的专业技能。

②非统计抽样是指审计人员完全根据自己的专业经验和判断能力，有选择地抽取某些样本的一种抽样方法。它的优点是重点突出、针对性强且简便灵活、易于操作，可以充分发挥审计人员的实践经验和判断力，提高审计工作效率。其缺点是不能科学确定抽样数量，样本单位的抽选有主观随意性，不能计算抽样误差，并给出审计结论的可靠程度。

在审计工作中，选取样本的方法一般包括简单随机选样、系统选样和随意选样。

①简单随机选样。简单随机选样是指对审计对象总体或次级总体的所有项目，按随机规则选取样本。在选取样本时，最简单常用的方法是使用随机数表，它是由 0 ~ 9 的数字组成，每个数字的顺序是随机的，出现在表上的次数大致相同。如表 4 – 1 就是 5 位随机数表的一部分。在使用随机数表时，首先要对总体项目进行编号，并将表中数字与总体项目之间建立一一对应关系。如果总体项目已有编号，如凭证号码、支票号码、发票号码，则这种一一对应关系就容易建立。审计人员在随机数表中选取数字时，既可以从任何地方开始，又可以按任何方向进行，但一经确定，就不得改变，且必须依次进行选取。符合总体项目编号要求的数字，即为选中的号码，与此号码相对应的总体项目即为选取的样本项目，一直到选足所需要的样本量为止。简单随机选样在统计抽样和非统计抽样中均适用。

表 4 – 1　　随机数表（部分）

	1	2	3	4	5	6
1	27295	88545	37958	20960	00667	13811
2	39886	11732	16520	39518	45670	11790
3	18888	65641	12790	04326	31108	29047
4	21654	04824	08570	68113	01476	19650
5	01981	31722	06498	28126	14479	12229
6	75764	64181	39218	30005	02515	19809
7	29671	86713	28743	43039	18808	29837
8	35133	35137	73568	10198	21656	09166
9	32035	36298	48743	21457	09012	09475
10	09166	09812	19923	39962	28886	39662

例如，审计人员对某公司连续编号为 600 到 6000 的现金支票进行审查，拟从支票中选取一组样本量为 20 的样本。假定从随机数表的第 4 行第 1 列开始，自上而下、从左到右依次选取表中数字的前四位数与支票号码一一对应，则可选出 2165、2967、3513、3203、0916、1173、3172、3513、3629、0981、3795、1652、1279、0857、0649、3921、2874、4874、1992、2096。与支票号码无对应关系的号

码均不列入，被选号码的发票就可以作为样本进行审查。

②系统选样。系统选样又称等距选样，是指按照相同的间隔从审计对象总体中等距离地选取样本的一种选样方法。采取系统选样法，首先要计算选样间隔，确定选样起点，然后按照间隔，顺序地选取样本。选样间距的计算公式如下：

选样间距 = 总体规模 ÷ 样本规模

例如，审计人员从编号451～2950的销售发票总体中，选取125张作为样本，则选样间隔为20[(2951－451)÷125]，审计人员从0～19中选取一个随机数作为抽样起点。如果随机选取的数码为7，那么第一样本项目是发票号码为458(451＋7）的那一张，其余的124个项目是478（458＋20），498（478＋20）……依次类推，直至第2938号。

系统选样使用方便，比其他选样方法节省时间，并可用于无限总体，但当总体不是随机排列时容易产生较大偏差，造成非随机的，不具代表性的样本。因此使用该方法选样，审计人员应先确定总体确实是随机排列，或者使用设立多个随机起点的办法来减少这种可能性。系统选样在非统计抽样中使用，在总体随机分布时也适用于统计抽样。

③随意选样。随意选样通常不考虑金额大小、资料取得的难易程度及个人偏好，以随意的方式选取样本。随意选样的结果，有时缺乏合理性与可靠性。因此，随意选样仅适用于非统计抽样。

4.1.3　证实客观事物的方法

证实客观事物的方法，是审计人员搜集书面资料以外的审计证据，以证明和落实客观事物的形态、性质、存放地点、数量和价值等的一类审计方法。这类方法包括观察法、盘点法、调节法和鉴定法等。

(1) 观察法。观察法是审计人员亲临现场进行实地观察检查，借以查明事实真相，取得审计证据的一种调查方法。审计人员进入被审单位后，深入到车间、科室、工地、仓库等地，对于生产经营管理工作的进行、财产物资的保管和利用、内部控制制度的执行等，进行直接的观看视察，注意其是否符合审计标准和书面资料的记载，从中发现薄弱环节和存在的问题，借以收集书面资料以外的证据，查明被审计单位的经济活动是否真实、客观、公允地得到反映和记录。观察法是进行财政财务审计和财经法纪审计，取得实物证据和环境证据的一种重要方法。但在应用观察法时，还要与其他方法结合起来，以便更好地发挥其效果。

（2）盘点法。盘点法又称实物盘存法，是审计人员对被审计单位的财产物资进行实地盘点，从中取得实物证据的方法。通过对财产物资的盘存资料与账面资料进行比较，一方面可以证实账存数量是否真实、作价是否正确，以保证账实相符；另一方面可以确定各项财产物资有无短缺、毁损、腐烂、变质、超储积压等问题，以保证财产物资的安全完整和有效利用。

盘点法按其组织方式不同，可分为直接盘点法和监督盘点法。直接盘点法是由审计人员亲自对实物进行盘点的方法，常用于库存现金、有价证券、贵重物品的盘点。监督盘点法是审计人员亲临现场监督检查被审单位自行组织的实物盘点，必要时可以进行抽查、复点的一种盘点，常用于存量较大的实物，如厂房、机器设备、大宗原材料、产成品的盘点。

盘点法按其范围，可分为全面盘点和局部盘点。在具体实施中，盘点的范围应视财物的品种、数量和内部控制制度的强弱等具体情况而定。一般来说，对库存现金、有价证券、贵重物品等，应进行全面盘点，而对其他数量大、品种多的财物，可通过抽查进行局部盘点。

（3）调节法。调节法是检查某一业务或项目时，发现当前的数据同需要证实的数据在时点上不一致，需对其中某些因素进行必要的增减调整的一种审计方法。调节法主要用于以下两种情况：一是在审查银行存款时，可以通过编制银行存款余额调节表，对企业与银行之间的未达账项进行增减调节，以证实银行存款的实存数同日记账的余额是否相符；二是在盘点原材料、半成品、产成品、在产品等存货时，经常会出现盘点日同结账日不同，可运用调节法来证实财产物资是否账实相符。其计算公式是：

结账日实物应结存数 = 审计日实际盘点数 + 结账日至审计日发出数量 − 结账日至审计日收入数量

例如：2017 年 7 月 15 日，注册会计师受托对某公司甲商品监督盘点，实存数为 850 件，经查该公司 2017 年 6 月 30 日产成品明细账结存数为 820 件，6 月 30 日至 7 月 15 日期间入库数 1 680 件，出库数为 1 630 件。

由于实物盘点日与账面结存日不一致，为了验证账面结存数量的正确性，审计人员编制了调节表，如表 4 – 2 所示，对相差日期中的账目数字进行了调节。

表4－2　　　　　　　　调　节　表

2017年7月15日　　　　　　　　　　　　　　　　　　工作底稿编号：

商品名称	审计日盘点情况		结账日至审计日调节情况		结账日情况		
	盘点时间	盘点数量	减：入库数	加：出库数	结账日实存数	结账日账面数	差异
1	2	3	4	5	6＝3＋5－4	7	8＝6－7
甲商品	2017年7月15日	850件	1 680件	1 630件	800件	820件	－20件

结账日实存数＝850＋1 630－1 680＝800（件）。

从表4－2中可以看到结账日甲商品盘亏20件，实存数比账面数少20件，对此，审计人员应要求有关人员说明原因，并进行核实。如有弄虚作假，则进一步查明责任人员，并追究其责任。

（4）鉴定法。鉴定法是在分析、鉴别被审计单位的书面资料、财产实物和经济活动时，审计工作超过了一般审计人员的能力和知识水平，从而邀请有关部门或人员运用专门技术进行确定和识别的一种方法。例如对笔迹和指纹以及书面资料的真伪进行鉴定；对财产实物的物理性能、化学效能、真实质量、实际价值的鉴定；对某种操作、技术或经济活动的合理性、有效性的鉴定等。鉴定法的鉴定结论必须是具体的、客观的和准确的，并作为一种独立的审计证据，详细地记入审计工作底稿。

知识拓展

抽样风险是指注册会计师根据样本得出的结论，可能不同于如果对整个总体实施与样本同样的审计程序得出的结论的风险。抽样风险是由抽样引起的，与样本规模和抽样方法相关。

控制测试中抽样风险包括信赖过度风险和信赖不足风险。信赖过度风险是指推断的控制有效性高于其实际有效性的风险。信赖过度风险与审计的效果有关。对于注册会计师而言，信赖过度风险容易导致注册会计师评估的重大风险偏低，可能不适当地减少从实质性程序中获取的证据，审计有效性下降，致使注册会计师发表不恰当的审计意见，因而更应予以关注。信赖不足风险是指推断的控制有效性低于其实际有效性的风险。信赖不足风险与审计的效率有关。对注册会计师而言，信赖不足风险容易导致注册会计师增加不必要的实质性程序。

在实施细节测试时，注册会计师也要关注两类抽样风险：误受风险和误拒风险。误受风险是指注册会计师推断某一重大错报不存在而实际上存在的风险。如果账面金额实际上存在重大错报而注册会计师认为其不存在重大错报，注册会计师通常会停止对该账面金额继续进行测试，并根据样本结果得出账面金额无重大错报的结论。误受风险影响审计效果，容易导致注册会计师发表不恰当的审计意见，因此，注册会计师更应予以关注。误拒风险是指注册会计师推断某一重大错报存在而实际上不存在的风险。误拒风险影响审计效率，如果账面金额不存在重大错报而注册会计师认为其存在重大错报，注册会计师会扩大细节测试的范围并考虑获取其他审计证据，最终注册会计师会得出恰当的结论。在这种情况下，审计效率可能降低。

只要使用了审计抽样，抽样风险就总会存在。无论在控制测试还是在细节测试中，抽样风险都可以分为两种类型：一类是影响审计效果的抽样风险，包括控制测试中的信赖过度风险和细节测试中的误受风险；另一类是影响审计效率的抽样风险，包括控制测试中的信赖不足风险和细节测试中的误拒风险。对特定样本而言，抽样风险与样本规模反方向变动：样本规模越小，抽样风险越大；样本规模越大，抽样风险越小。

4.2 审计过程

审计过程是指审计人员从接受审计项目开始到审计工作结束全过程的工作步骤。一般包括计划阶段、实施阶段和审计报告阶段三个主要阶段。审计主体不同，审计过程三个阶段的具体内容也有所不同，本教材着重介绍民间审计的审计过程。

4.2.1 审计计划阶段

审计计划阶段是审计工作的开始阶段，也是审计工作实施以前的准备工作。它主要包括以下内容：

1. 了解被审计单位的基本情况

在接受审计项目委托之前，会计师事务所应该首先要了解被审计单位的基本情况，主要包括：被审计单位的生产经营规模、业务性质、经济规模、财务工作机构、人员分工、财务报表、合同协议、营业执照、内部控制制度、目前的财务状况和内部审计情况等。

然后审计机构同委托单位就审计约定事项的有关内容进行洽谈，确定委托的审计项目，配备审计人员，成立审计小组。会计师事务所和审计小组应考虑是否具备执行审计业务的专业胜任能力及必要的时间和资源，能否遵守职业道德规范。如果会计师事务所不具备专业胜任能力，应当拒绝接受委托。

2. 签订审计业务约定书

在决定接受审计委托后，则需签订审计业务约定书。审计业务约定书是会计师事务所与被审计单位签订的，用以记录和确认审计业务的委托与受托关系、审计目标和范围、双方的责任以及报告的格式等事项的书面协议。它具有经济合同的性质，一经约定双方签字认可，即成为会计师事务所与委托人之间在法律上生效的契约，具有法律约束力。

审计业务约定书的具体内容和格式可能因被审计单位的不同而不同，但一般都应包括以下基本内容：

（1）财务报表审计的目标与范围；

（2）注册会计师的责任；

（3）管理层的责任；

（4）指出用于编制财务报表所适用的财务报告编制基础；

（5）提及注册会计师拟出具的审计报告的预期形式和内容，以及对在特定情况下出具的审计报告可能不同于预期形式和内容的说明。

在审计实践中，签订审计业务约定书具有十分重要的作用，它可以促进签约双方的了解，尤其使被审计单位了解注册会计师的审计责任和需要提供的合作；可作为委托人鉴定审计业务完成情况及会计师事务所检查委托人约定义务履行情况的依据；如果出现法律诉讼，审计业务约定书是明确签约双方应负责任的重要证据。

3. 初步了解和评价被审计单位的内部控制

为合理确定审计风险，突出审计重点，确保审计工作的切实可行，审计人员应了解被审计单位的内部控制，主要包括：了解和评价被审计单位的各项规章制度；业务处理程序和人员职责分工等是否合理；处理每一项经济业务的程序和手续是否科学等。

4. 实施风险评估

审计准则规定，注册会计师必须实施风险评估程序，以此作为评估财务报表层次和认定层次重大错报风险的基础。所谓风险评估程序，是指注册会计师实施的了解被审计单位及其环境并识别和评估财务报表层次和认定层次重大错报风险的程序。风险评估程序是必要程序，了解被审计单位及其环境特别是为注册会计师在许多关键环节作出职业判断提供了重要基础。了解被审计单位及其环境是一个连续和动态地收集、更新与分析信息的过程，贯穿于整个审计过程的始终。注册会计师应当运用职业判断确定需要了解被审计单位及其环境的程度。一般来说，实施风险评估程序的主要工作包括：了解被审计单位及其环境；识别和评估财务报表层次以及各类交易、账户余额和披露认定层次的重大错报风险，包括确定需要特别考虑的重大错报风险（即特别风险）以及仅通过实质性程序无法应对的重大错报风险等。

5. 拟定审计工作计划

审计计划是指审计人员为了完成各项审计业务，达到预期的审计目的，在具体执行审计程序之前编制的工作计划。审计计划包括总体审计策略和具体审计计划两个层次。

（1）总体审计策略。总体审计策略是对审计的范围、时间和方向等所作的规划，是注册会计师从接受审计委托到出具审计报告整个过程基本工作内容的综合计划。总体审计策略的基本内容包括：确定审计范围、明确报告目标、计划时间安排、与各方沟通相关信息、确定审计方向、规划和调配审计资源等。

（2）具体审计计划是依据总体审计策略的要求编制的，是为获取充分、适当的审计证据以将审计风险降至可接受的低水平，项目组成员拟实施的审计程序的性质、时间安排和范围，是对实施总体审计策略所作的详细规划与说明。具体审计计划包括风险评估程序、计划实施的进一步审计程序和其他审计程序。

4.2.2 审计实施阶段

审计实施阶段是根据计划阶段确定的范围、要点、步骤和方法，对被审计单位的情况进行取证、评价，据以形成审计结论、实现审计目标的中间过程，是审计全过程的中心环节。它主要包括以下内容：

1. 实施控制测试和实质性程序

审计人员实施风险评估程序本身并不足以为发表审计意见提供充分、适当的审计证据，注册会计师还应当实施进一步审计程序，包括实施控制测试（必要时或决定测试时）和实质性程序。因此，注册会计师评估财务报表重大错报风险后，应当运用职业判断，针对评估的财务报表层次重大错报风险确定总体应对措施，并针对评估的认定层次重大错报风险设计和实施进一步审计程序，以将审计风险降至可接受的低水平。

2. 审查财务报表项目

审查财务报表项目，主要是检查它所反映的经济活动是否合法、合理和公允。审查财务报表的主要工作包括审查、复核表内数据的正确性，报表项目金额是否与对应的会计账簿、凭证、实物一致，揭示财务报表重大错报问题等。

3. 收集审计证据

审计人员实施审计的过程也是收集审计证据的过程。审计证据是审计人员在执行审计过程中所获取的重要资料，它是审计人员作出判断、发表审计意见、出具审计报告的重要依据。审计人员一般采用检查、观察、询问、外部调查、重新计算、重新操作、分析等方法获得审计证据。审计证据质量的好坏对审计工作的质量有着很大影响。

4. 编制审计工作底稿

审计工作底稿是审计人员在审计过程中积累和获取的审计工作记录和获取的资料。它既是审计计划的实施总结，也是审计意见形成的依据和撰写审计报告的基础。

4.2.3　审计报告阶段

审计报告阶段即审计过程的终结阶段，是得出审计结论以实现审计目标的关键阶段。它主要包括以下内容：

1. 整理分析审计证据

审计人员在审计实施阶段收集的分散的证据，必须通过分类、计算、比较、综合等方法加以整理、归类，并在此基础上进行分析，以有效地评价被审计单位的经济活动，得出正确的审计结论。通过整理和分析审计证据，形成充分、适当的审计证据体系，成为编制审计报告、提出管理建议书的依据。

2. 复核审计工作底稿和财务报表

复核审计工作底稿对于减少或消除人为的审计误差、降低审计风险有重要作用，同时还有利于有关部门对审计人员进行审计质量监控和业务考核。一般由项目组内经验较多的人员（包括项目负责人）对经验较少人员的工作进行复核。

在审计临近结束时，审计人员需要对财务报表总体的合理性进行复核和分析，目的是确定经审计后的财务报表整体是否与被审计单位的理解一致、是否具有合理性。在运用分析程序进行总体复核时，审计人员应当重新考虑全部或部分交易、余额是否恰当，之前的审计程序是否充分。

3. 编写审计报告，提出管理建议书

审计人员在实施了必要的审计程序后，应当以经过核实的审计证据为依据，形成审计意见，出具审计报告。审计报告是审计工作的最终成果，是审计人员完成约定的审计项目后向委托单位提供的表明审计意见的书面文件，具有法律效力，因而需要对审计报告的正确性和公允性进行复核。审计报告按意见类型分为无保留意见、保留意见、否定意见、无法表示意见的审计报告四种。审计人员应当对所出具的审计报告的真实性、合法性负责。

管理建议书是审计人员在完成审计工作以后对被审计单位的内部管理制度中存在的缺点和薄弱环节提出的书面改进建议。管理建议书的目的在于对被审计单位加强内部控制，改善会计核算，提高管理水平提供参考意见。向被审计单位提供管理建议书并不是每一次审计都必不可缺少的程序，只有在被审计单位内部控制存在问题时才由审计人员提出。管理建议书不具有强制性。

本章小结

1. 审计方法是指审计人员为了实现审计的目标所采用的专门方法和措施。审计方法的选用应符合几个条件：审计方法必须为实现审计目标服务；审计方法必须从客观实际出发；审计方法必须能够提高审计效率；审计方法必须切实可行。

2. 审查书面资料的方法可以按照不同的标准划分为不同的种类。其中，按照审查的技术，可分为审阅法、核对法、查询法、比较法、复算法和分析法；按照审查会计资料或审计取证的顺序，可分为顺查法和逆查法；按照审查会计资料或审计证据所涉及的范围和数量，可分为详查法和抽查法。证实客观事物的方法包括观察法、盘点法、调节法和鉴定法等。

3. 审计抽样按照抽样决策的依据不同，一般分为统计抽样和非统计抽样。选取样本的方法一般包括随机选样、系统选样和随意选样。

4. 审计过程是指审计人员从接受审计项目开始到审计工作结束全过程的工作步骤，一般包括计划阶段、实施阶段和审计报告阶段三个主要阶段。

5. 审计计划是指注册会计师为了完成各项审计业务，达到预期的审计目的，在具体执行审计程序之前编制的工作计划。审计计划通常可分为总体审计策略和具体审计计划两个层次。

复习思考题

一、单项选择题

1. 审计人员仔细审核阅读各种会计资料以及各种有关文件的审计方法是（　　）。

A. 核对法　　B. 审阅法

C. 推理法　　D. 复核法

2. 逆查法的关键步骤是对（　　）的审阅和分析。

A. 财务报表　　B. 会计账簿

C. 经济活动　　D. 会计凭证

3. 要求收函单位或个人对所调查事项不论是确认还是否认，都应给予明确答复的是（　　）。

A. 积极式函证　　B. 否定的函证

C. 消极式函证　　D. 确认的函证

4. 下列有关顺查法表述错误的是（　　）。

A. 顺查法可以避免遗漏，形成的审计结果较可靠

B. 采用顺查法省时省力，审计效率高

C. 顺查法适用于规模较小、业务量少的被审计单位

D. 特别严重的项目可采用顺查法

5. 审计人员函证的时间一般选在（　　）。

A. 资产负债表日后适当时间

B. 资产负债表日前

C. 任意时间

D. 期末

6. 对于质量情况和价值难以确定的材料，可通过商检部门的（　　）检查、化验，以取得证据。

A. 审阅法　　B. 复算法

C. 鉴定法　　D. 观察法

7. 下列关于审计业务约定书说法错误的是（　　）。

A. 审计业务约定书的内容可以根据签约双方的意愿随时变更

B. 审计业务约定书的内容和格式，可因被审单位的具体情况和不同的委托事项而有所不同

C. 应界定签约双方的权利和义务，审计责任不能替代和减轻被审计单位的责任

D. 签约双方按照《合同法》的规定承担违约责任

8. 关于抽查法表述错误的是（　　）。

A. 采用抽查法审计结果准确可靠，审计风险较小

B. 抽查法应确定抽样单位，选取适当的样本量，以降低抽样风险

C. 随意选样有时缺乏合理性与可靠性

D. 统计抽样的样本代表性强，能将抽样误差控制在预定范围内，减少了审计风险

9. 对现金业务账实是否一致进行审查，最好的方法是（　　）。

A. 盘点法　　B. 分析法

C. 审阅法　　D. 逆查法

10. 首先计算间距，确定选样起点，然后再根据间距顺序选取样本的抽样方法是（　　）。

A. 随机抽样　　B. 系统选样

C. 货币单位选样　　D. 分层抽样

11. 以下情况一般不适用于积极函询法的是（　　）。

A. 询证事项十分重要

B. 询证事项极为有限

C. 对询证事项存在较多疑问

D. 询证事项的预计差错率较低

12. 对库存现金、有价证券、贵重物品的盘点，应采用（　　）。

A. 监督盘点法　　B. 观察盘点

C. 抽查盘点　　D. 直接盘点

二、多项选择题

1. 审阅法是审计最基本的技术方法之一，它主要审阅（　　）。

A. 会计凭证　　B. 会计账簿

C. 财务报表　　D. 相关文件资料

2. 下列哪些情况可以采用消极式函证？（　　）

A. 重大错报风险评估为低水平

B. 涉及大量余额较小的账户

C. 预期不存在大量的错误

D. 没有理由相信被函证者不认真对待函证

3. 观察法往往可以取得（　　）证据。

A. 环境　　B. 口头

C. 书面　　D. 实物

4. 注册会计师审计的计划阶段的主要工作包括（　　）。

A. 了解被审计单位的基本情况

B. 签订审计业务约定书

C. 初步了解被审计单位的内部控制

D. 实施风险评估

5. 审计业务约定书的主要内容包括（　　）。

A. 管理层的责任

B. 财务报表审计的目标

C. 注册会计师的责任

D. 用于编制财务报表所适用的财务报告编制基础

6. 在审计的技术方法中，证实客观事物的方法包括（　　）。

A. 盘点法　　B. 鉴定法

C. 调节法　　D. 核对法

7. 核对法核对的内容包括（　　）。

A. 证证核对　　B. 账账核对

C. 表表核对　　D. 账实核对

8. 审计计划是指注册会计师为了完成各项审计业务，达到预期的审计目的，在具体执行审计程序之前编制的工作计划。审计计划包括（　　）。

A. 汇总审计计划　　B. 总体审计策略

C. 分类审计计划　　D. 具体审计计划

9. 审计报告阶段是审计工作的结束阶段，其主要工作有（　　）。

A. 复核审计工作底稿

B. 撰写审计报告

C. 整理分析审计证据

D. 实施控制测试

10. 关于抽样风险表述正确的是（　　）。

A. 信赖过度风险容易导致审计人员发表不恰当审计意见

B. 误拒风险影响审计效率

C. 抽样风险与样本规模呈正向变动

D. 误受风险影响审计效果

三、判断题

1. 不同的审计目标所采用的审计方法也有所不同。（　　）

2. 核对法能较快地发现存在的问题，可以查清“假账真做”的问题。（　　）

3. 复算法由于机械烦琐，所以在实际工作中不被审计人员所重视。（　　）

4. 积极式函证能够取得充分有效的证据，而消极式函证不一定

能取得充分有效的审计证据。（　　）

5. 随意选样法能科学界定抽样数量，提高审计工作效率。（　　）

6. 简单随机选样采用随机数表抽取样本，样本代表性强。（　　）

7. 审计责任要求注册会计师保证审计报告的合法性、公允性，保证被审计单位内部控制的健全性。（　　）

8. 管理建议书是每一次审计必不可缺少的程序，具有公正性和强制性。（　　）

9. 审计业务约定书具有经济合同的性质，一经约定双方签字认可，即具有法律约束力。（　　）

10. 总体审计策略是对审计的范围、时间和方向等所作的规划，并指导制定具体审计计划。（　　）

四、简答题

1. 审计人员在选用审计方法时，应注意哪几个问题？

2. 核对法主要核对哪些方面？

3. 分析比较顺查法和逆查法的优缺点及适用范围。

4. 审计抽样面临哪些风险？

5. 审计过程分为哪几个阶段？各包括哪些主要项目？

五、案例分析题

1. 飞达股份有限公司 2018 年 12 月 31 日库存材料明细账结存数量为：甲材料 6 400 公斤，乙材料 8 800 公斤，丙材料 4 500 公斤。2019 年 1 月 15 日上午，注册会计师李明接受委托对该公司的库存材料进行盘点，盘点结果如下：甲材料 6 080 公斤，乙材料 8 570 公斤，丙材料 4 140 公斤。又查阅材料仓库卡片，2019 年 1 月 1 日至 14 日收付记录如下：

材料名称	甲材料	乙材料	丙材料
收入数量	12 400	14 300	6 400
发出数量	11 720	13 930	6 660

要求：根据 2019 年 1 月 15 日实际盘点结果，用调节法核实该公司 2018 年 12 月 31 日库存材料账面记录的真实性和正确性。

2. 注册会计师拟对某单位连续编号为 700～3 000 的收据进行随机抽样审查，拟从收据中选取 100 张样本进行审查。

要求：根据教材表 4－1 的随机数表，从第 5 行、第 3 列数字为起点，自上而下、自左往右，以各数的后4位数为准，应选择的最初5个样本的号码分别是多少？

3. 审计人员对某公司800名职工的工资卡进行审计，决定从800个工资卡中抽取10%作为样本进行审查，假定随机起点为320号。

要求：计算抽样间隔并选取样本号码。

第 5 章
审计证据和审计工作底稿

本章要点

◇ 了解审计证据的概念和作用
◇ 掌握审计证据的特点及分类
◇ 掌握审计档案的保密与调阅
◇ 熟悉审计工作底稿的形成及复核

5.1 审计证据

5.1.1 审计证据的概念、作用及特性

1. 审计证据的概念

审计证据是审计人员为了得出审计结论、形成审计意见而使用的所有信息，包括构成财务报表基础的会计记录中所含有的信息和其他信息。

(1) 会计记录中含有的信息。依据会计记录编制财务报表是被审计单位管理层的责任，审计人员应当测试会计记录以获取审计证据。会计记录包括原始凭证、记账凭证、总分类账和明细分类账、未在记账凭证中反映的对财务报表的其他调整，以及支持成本分配、计算、调节和披露的手工计算表和电子数据表。这些会计记录是编制财务报表的基础，也是审计人员执行财务报表审计业务所需获取的审计

证据的重要组成部分。会计记录取决于相关交易的性质，它既包括被审计单位内部生成的手工或电子形式的凭证，也包括从与被审计单位进行交易的其他企业收到的凭证。在审计过程中，将会计记录作为审计证据时，其来源和被审计单位内部控制的相关强度（对内部生成的证据而言）都会影响审计人员对这些证据的依赖程度。

(2) 其他信息。会计记录中含有的信息本身并不足以提供充分的审计证据作为对财务报表发表审计意见的基础，审计人员还应当获取用作审计证据的其他信息。可用作审计证据的其他信息包括审计人员从被审计单位内部或外部获取的会计记录以外的信息，如被审计单位会议记录、内部控制手册、询证函的回函、分析师的报告、与竞争者的比较数据等；通过询问、观察和检查等审计程序获取的信息，如通过检查存货获取存货存在的证据等；以及自身编制或获取的可以通过合理推断得出结论的信息，如审计人员编制的各种计算表、分析表等。

财务报表依据的会计记录中含有的信息和其他信息共同构成了审计证据，两者缺一不可。如果没有前者，审计工作将无法进行；如果没有后者，可能无法识别重大错报风险。只有将两者结合在一起，才能将审计风险降至可接受的低水平，为审计人员发表审计意见提供合理基础。

2. 审计证据的作用

审计证据是审计人员形成审计意见的依据，是整个审计工作的核心和关键所在，在审计工作中具有举足轻重的作用。主要表现在：

(1) 审计证据是审计人员形成审计意见的客观基础。审计人员只有以证据为依据，所形成的审计意见才能使人信服并予以接受。任何没有证据支持的审计意见都是不可信任的。同样，对于审计建议和审计决定等，也必须建立在具有充分的审计证据的基础上。

(2) 审计证据是确定或解除被审计人应负经济责任的根据。审计人员可以根据在审计过程中所收集到的大量审计证据，证明被审计单位和被审计人员应负的经济责任或解除其应负的经济责任。

(3) 审计证据是控制审计工作质量的重要手段。审计项目负责人可以根据取证情况，掌握具体工作人员的工作能力和进度，并控制审计项目的工作质量。

3. 审计证据的特性

审计人员应当保持职业怀疑态度，运用职业判断，评价审计证据的特性，即充分性和适当性。

(1) 审计证据的充分性。审计证据的充分性是对审计证据数量的衡量，是审计人员为形成审计意见所需审计证据的最低数量要求。

客观公正的审计意见必须建立在有足够数量的审计证据的基础之上，但这并不是说审计证据的数量越多越好。审计人员为了进行有效率、有效益的审计，通常把需要足够数量审计证据的范围降至最低限度。因此，每一审计项目对审计证据的需要量，以及取得这些证据的途径和方法，应当根据该项目的具体情况来定。在某些情况下，由于时间、空间或成本的限制，审计人员不能获取最为理想的审计证据时，可考虑通过其他的途径或用其他的审计证据来替代。审计人员只有通过不同的渠道和方法取得他认为足够的审计证据时，才能据以发表审计意见。审计人员判断审计证据是否充分应当考虑下列主要因素：

①审计人员确定的样本量。例如，对某个审计项目实施某一选定的审计程序，从 200 个样本中获得的证据要比从 100 个样本中获得的证据更充分。

②审计人员对重大错报风险的评估。一般来说，如果审计人员对重大错报风险水平评估得高，就应实施越多的测试工作，所需收集的证据的数量就多；反之，所需收集的证据的数量就少，二者是同向变动关系。

③审计人员获取的审计证据的质量。如果大多数审计证据都是从独立于被审计单位的第三者所获取的，而且这些证据本身不易伪造，则审计证据的质量就较高，相对而言，审计人员所需获取的审计证据的数量就可减少；反之，审计证据的数量就应增加。然而，审计人员仅靠获取更多的审计证据可能无法弥补其质量上的缺陷。

（2）审计证据的适当性。审计证据的适当性是对审计证据质量的衡量，即审计证据在支持审计意见所依据的结论方面具有相关性和可靠性。相关性和可靠性是审计证据适当性的核心内容，只有相关且可靠的审计证据才是高质量的。

①审计证据的相关性。相关性，是指审计证据与审计事项及其具体审计目标之间的相关程度。审计证据要有证明力，就必须与审计事项及其具体审计目标之间具有实质性联系。因此，审计证据是否相关，应该结合审计事项及其具体审计目标来考虑。在分析和确定审计证据的相关性时，审计人员应当考虑：特定的审计程序可能只为某些认定提供相关的审计证据，而与其他认定无关；针对同一认定可以从不同来源获取审计证据或获取不同形式的审计证据；只与特定认定相关的审计证据不能替代与其他认定相关的审计证据。

②审计证据的可靠性。审计证据的可靠性是指审计证据的可信程度。审计证据的可靠性受其来源和性质的影响，并取决于获取审计证

据的具体环境。审计人员在判断审计证据的可靠性时，通常会考虑下列原则：

a. 从外部独立来源获取的审计证据比从其他来源获取的审计证据更可靠。从外部独立来源获取的审计证据未经被审计单位有关职员之手，从而减少了伪造、更改凭证或业务记录的可能性，因而证明力最强。例如，银行询证函回函、应收账款询证函回函、保险公司等出具的证明等比被审计单位内部的会计记录、会议记录更可靠。

b. 内部控制有效时内部生成的审计证据比内部控制薄弱时内部生成的审计证据更可靠。如果被审计单位有着健全的内部控制且得到一贯的执行，则会计记录的可信赖程度会增加；如果被审计单位内部控制薄弱，甚至不存在任何内部控制，被审计单位内部凭证记录的可靠性就大为降低。例如，审计人员在与销售业务相关的内部控制有效时取得的销售发票和发货单比内部控制不健全时的相关证据更可靠。

c. 直接获取的审计证据比间接获取或推论得出的审计证据更可靠。间接获取的审计证据有被涂改及伪造的可能性，而推论得出的审计证据主观性较强，人为因素较多，均影响了可信赖程度。例如，审计人员观察某项内部控制的运行得到的审计证据比询问被审计单位某项内部控制的运行得到的审计证据更可靠。

d. 以文件、记录形式（无论是纸质、电子或其他介质）存在的审计证据比口头形式的审计证据更可靠。口头证据本身并不足以证明事实的真相，仅能提供一些重要的线索，为进一步调查确认所用。一般情况下，口头证据往往需要得到其他相关证据的支持。例如，会议的同步书面记录比对讨论事项的事后口头表述更可靠。

e. 从原件获取的审计证据比从传真件或复印件获取的审计证据更可靠。审计人员可审查原件是否有被涂改或伪造的迹象，排除伪证，提高证据的可信赖程度。而传真和复印件容易被篡改或伪造，可靠性较低。

（3）充分性和适当性之间的关系。充分性和适当性是审计证据的两个重要特征，两者缺一不可，只有充分且适当的审计证据才是有证明力的。

审计证据的适当性会影响审计证据的充分性，审计人员需要获取的审计证据的数量受审计证据质量的影响，审计证据质量越高，需要的审计证据数量可能越少。但如果审计证据的质量存在缺陷，那么审计人员仅靠获取更多的审计证据可能无法弥补其质量上的缺陷。

需要指出的是，审计人员获取审计证据时，可以考虑成本效益原则，但为了保证得出的审计结论、形成的审计意见是恰当的，审计人员不应将获得审计证据的成本高低和难易程度作为减少不可替代的审计程序的理由。

5. 1. 2 审计证据的种类

审计证据可以从证据的外形特征、证明力、来源等不同角度进行分类。

1. 按审计证据的外形特征分，可分为实物证据、书面证据、口头证据和环境证据

（1）实物证据。实物证据是指通过实际观察或盘点所取得的、用以确定某些实物资产是否确实存在的证据。例如，库存现金、各种存货和固定资产可以通过监盘或观察的方式证明其是否确实存在。但这类证据有一定的局限性。首先，实物证据通常是证明实物资产是否存在的非常有说服力的证据，但实物资产的存在并不能完全证实被审计单位对其拥有所有权。例如，年终盘点的存货可能包括其他企业寄售或委托加工的部分，或者已经销售而等待发运的商品。其次，通过对某些实物资产的清点，虽然可以确定其实物数量，但质量好坏（它将影响到资产的价值）有时难以通过实物清点来加以判断。最后，实物证据只能审计部分资产，对应收账款、无形资产的审计无法获得实物证据。

（2）书面证据。书面证据是审计人员所获取的各种以书面文件为形式的一类证据，它包括与审计目标有关的各种原始凭证、会计记录（记账凭证、会计账簿和各种明细表）、各种会议记录和文件、各种合同、通知书、报告书及函件等。在审计过程中，审计人员往往要大量地获取和利用书面证据，因此书面证据是审计证据的主要组成部分。

（3）口头证据。口头证据是被审计单位职员或其他有关人员对审计人员的提问进行口头答复所形成的证据。通常在审计过程中，审计人员会向被审计单位的有关人员提问，以了解被审计单位的内部控制、会计政策、会计记录、销售活动以及应收应付款项等情况。对于这些问题做口头答复，就构成了口头证据。通常口头证据可能带有个人成见和片面观点，可靠性较差，证明力弱，但审计人员往往可以通过口头证据发掘出一些重要的线索，从而有利于对某些需审核的情况做进一步调查，以收集到更为可靠的证据。

在审计过程中，审计人员应把各种重要的口头证据尽快做成记录，并注明是何人、何时、在何种情况下所做的口头陈述，必要时还应获得被询问者的签名确认。一般情况下，口头证据往往需要得到其他相应证据的支持。

（4）环境证据。环境证据是指对被审计单位产生影响的各种环境因素所形成的证据。环境证据除了对证明报表总体合理性有所帮助外，其本身不能直接证明其他某一具体审计目标，但它可以提高或降低其他类型审计证据的可信度。具体而言，环境证据包括以下几种：

①有关内部控制情况。被审计单位内部控制的完善程度决定着审计人员所需的从其他各种渠道收集的审计证据的数量。内部控制越健全、越严密，所需的其他各类审计证据就越少；否则，审计人员就必须获取较大数量的其他审计证据。

②被审计单位管理人员的素质。被审计单位管理人员的素质越高，则其所提供的证据发生差错的可能性就越小。例如，当被审计单位会计人员的素质较高时，其会计记录就不容易发生错误。因此，会计人员的素质对会计资料的可靠性会产生影响。

③各种管理条件和管理水平。通常，如果被审计单位的管理条件好、管理水平高，其所提供的审计证据的可靠性就较高。

2. 按审计证据的证明力分，可分为基本证据和辅助证据

（1）基本证据。基本证据是指对审计人员形成审计意见、作出审计结论具有直接影响作用，能够用来直接证实被审计事项的重要证据。它具有较强的证明力，是审计证据的主要部分，因而也称为主证。例如，实物证据和书面证据都属于基本证据。

（2）辅助证据。辅助证据是对基本证据起辅助证明作用的证据。它是用来从旁证明被审计事项真实性和可靠性的证据，因而也称为旁证（或佐证）。例如环境证据就是辅助证据，它虽然不能直接说明某一审计事项，但它可以减少获取的直接证据的数量，从而降低审计成本，提高审计效率。

3. 按审计证据的来源分，可分为亲历证据、外部证据和内部证据

（1）亲历证据。亲历证据是指审计人员在被审计单位执行审计工作时亲眼目击，亲自参加或亲自动手取得的证据。例如，审计人员亲自参加财产物资盘点而取得的审计证据；审计人员观察被审计单位经济业务执行情况所取得的审计证据；审计人员亲自动手编制计算表、分析表等取得的审计证据。亲历证据比较可靠，因此证明力较强。

（2）外部证据。外部证据是指审计人员从被审计单位以外的其他单位所取得的审计证据，包括其他单位陈述和外来资料。其他单位陈述指被审计单位以外的其他单位应审计人员的要求对被审计单位的债权、债务、在被审计单位寄存的财物或接受被审计单位所寄存的财物、与被审计单位经济业务往来情况等事项的说明。外来资料指审计人员从其他单位取得的证明被审计事项的凭证、账目、报表、合同、文件的摘录等。

（3）内部证据。内部证据是指审计人员在被审计单位内部取得的审计证据。例如，被审计单位的成本记录单、产品出库单、购销合同、声明书等。因内部证据由被审计单位制作、处理和保存，其客观性不如外部证据，证明力也不如外部证据。

内部证据根据其处理过程又可分为：由被审计单位内部产生并只在被审计单位内部流转的证据，以及由被审计单位内部产生，但在其外流转，并获得其他单位或个人承认的证据。后者的证明力要优于前者。

5.1.3 获取审计证据的审计程序

在审计过程中，审计人员可以根据需要单独或综合运用以下审计程序，以获取充分、适当的审计证据。

1. 检查

检查是指审计人员对被审计单位内部或外部生成的，以纸质、电子或其他介质形式存在的记录和文件进行审查，或对资产进行实物审查。检查记录或文件可以提供可靠程度不同的审计证据，审计证据的可靠性取决于记录或文件的性质和来源，而在检查内部记录或文件时，其可靠性则取决于生成该记录或文件的内部控制的有效性。将检查用作控制测试的一个例子，是检查记录以获取关于授权的审计证据。

某些文件是表明一项资产存在的直接审计证据，如构成金融工具的股票或债券，但检查此类文件并不一定能提供有关所有权或计价的审计证据。此外，检查已执行的合同可以提供与被审计单位运用会计政策（如收入确认）相关的审计证据。

检查有形资产可为其存在提供可靠的审计证据，但不一定能够为权利和义务或计价等认定提供可靠的审计证据。对个别存货项目进行的检查，可与存货监盘一同实施。

2. 观察

观察是指审计人员查看相关人员正在从事的活动或实施的程序。例如，审计人员对被审计单位人员执行的存货盘点或控制活动进行观察。观察可以提供执行有关过程或程序的审计证据，但观察所提供的审计证据仅限于观察发生的时点，而且被观察人员的行为可能因被观察而受到影响，这也会使观察提供的审计证据受到限制。

3. 询问

询问是指审计人员以书面或口头方式，向被审计单位内部或外部的知情人员获取财务信息和非财务信息，并对答复进行评价的过程。作为其他审计程序的补充，询问广泛应用于整个审计过程中。一方面，知情人员对询问的答复可能为审计人员提供尚未获悉的信息或佐证证据。另一方面，对询问的答复也可能提供与审计人员已获取的其他信息存在重大差异的信息，例如，关于被审计单位管理层凌驾于控制之上的可能性的信息。在某些情况下，对询问的答复为审计人员修改审计程序或实施追加的审计程序提供了基础。

尽管对通过询问获取的审计证据予以佐证通常特别重要，但在询问管理层意图时，获取的支持管理层意图的信息可能是有限的。在这种情况下，了解管理层过去所声称意图的实现情况、选择某项特别措施时声称的原因以及实施某项具体措施的能力，可以为佐证通过询问获取的证据提供相关信息。针对某些事项，审计人员可能认为有必要向管理层和治理层获取书面声明，以证实对口头询问的答复。

4. 函证

函证，是指审计人员直接从第三方（被询证者）获取书面答复以作为审计证据的过程，书面答复可以采用纸质、电子或其他介质等形式。当针对的是与特定账户余额及其项目相关的认定时，函证常常是相关的程序。但是，函证不必仅仅局限于账户余额。例如，审计人员可能要求对被审计单位与第三方之间的协议和交易条款进行函证。审计人员可能在询证函中询问协议是否作过修改，如果作过修改，要求被询证者提供相关的详细信息。此外，函证程序还可以用于获取不存在某些情况的审计证据，如不存在可能影响被审计单位收入确认的“背后协议”。

5. 重新计算

重新计算是指审计人员对记录或文件中的数据计算的准确性进行核对。重新计算可通过手工方式或电子方式进行。例如重新计算销售发票和存货的总金额，加总日记账和明细账，检查折旧费用、预付费用、应纳税额的计算等。

6. 重新执行

重新执行是指审计人员独立执行原本作为被审计单位内部控制组成部分的程序或控制。例如，审计人员利用被审计单位的银行存款日记账和银行对账单，重新编制银行存款余额调节表，并与被审计单位编制的银行存款余额调节表进行比较。

7. 分析程序

分析程序，是指审计人员通过分析不同财务数据之间以及财务数据与非财务数据之间的内在关系，对财务信息作出评价。分析程序还包括在必要时对识别出的、与其他相关信息不一致或与预期值差异重大的波动或关系进行调查。

以上审计程序基于审计的不同阶段和目的单独或组合起来，可用作风险评估程序、控制测试和实质性程序。

5.2 审计工作底稿

5.2.1 审计工作底稿的含义和内容

1. 审计工作底稿的含义

审计工作底稿是指审计人员对制订的审计计划、实施的审计程序、获取的相关审计证据，以及得出的审计结论作出的记录。审计工作底稿形成于审计过程，也反映整个审计过程，是审计证据的载体，是审计人员在审计过程中形成的审计工作记录和获取的资料。审计工作底稿可以以纸质、电子或其他介质形式存在。

2. 审计工作底稿的基本内容

审计工作底稿的性质和作用不同，大致包括以下内容：

（1）总体审计策略。

（2）具体审计计划。

（3）分析表。主要是对被审计单位财务信息执行分析程序的记录。

（4）问题备忘录。一般是指对某一事项或问题的概要的汇总记录。

（5）重大事项概要。

（6）询证函回函。

（7）书面声明。

（8）核对表。一般是指会计师事务所内部使用的、为便于核对某些特定审计工作或程序的完成情况的表格。

（9）有关重大事项的往来函件（包括电子邮件）。

（10）对被审计单位文件记录的摘要或复印件（如重大的或特定的合同和协议）。

（11）审计业务约定书。

（12）管理建议书。

（13）项目组内部或项目组与被审计单位举行的会议记录。

（14）与其他人士（如其他注册会计师、律师、专家等）的沟通文件及错报汇总表等。

审计工作底稿通常不包括已被取代的审计工作底稿的草稿或财务报表的草稿、反映不全面或初步思考的记录、存在印刷错误或其他错误而作废的文本，以及重复的文件记录等。由于这些草稿、错误的文本或重复的文件记录不直接构成审计结论和审计意见的支持性证据，因此，审计人员通常无须保留这些记录。

5.2.2　编制审计工作底稿的目的和要求

1. 编制审计工作底稿的目的

审计人员应当及时编制审计工作底稿，以实现下列主要目的：

（1）提供充分、适当的记录，作为审计报告的基础。审计工作底稿是审计人员形成审计结论，发表审计意见的直接依据。及时编制审计工作底稿有助于提高审计工作的质量，便于在出具审计报告之前，对取得的审计证据和得出的审计结论进行有效复核和评价。

（2）提供证据，证明审计人员已经按照审计准则和相关法律法规的规定计划和执行了审计工作。审计人员在审计过程中是否遵循了执业准则，选择的审计程序是否恰当、合理，所作出的专业判断是否准确等都直接反映在审计工作底稿中。因此，要考核审计人员的工作能力，可以通过审阅工作底稿来判断。一旦对某项审计项目有异议，可通过审核其审计工作底稿来明确审计人员的责任。

除上述目的外，编制审计工作底稿还可以实现下列目的：有助于项目组计划和执行审计工作；保留对未来审计工作持续产生重大影响的事项的记录；便于项目组说明其执行审计工作的情况；有助于负责督导的项目组成员按照相关规定，履行其指导、监督与复核审计工作的责任；便于会计师事务所根据质量控制准则的规定，实施质量控制复核与检查；便于监管机构和注册会计师协会根据相关法律法规或其他相关要求，对会计师事务所实施执业质量检查。

2. 编制审计工作底稿的要求

审计人员编制的审计工作底稿，应当使未曾接触该项审计工作的有经验的专业人士清楚了解审计程序、审计证据与审计结论三个方面的内容，具体包括：

（1）按照审计准则和相关法律法规的规定实施的审计程序的性

质、时间安排和范围；

（2）实施审计程序的结果和获取的审计证据；

（3）审计中遇到的重大事项和得出的结论，以及在得出结论时作出的重大职业判断。

有经验的专业人士，是指会计师事务所内部或外部的具有审计实务经验，并且对审计过程、审计准则和相关法律法规的规定、被审计单位所处的经营环境、与被审计单位所处行业相关的会计和审计问题等方面有合理了解的人士。

5.2.3 审计工作底稿的基本要素

编制的审计工作底稿，一般应包括以下8个基本要素：

（1）审计工作底稿的标题。每张审计工作底稿应当包括被审计单位名称、审计项目的名称以及资产负债表日或底稿覆盖的会计期间。

（2）审计过程记录。在记录审计过程时，应特别注意记录以下几个方面：

①具体项目或事项的识别特征。在记录实施审计程序的性质、时间安排和范围时，审计人员应当记录测试的具体项目或事项的识别特征。记录具体项目或事项的识别特征可以实现多种目的，例如，既能反映项目组履行职责的情况，也便于对例外事项或不符事项进行调查，以及对测试的项目或事项进行复核。

②重大事项及相关重大职业判断。审计人员应当根据具体情况判断某一事项是否属于重大事项。重大事项通常包括：引起特别风险的事项；实施审计程序的结果，该结果表明财务信息可能存在重大错报，或需要修正以前对重大错报风险的评估和针对这些风险拟采取的应对措施；导致审计人员难以实施必要审计程序的情形；导致出具非无保留意见审计报告的事项。

审计人员应当记录与管理层、治理层和其他人员对重大事项的讨论，包括所讨论的重大事项的性质以及讨论的时间、地点和参加人员。另外，审计人员在执行审计工作和评价审计结果时运用职业判断的程度，是决定记录重大事项的审计工作底稿的格式、内容和范围的一项重要因素。在审计工作底稿中对重大职业判断进行记录，能够解释审计人员得出的审计结论并提高审计判断。

③针对重大事项如何处理不一致的情况。如果识别出的信息与针对某重大事项得出的最终结论不一致，审计人员应当记录如何处理不

一致的情况。这些情况包括但不限于审计人员针对该信息执行的审计程序、项目组成员对某事项的职业判断不同而向专业技术部门的咨询情况，以及项目组成员和被咨询人员不同意见的解决情况。记录如何处理识别出的信息与针对重大事项得出的结论不一致的情况是非常必要的，它有助于审计人员关注这些不一致，并对此执行必要的审计程序以恰当地解决这些不一致。

（3）审计结论。审计人员恰当地记录审计结论非常重要。审计人员需要根据所实施的审计程序及获取的审计证据得出结论，并以此作为对财务报表发表审计意见的基础。在记录审计结论时需注意，在审计工作底稿中记录的审计程序和审计证据是否足以支持所得出的审计结论。

（4）审计标识及其说明。审计标识被用于与已实施审计程序相关的底稿。每张底稿都应包含对已实施程序的性质和范围所作的解释，以支持每一个标识的含义。审计工作底稿中可使用各种审计标识，但应说明其含义，并保持前后一致。目的在于方便检查和审阅工作底稿。

（5）索引号及编号。审计工作底稿需要注明索引号和顺序编号，相关审计工作底稿之间需要保持清晰的勾稽关系。为了汇总及便于交叉索引和复核，每个事务所都会制定特定的审计工作底稿归档流程。因此，每张表或记录都应有一个索引号，以说明其在审计工作底稿中的具体位置。目的在于方便审计人员存取使用，便于日后参考。

（6）编制者姓名及编制日期。在完成与特定工作底稿相关的任务之后，编制者应在工作底稿上签名并注明编制日期。目的在于明确工作职责，以便检查者、使用者了解谁能提供审计资料；同时，可证明编写工作底稿的时间，便于追查审计步骤与顺序，为以后类似审计工作安排时间。

（7）复核者姓名及复核日期。复核人员在完成项目质量控制复核工作后，需在工作底稿上签名并注明复核日期，目的在于明确复核责任，便于查询。

（8）其他应说明事项。

5.2.4　审计工作底稿的复核

审计工作底稿的复核分为项目组内部复核和项目质量控制复核两个层次。

（1）项目组内部复核。在出具审计报告前，项目合伙人应当通过复核审计工作底稿和与项目组讨论，确信已获取充分、适当的审计证据，足以支持形成的结论和拟出具的审计报告。项目组内部的复核并非全都由项目合伙人执行，项目合伙人可以委派项目组内经验较多的人员复核经验较少的人员执行的工作，但是项目合伙人应对复核负责。

复核人员复核时应当考虑的事项包括：审计工作是否已按照职业准则和适用的法律法规的规定执行；重大事项是否已提请进一步考虑；相关事项是否已进行适当咨询，由此形成的结论是否已得到记录和执行；是否需要修改已执行的审计工作的性质、时间安排和范围；已执行的审计工作是否支持形成的结论，并已得到适当记录；已获取的审计证据是否充分、适当；审计程序的目标是否已实现。

（2）项目质量控制复核。会计师事务所应当制定政策和程序，要求对特定业务实施项目质量控制复核，以客观评价项目组作出的重大判断以及在编制报告时得出的结论。

会计师事务所安排经验丰富的注册会计师担任项目质量控制复核人员，如有一定执业经验的合伙人或专门负责质量控制复核的注册会计师等。评价工作的内容包括：与项目合伙人讨论重大事项；复核财务报表和拟出具的审计报告；复核选取的与项目组作出重大判断和得出的结论相关的审计工作底稿；评价在编制审计报告时得出的结论，并考虑拟出具审计报告的恰当性。

5.2.5 审计档案的归档和管理

审计工作底稿经过分类整理、汇集归档后，就形成了审计档案。审计档案是审计人员组织审计工作的重要历史资料，是审计机构的宝贵财富，应当妥善管理。在审计报告日后将审计工作底稿归整为最终审计档案是一项事务性的工作，不涉及实施新的审计程序或得出新的结论。如果在归档期间对审计工作底稿作出的变动属于事务性的，审计人员可以作出变动，主要包括：删除或废弃被取代的审计工作底稿；对审计工作底稿进行分类、整理和交叉索引；对审计档案归整工作的完成核对表签字认可；记录在审计报告日前获取的、与项目组相关成员进行讨论并达成一致意见的审计证据。

1. 审计档案的所有权与保管

审计工作底稿是审计人员对其执行的审计工作所做的完整记录，从一般意义上讲，审计档案的所有权应属于执行该项业务的审计人员。但是，我国注册会计师不能独立于会计师事务所之外承揽审计业务，审计业务必须以会计师事务所的名义承接。因此，我国现行审计准则规定，审计档案的所有权属于承接该项业务的会计师事务所。

审计人员应当按照会计师事务所的质量控制政策和程序的规定，及时将审计工作底稿归档成为审计档案。归档期限为审计报告日后 60 天内。如果审计人员未能完成审计业务，归档期限为审计业务终止后的 60 天内。

如果针对客户的同一财务信息执行不同的委托业务，出具两个或多个不同的报告，会计师事务所应当视其为不同的业务，根据会计师事务所内部制定的政策和程序，在规定的归档期限内分别将审计工作底稿归整为最终审计档案。

会计师事务所应当制定审计档案保管制度，对审计档案妥善管理，以保证审计档案的安全、完整。会计师事务所应当自审计报告日起，对审计工作底稿至少保存 10 年。如果审计人员未能完成审计业务，会计师事务所应当自审计业务中止日起，对审计工作底稿至少保存 10 年。值得注意的是，对于连续审计的情况，当期归整的永久性档案虽然包括以前年度获取的资料（有可能是 10 年以前的），但由于其作为本期档案的一部分，并作为支持审计结论的基础，因此，审计人员对于这些对当期有效的档案，应视为当期取得并保存 10 年。如果这些资料在某个审计期间被替换，被替换资料可以从被替换的年度起至少保存 10 年。在完成最终审计档案的归整工作后，审计人员不得在规定的保存期限届满前删除或废弃任何性质的审计工作底稿。

2. 审计档案的保密与调阅

会计师事务所应建立严格的审计工作底稿保密制度，并落实专人管理。除下列情况外，会计师事务所不得对外泄漏审计档案中涉及的商业秘密及有关内容：

（1）法院、检察院及其他部门因工作需要，在按规定办理了手续后，可依法查阅审计档案中的有关审计工作底稿。

（2）注册会计师协会对执业情况进行检查时，可查阅审计档案。

（3）不同会计师事务所的注册会计师，因审计工作的需要，并经委托人同意，在下列情况下，办理了有关手续后，可以要求查阅审计档案：一是被审计单位更换了会计师事务所，后任注册会计师可以调阅前任注册会计师的审计档案；二是基于合并财务报表审计业务的需要，母公司所聘的注册会计师可以调阅子公司所聘注册会计师的审计档案；三是联合审计；四是会计师事务所认为合理的其他情况。

拥有审计工作底稿的会计师事务所应当对要求查阅者提供适当的协助，并根据有关审计工作底稿的性质和内容，决定是否允许要求查阅者阅览其底稿，及复印或摘录其中的有关内容。审计工作底稿中的内容被查阅者引用后，因为查阅者的误用而造成的后果，与拥有审计工作底稿的会计师事务所无关。

3. 审计工作底稿归档后的变动

一般情况下，在审计报告归档之后不需要对审计工作底稿进行修改或增加。审计人员发现有必要修改现有审计工作底稿或增加新的审计工作底稿的情形主要有以下两种：

（1）审计人员已实施了必要的审计程序，取得了充分、适当的审计证据并得出了恰当的审计结论，但审计工作底稿的记录不够充分；

（2）审计报告日后，发现例外情况要求审计人员实施新的或追加审计程序，或导致审计人员得出新的结论。例外情况主要是指审计报告日后发现与已审计财务信息相关，且在审计报告日已经存在的事实，该事实如果被审计人员在审计报告日前获知，可能影响审计报告。

在完成最终审计档案的归整工作后，如果发现有必要修改现有审计工作底稿或增加新的审计工作底稿，审计人员均应当记录修改或增加审计工作底稿的时间和人员，以及复核的时间和人员；修改或增加审计工作底稿的具体理由。

本章小结

1. 审计证据是审计人员为了得出审计结论、形成审计意见而使用的所有信息，包括财务报表依据的会计记录中含有的信息和其他信息。它具有充分性和适当性。

2. 审计人员判断审计证据是否充分，应当考虑下列主要因素：审计人员确定的样本量；审计人员对重大错报风险的评估；审计人员获取的审计证据的质量等。

3. 审计证据的充分性和适当性密切相关。审计证据的适当性会影响其充分性。一般而言，当审计证据的相关性与可靠程度较高时，所需审计证据的数量相对较少；反之，所需审计证据的数量就应相对增加。

4. 审计证据可以从不同角度进行分类：按审计证据的外形特征分，可分为实物证据、书面证据、口头证据和环境证据；按审计证据的证明力分，可分为基本证据和辅助证据；按审计证据的来源分，可分为亲历证据、外部证据和内部证据。

5. 审计人员可以通过运用检查、观察、询问、函证、重新计算、重新执行和分析等审计程序，以获取充分、适当的审计证据。

6. 审计工作底稿是审计证据的载体，它是指审计人员在执行审计业务的过程中形成的全部审计工作记录和获取的资料。

7. 审计工作底稿经过分类整理、汇集归档后，就形成了审计档案。审计归档期为审计报告日后60天内，会计师事务所应当自审计报告日起，对审计工作底稿至少保存10年。

复习思考题

一、单项选择题

1. 审计人员获取的被审计单位有关人员口头答复所形成的书面记录，属于（　　）。

A. 书面证据　　B. 口头证据

C. 实物证据　　D. 环境证据

2. 审计人员执行财务报表审计业务获取的下列审计证据中，可靠性最强的证据是（　　）。

A. 购货发票　　B. 销货发票

C. 采购订货单副本　　D. 应收账款函证回函

3. 环境证据是指对被审计单位产生影响的各种环境事实，（　　）不属于环境证据。

A. 被审计单位管理人员的素质

B. 各种管理条件和管理水平

C. 被审计单位管理当局的声明书

D. 被审计单位内部控制情况

4. 注册会计师对财务报表重大错报风险的评估水平与所需审计证据的数量（　　）。

A. 呈同向变动关系　　B. 呈反向变动关系

C. 呈比例变动关系　　D. 不存在关系

5. 审计证据的证明力有大小之分，你认为下述哪一个排列是正确的？（　　）

A. 实物证据＞口头证据＞书面证据

B. 实物证据＞书面证据＞口头证据

C. 口头证据＞书面证据＞实物证据

D. 书面证据＞实物证据＞口头证据

6. 下列事项中，难以通过观察法来获取审计证据的是（　　）。

A. 存货的盘点情况　　B. 内部控制的执行情况

C. 存货的所有权　　D. 经营场所

7. 关于审计程序的以下说法中，不恰当的是（　　）。

A. 检查有形资产可提供资产的权利和义务的全部审计证据
B. 观察提供的审计证据仅限于观察发生的时点
C. 对于询问的答复，注册会计师应当通过获取其他证据予以佐证
D. 分析程序适用于调查识别出的、与其他相关信息不一致或与预期数据严重偏离的波动和关系

8. 对于审计档案，会计师事务所应当自（　　）之日起至少保存（　　）年。
A. 财务报表发布，20　　B. 已审计财务报表发布，10
C. 审计报告签发，10　　D. 审计报告编制完成，10

9. 会计师事务所接受委托对被审计单位进行审计所形成的审计工作底稿，其所有权应归属于（　　）。
A. 进行审计的注册会计师　　B. 被审计单位
C. 审计委托单位　　D. 会计师事务所

10. 注册会计师在对 ABC 有限责任公司 2018 年度财务报表进行审计，为查清某项固定资产的原始价值，查阅并利用了其所在事务所 2013 年审计该项固定资产的工作底稿。本次审计于 2019 年 3 月完成，则注册会计师查阅的该项固定资产的工作底稿应（　　）。
A. 至少保存至 2023 年　　B. 至少保存至 2028 年
C. 至少保存至 2029 年　　D. 长期保存

11. 审计工作底稿的归档期限是（　　）。
A. 审计报告日后 30 天　　B. 审计报告日后 60 天
C. 审计业务约定书后 30 天　　D. 审计业务终止后 60 天

12. 下列各项中属于泄漏被审计单位商业秘密的是（　　）。
A. 未经委托人同意，允许法院查阅有关审计工作底稿
B. 未经委托人同意，允许政府审计部门派出的检查组查阅审计工作底稿
C. 未经委托人同意，允许注册会计师协会执业检查组查阅审计工作底稿
D. 未经委托人同意，允许审计其母公司的注册会计师调阅审计工作底稿

二、多项选择题

1. 下列审计证据中，属于外部审计证据的是（　　）。
A. 审计人员持有的应收账款函证回函
B. 审计人员持有的银行存款函证回函
C. 被审计单位持有的购货发票

D. 被审计单位管理当局对外出具的声明书

2. 审计人员获取审计证据可以采用的审计程序有（ ）。

A. 检查与观察　　B. 询问与函证

C. 重新计算与执行　　D. 分析程序

3. 审计人员判断审计证据的充分性应考虑的主要因素有（ ）。

A. 审计人员确定的样本量

B. 审计人员对重大错报风险的评估

C. 审计人员获取的审计证据的质量

D. 审计成本

4. 可使审计人员获取实物证据的审计方法有（ ）。

A. 计算　　B. 检查

C. 观察　　D. 监盘

5. 审计工作底稿在计划和执行审计工作中发挥着关键作用，下列说法恰当的是（ ）。

A. 审计工作底稿是形成审计报告的基础

B. 审计工作底稿可用于会计师事务所质量控制复核

C. 审计工作底稿可用于监管会计师事务所对审计准则的执行情况

D. 审计工作底稿可作为审计人员涉诉时向法庭提供的证明其按照审计准则的规定执行了审计工作的证据

6. 项目组成员对审计工作底稿的复核时，应考虑（ ）。

A. 重大事项是否已提请进一步考虑

B. 获取的审计证据是否足以支持审计报告

C. 审计程序的目标是否已经实现

D. 已执行的审计工作是否支持形成的结论

7. 下列各项审计证据中，属于来自被审计单位内部证据的有（ ）。

A. 被审计单位已对外报送的财务报表

B. 被审计单位提供的银行对账单

C. 被审计单位律师关于未决诉讼的声明书

D. 被审计单位管理层声明书

8. 审计人员编制审计工作底稿时，应把握的基本结构包括（ ）部分。

A. 审计标识及其说明　　B. 审计过程的记录

C. 审计结论　　D. 审计工作底稿的标题

9. 审计工作底稿是指审计人员对（ ）做出的记录。

A. 制定的审计计划　　　　　　B. 获取的审计证据
C. 得出的审计结论　　　　　　D. 实施的审计程序

10. 根据审计工作底稿的性质，下列各项中不应当形成审计工作底稿的有（　　）。

A. 注册会计师对被审计单位重要性进行初步思考的记录
B. 被审计单位在按照审计建议进行重大调整之前的未审财务报表
C. 项目组内部的会议记录
D. 注册会计师从被审计单位不同部门获取的多份同一文件

三、判断题

1. 审计人员获取审计证据时，不论是重要的审计项目还是一般的审计项目，均应考虑成本效益原则。（　　）

2. 审计工作中通常不涉及鉴定文件记录的真伪，但是应当考虑用作审计证据的信息的可靠性。（　　）

3. 审计报告归档后不能对审计工作底稿进行修改和增加。（　　）

4. 审计证据的充分性与适当性是两大相互对立的特征，彼此之间没有影响。（　　）

5. 一般而言，审计证据的相关与可靠程度越高，则所需审计证据的数量就越多，反之，审计证据的数量就可以相应减少。（　　）

6. 环境证据是指对审计事项产生影响的各种环境事实，一般属于基本证据。（　　）

7. 客观公正的审计意见必须建立在有足够数量的审计证据基础之上，因此审计证据越多越好。（　　）

8. 审计方法与审计证据并不是一一对应关系，通常一种方法可产生多种证据，而获取某类证据也可选用多种审计方法。（　　）

9. 审计工作底稿仅仅包括审计人员在执行审计业务过程中形成的全部审计工作记录。（　　）

10. 如果审计证据数量足够，就可以弥补审计证据的质量缺陷。（　　）

11. 会计师事务所在任何情况下都不得对外泄露审计工作底稿中所涉及的商业秘密及有关内容。（　　）

12. 在现代审计中，对很多财务报表项目都采用抽样的方法来收集证据。通常，抽样总体规模越大，所需证据的数量越多。（　　）

13. 以文件记录形式（无论是纸质、电子或其他介质）存在的审计证据比口头形式的审计证据更可靠。（　　）

14. 实物证据通常是证明实物资产是否存在的非常有说服力的证据，实物资产的存在也同时能够完全证实被审计单位对其拥有所有权。(　　)

四、综合分析题

1. 审计人员A在对某公司进行年度财务报表审计的过程中，实施了以下审计程序：

(1) 检查并盘点库存的有价证券；

(2) 重新计算折旧费用；

(3) 与该公司的法律顾问讨论可能发生的诉讼案件；

(4) 计算该公司当年的毛利率并同以前年度比较；

(5) 从该公司管理当局取得以资产抵押获得贷款的文件；

(6) 观察该公司库存现金的盘点；

(7) 了解该公司管理人员的素质。

请问：执行上述审计程序所获得的证据应归为实物证据、环境证据、书面证据、口头证据这四类证据中的哪一类？

2. 注册会计师李明对光明公司2018年度财务报表进行审计时，收集到以下6组审计证据：

(1) 销售发票副本与产品出库单；

(2) 收料单与购货发票；

(3) 领料单与材料成本计算表；

(4) 工资计算单与工资发放表；

(5) 银行询证函回函与银行对账单；

(6) 存货盘点表与存货监盘记录。

要求：请分别说明每组审计证据中哪个审计证据较为可靠，并简要说明理由。

3. 甲会计师事务所多年来一直担任某公司的年度财务报表审计工作。在对该公司2018年度的财务报表进行审计的过程中，审计人员与该公司管理当局就某事项是否应在报表中予以揭示发生意见分歧，最终，该公司中止了对甲会计师事务所的委托，聘请了另外一家会计师事务所对其进行审计。

该公司要求甲会计师事务所立即退还有关该公司的一切审计工作底稿，遭到甲会计师事务所的拒绝。于是，该公司向法院提起诉讼。

请问：你认为在本案中，该公司能否胜诉？为什么？

4. 申华会计师事务所承接了A公司2017年度财务报表审计工作，审计报告日是2018年3月10日。同时约定下一年审计工作依然由申华会计师事务所承接。申华会计师事务所于2018年5月20日完成审计工作底稿归档工作。根据上述材料，请简要回答下列问题：

（1）简要回答申华会计师事务所本次审计的审计工作底稿的归档期限是否正确，并说明理由。

（2）审计工作底稿归档后，出现何种情形可以修改现有审计工作底稿或增加新的审计工作底稿？

（3）审计工作底稿归档后，如果有必要修改现有审计工作底稿或增加新的审计工作底稿，注册会计师应当记录的事项有哪些？

（4）简要回答本次审计工作底稿的保存期限。

五、简答题

1. 审计证据按不同的标准分类，可分为哪几种？

2. 审计人员在判断审计证据是否充分应考虑哪些因素？

3. 审计人员在判断审计证据的可靠性时，通常会考虑哪些原则？

4. 审计人员为获取充分、适当的审计证据需要单独或综合运用哪些审计程序？

5. 审计工作底稿的基本要素有哪些？

6. 简述审计工作底稿的复核。

7. 不同会计师事务所的注册会计师，在哪几种情况下，经委托人同意，在办理有关手续后，可以要求查阅审计档案？

第 6 章
重要性和审计风险

本章要点

◇ 了解重要性和审计风险的含义
◇ 掌握重要性水平的确定
◇ 熟悉审计风险、重大错报风险和检查风险之间的相互关系
◇ 掌握重大错报风险的评估

6.1 重 要 性

6.1.1 重要性的含义

重要性是指被审计单位财务报表中错报或漏报的严重程度。重要性是贯穿于审计全过程的一个非常重要的概念，是审计人员据以发表审计意见的基本要素。正确理解重要性概念并有效地加以运用，对于保证审计质量、提高审计效率、实现审计目标具有十分重要的意义。

由于审计工作的局限性，审计人员不可能检查出财务报表中存在的全部错报。因而人们总是期望：经过审计人员审计后，财务报表中尚存的错报能被有效地控制在一定水平之下，使其不至于影响或改变他们根据财务报表提供的信息所做出的管理决策。在计划和执行审计工作，评价识别出的错报对审计的影响，以及未更正错报对财务报表

和审计意见的影响时，审计人员需要运用重要性概念。理解重要性这一定义，必须明确以下几点：

（1）如果合理预期错报（包括漏报）单独或汇总起来可能影响财务报表使用者依据财务报表作出的经济决策，则通常认为错报是重大的。

（2）对重要性的判断是根据具体环境作出的，并受错报的金额或性质的影响，或受两者共同作用的影响。由于不同的被审计单位面临不同的环境，不同的报表使用者有着不同的信息需求，因此审计人员确定的重要性也不相同。某一金额的错报对某被审计单位的财务报表来说是重要的，而对另一个被审计单位的财务报表来说可能不重要。例如，错报 5 万元对于小公司来说可能是重要的，而对另一个大公司来说则可能不重要。一般而言，金额大的错报比金额小的错报更重要。在有些情况下，某些金额错报从数量上看并不重要，但从性质上考虑，则可能是重要的。对于某些财务报表披露的错报，难以从数量上判断是否重要，则应从性质上考虑。

（3）判断某事项对财务报表使用者是否重大，是在考虑财务报表使用者整体共同的财务信息需求的基础上作出的。由于不同财务报表使用者对财务信息的需求可能差异很大，因此不考虑错报对个别财务报表使用者可能产生的影响。例如，就一个以营利为目的的企业而言，由于投资者是该企业风险资本的提供者，能满足这些投资者信息需求的财务报表也将能满足该财务报表的其他使用者的信息需求。因此，在审计这样的企业时，投资者作为一个集体的信息需求是确定重要性的合适的参考依据。

在审计开始时，就必须对重大错报的规模和性质作出一个判断，包括确定财务报表整体的重要性和特定交易类别、账户余额和披露的重要性水平。当错报金额高于整体重要性水平时，就很可能被合理预期将对使用者根据财务报表作出的经济决策产生影响。值得注意的是，仅从数量角度考虑，重要性水平只是提供了一个门槛或临界点，在该门槛或临界点之上的错报就是重要的；反之，该错报则不重要。

审计人员使用整体重要性水平（将财务报表作为整体）的目的包括三方面：①决定风险评估程序的性质、时间安排和范围；②识别和评估重大错报风险；③确定进一步审计程序的性质、时间安排和范围。随着审计工作的进展，审计人员应当根据所获取的新信息更新重要性。在形成审计结论阶段，要使用整体重要性水平和为了特定交易类别、账户余额和披露而确定的较低金额的重要性水平来评价已识别的错报对财务报表的影响和对审计报告中审计意见的影响。

6.1.2　重要性水平的确定

在计划审计工作时，审计人员应当确定一个可接受的重要性水平。审计人员在确定计划的重要性水平时，需要考虑对被审计单位及其环境的了解、审计的目标、财务报表各项目的性质及其相互关系、财务报表项目的金额及其波动幅度。

1. 财务报表整体的重要性水平

由于财务报表审计的目标是审计人员通过执行审计工作对财务报表发表审计意见，因此，审计人员应当考虑财务报表整体的重要性。只有这样，才能得出财务报表是否公允反映的结论。审计人员在制定总体审计策略时，应当确定财务报表整体的重要性水平。

在实务中，有许多汇总性财务数据可以用作确定财务报表整体重要性水平的基准，例如：总资产、净资产、营业收入、费用总额、税前利润等。在选择适当的基准时，审计人员应当考虑的因素包括：

（1）财务报表要素（例如资产、负债、所有者权益、收入和费用）；

（2）是否存在特定会计主体的财务报表使用者特别关注的项目（如为了评价财务业绩，使用者可能更关注利润、收入或净资产）；

（3）被审计单位的性质、所处的生命周期阶段以及所处行业和经济环境；

（4）被审计单位的所有权结构和融资方式；

（5）基准的相对波动性。

在确定恰当的基准后，审计人员通常运用职业判断合理选择百分比，用适当的百分比乘以恰当的基准，据以确定重要性水平。以下是一些参考的举例：

（1）对于以营利为目的的企业，来自经常性业务的税前利润或税后净利润的5%，或总收入的0.5%；

（2）对于非营利组织，费用总额或总收入的1%；

（3）对于共同基金公司，净资产的0.5%。

审计人员执行具体审计业务时，可能采用比上述百分比更高或更低的比例，只要符合具体情况，都是适当的。

通过不同的判断基础得出的重要性水平，一般情况下总是存在着差异，如果同一时期各财务报表的重要性水平不同，从谨慎角度出发，审计人员应取一个最低者作为所有报表层次的重要性水平。

2. 特定类别交易、账户余额或披露的重要性水平

根据被审计单位的特定情况，下列因素可能表明存在一个或多个特定类别的交易、账户余额或披露，其发生的错报金额虽然低于财务报表整体的重要性，但合理预期将影响财务报表使用者依据财务报表作出的经济决策：

（1）法律法规或适用的财务报告编制基础是否影响财务报表使用者对特定项目（如关联方交易、管理层和治理层的薪酬）计量或披露的预期；

（2）与被审计单位所处行业相关的关键性披露（如 IT 企业的研究与开发成本）；

（3）财务报表使用者是否特别关注财务报表中单独披露的业务的特定方面（如新收购的业务）。

在根据被审计单位的特定情况考虑是否存在上述交易、账户余额或披露时，审计人员应当了解治理层和管理层的看法和预期。

3. 实际执行的重要性

在审计业务中，单项非重大错报的汇总数可能导致财务报表出现重大错报，更不用说还没有考虑可能存在的未发现错报。实际执行的重要性，是指审计人员确定的低于财务报表整体重要性的一个或多个金额，旨在将未更正和未发现错报的汇总数超过财务报表整体的重要性的可能性降至适当的低水平。

确定实际执行的重要性并非简单机械的计算，需要审计人员运用职业判断，并考虑下列因素的影响：（1）对被审计单位的了解（这些了解在实施风险评估程序的过程中得到更新）；（2）前期审计工作中识别出的错报的性质和范围；（3）根据前期识别出的错报对本期错报作出的预期。一般而言，实际执行的重要性通常为财务报表整体重要性的 50% ~75% 。例如，审计人员初步确定的财务报表整体的重要性为 40 000 元，只要是超过 40 000 元的错报，就要重点关注。那么，为了降低审计风险，基于谨慎性考虑，在实际执行时，会把 30 000 元（即 40 000 ×75%）作为重要性水平。

如果存在以下情况，审计人员可能考虑选择较低的百分比来确定实际执行的重要性：（1）首次接受委托的审计项目；（2）连续审计项目，以前年度审计调整较多；（3）项目总体风险较高（如处于高风险行业、管理层能力欠缺、面临较大市场压力或业绩压力等）；（4）存在或预期存在值得关注的内部控制缺陷。

如果存在以下情况，审计人员可能考虑选择较高的百分比来确定实际执行的重要性：（1）连续审计项目，以前年度审计调整较少；（2）项目总体风险低到中等（如处于非高风险行业、管理层有足够能力、市场压力或业绩压力较小等）；（3）以前期间的审计经验表明内部控制运行有效。

4. 审计过程中修改重要性

在审计过程中，审计人员可能需要修改财务报表整体的重要性和特定类别的交易、账户余额或披露的重要性水平（如适用），原因包括：（1）审计过程中情况发生重大变化（如决定处置被审计单位的一个重要组成部分）；（2）获取新信息；（3）通过实施进一步审计程序，审计人员对被审计单位及其经营的了解发生变化。例如，审计人员在审计中发现，实际财务成果与最初确定财务报表整体重要性时使用的预测本期财务成果相比存在很大差异，则需要修改重要性。

5. 在审计中运用实际执行的重要性

审计人员确定实际执行的重要性在审计工作中具有一定的作用，主要表现在以下几方面：

（1）审计人员在计划审计工作时可以根据实际执行的重要性确定需要对哪些类型的交易、账户余额和披露实施进一步审计程序，即通常选取金额超过实际执行的重要性的财务报表项目，因为这些财务报表项目有可能导致财务报表出现重大错报。但是，这不代表审计人员可以对所有金额低于实际执行的重要性的财务报表项目不实施进一步审计程序，这主要出于以下考虑：

①单个金额低于实际执行的重要性的财务报表项目汇总起来可能金额重大（可能远远超过财务报表整体的重要性），审计人员需要考虑汇总后的潜在错报风险；

②对于存在低估风险的财务报表项目，不能仅仅因为其金额低于实际执行的重要性而不实施进一步审计程序；

③对于识别出存在舞弊风险的财务报表项目，不能因为其金额低于实际执行的重要性而不实施进一步审计程序。

（2）运用实际执行的重要性确定进一步审计程序的性质、时间安排和范围。例如，审计人员实施实质性分析程序时，如果错报超过“可接受差异额”，说明被审计事项存在重大错报，审计人员应当考虑扩大审计范围或修改审计程序；在运用审计抽样实施细节测试时，以样本的错报推断出的总体错报如果大于（含等于）实际执行的重要性，则说明被测试项目中存在重大错报，审计人员应当拒绝总体或者考虑对审计意见的影响。

6.1.3 错报

1. 错报的定义

错报是指某一财务报表项目的金额、分类或列报，与按照适用的财务报告编制基础应当列示的金额、分类或列报之间存在的差异；或根据审计人员的判断，为使财务报表在所有重大方面实现公允反映，需要对金额、分类或列报作出的必要调整。错报可能是由于错误或舞弊导致的。可能导致错报的事项包括：（1）收集或处理用以编制财务报表的数据时出现错误；（2）遗漏某项金额或披露；（3）由于疏忽或明显误解有关事实导致作出不正确的会计估计；（4）审计人员认为管理层对会计估计作出不合理的判断或对会计政策作出不恰当的选择和运用。

2. 累积识别出的错报

审计人员可能将低于某一金额的错报界定为明显微小的错报，对这类错报不需要累积，因为审计人员认为这些错报的汇总数明显不会对财务报表产生重大影响。“明显微小”不等同于“不重大”。这些明显微小的错报，无论单独或者汇总起来，无论从规模、性质或其发生的环境来看都是明显微不足道的。如果不确定一个或多个错报是否明显微小，就不能认为这些错报是明显微小的。

审计人员需要在制定审计策略和审计计划时，确定一个明显微小错报的临界值，将低于该临界值的错报视为明显微小的错报，可以不累积。审计人员运用职业判断确定该临界值应考虑的因素包括：（1）以前年度审计中识别出的错报（包括已更正和未更正错报）的数量和金额；（2）重大错报风险的评估结果；（3）被审计单位治理层和管理层对审计人员与其沟通错报的期望；（4）被审计单位的财务指标是否勉强达到监管机构的要求或投资者的期望。

审计人员可能将明显微小错报的临界值确定为财务报表整体重要性的3%～5%，也可能低一些或高一些，但通常不超过财务报表整体重要性的10%。如果审计人员预期被审计单位存在数量较多、金额较小的错报，可能考虑采用较低的临界值，以避免大量低于临界值的错报积少成多构成重大错报。如果审计人员预期被审计单位错报数量较少，则可能采用较高的临界值。审计人员的目标是要确保不累积的错报（即低于临界值的错报）连同累积的未更正错报不会汇总成为重大错报。

为了帮助审计人员评价审计过程中累积的错报的影响以及与管理层和治理层沟通错报事项，将错报区分为以下三种情形：

（1）事实错报。事实错报是毋庸置疑的错报。这类错报产生于被审计单位收集和处理数据的错误，对事实的忽略或误解，或故意舞弊行为。例如，审计人员在审计测试中发现购入存货的实际价值为 23 000 元，但账面记录的金额却为 16 000 元。因此，存货和应付账款分别被低估了 7 000 元，这里被低估的 7 000 元就是已识别的对事实的具体错报。

（2）判断错报。由于审计人员认为管理层对会计估计作出不合理的判断或不恰当地选择和运用会计政策而导致的差异。这类错报产生于两种情况：一是管理层和审计人员对会计估计值的判断差异，例如，由于包含在财务报表中的管理层作出的估计值超出了审计人员确定的一个合理范围，导致出现判断差异；二是管理层和审计人员对选择和运用会计政策的判断差异，由于审计人员认为管理层选用会计政策造成错报，管理层却认为选用会计政策适当，导致出现判断差异。

（3）推断错报。审计人员对总体存在的错报作出的最佳估计数，涉及根据在审计样本中识别出的错报来推断总体的错报。推断错报通常是指通过测试样本估计出的总体的错报减去在测试中发现的已经识别的具体错报。例如，应收账款年末余额为 100 万元，审计人员测试样本发现样本金额有 5 万元的高估，高估部分为样本账面金额的 20%，据此审计人员推断总体的错报金额为 20 万元（即 100 万元 × 20%），那么上述 5 万元就是已识别的具体错报，其余 15 万元即为推断错报。

3. 对审计过程中识别出的错报的考虑

错报可能不会孤立发生。一项错报的发生还可能表明存在其他错报，如果审计过程中累计错报的汇总数接近确定的重要性，未被发现的错报连同审计过程中累计错报的汇总数可能超过重要性水平。为此，审计人员可采取的措施包括：

（1）要求管理层检查某类交易、账户余额或披露，以使管理层了解审计人员识别出的错报的产生原因；

（2）要求管理层采取措施以确定这些交易、账户余额或披露实际发生错报的金额，并对财务报表作出适当的调整。

6.2 审计风险

6.2.1 审计风险的含义

审计风险是指当财务报表存在重大错报时，审计人员发表不恰当审计意见的可能性。对审计风险的理解，应注意以下几点：

1. 审计风险的存在可能导致财务报表使用者的错误决策，进而会引起审计人员的法律责任承担问题。因此，审计人员应当通过计划和实施审计工作，获取充分、适当的审计证据，将审计风险降至可接受的低水平。这是控制审计风险的总体要求。

2. 审计风险是相对财务报表中有无重大差错而言的，也就是说，审计风险是一个与重要性相关联的概念。在制定计划审计风险水平（可接受的审计风险水平）时应考虑计划重要性水平的高低，在评价实际审计风险水平时也应考虑实际重要性水平的高低。

3. 审计风险是一个与审计过程相关的技术术语，并不是指审计人员执行业务后的法律后果，如因诉讼、负面宣传或其他与财务报表审计相关的事项而导致损失的可能性。

6.2.2 审计风险的组成要素

审计风险取决于重大错报风险和检查风险。

1. 重大错报风险

重大错报风险是指财务报表在审计前存在重大错报的可能性。重大错报风险与被审计单位的风险相关，且独立于财务报表审计而存在。在设计审计程序以确定财务报表整体是否存在重大错报时，审计人员应当从财务报表层次和各类交易、账户余额和披露认定层次方面考虑重大错报风险。

（1）两个层次的重大错报风险。财务报表层次重大错报风险与财务报表整体存在广泛联系，可能影响多项认定。此类风险通常与控制环境有关，但也可能与其他因素有关，如经济萧条。此类风险难以界定于某类交易、账户余额和披露的具体认定；相反，此类风险增大了认定层次发生重大错报的可能性，与审计人员考虑由舞弊引起的风险尤其相关。

审计人员同时应考虑各类交易、账户余额和披露认定层次的重大错报风险，考虑的结果直接有助于审计人员确定认定层次上实施的进一步审计程序的性质、时间安排和范围。审计人员在各类交易、账户余额和披露认定层次获取审计证据，以便能够在审计工作完成时，以可接受的低审计风险水平对财务报表整体发表审计意见。

（2）固有风险和控制风险。认定层次的重大错报风险又可以进一步细分为固有风险和控制风险。

固有风险是指在考虑相关的内部控制之前，某类交易、账户余额或披露的某一认定易于发生错报（该错报单独或连同其他错报可能是重大的）的可能性。某些类别的交易、账户余额和披露及其认定，固有风险较高。例如，复杂的计算比简单计算更可能出错；受重大计量不确定性影响的会计估计发生错报的可能性较大。产生经营风险的外部因素也可能影响固有风险，比如，技术进步可能导致某项产品陈旧，进而导致存货易于发生高估错报（计价认定）。被审计单位及其环境中的某些因素还可能与多个甚至所有类别的交易、账户余额和披露有关，进而影响多个认定的固有风险。这些因素包括维持经营的流动资金短缺、被审计单位处于夕阳行业等。

控制风险是指某类交易、账户余额或披露的某一认定发生错报，该错报单独或连同其他错报可能是重大的，但没有被内部控制及时防止或发现并纠正的可能性。控制风险取决于与财务报表编制有关的内部控制的设计和运行的有效性。由于控制的固有局限性，某种程度的控制风险始终存在。

需要特别说明的是，由于固有风险和控制风险不可分割地交织在一起，有时无法单独进行评估，审计准则通常不再单独提到固有风险和控制风险，而只是将这两者合并称为“重大错报风险”。但这并不意味着，审计人员不可以单独对固有风险和控制风险进行评估。相反，审计人员既可以对两者进行单独评估，也可以对两者进行合并评估。具体采用的评估方法取决于会计师事务所偏好的审计技术和方法及实务上的考虑。

2. 检查风险

检查风险是指如果存在某一错报，该错报单独或连同其他错报可能是重大的，审计人员为将审计风险降至可接受的低水平而实施程序后没有发现这种错报的风险。检查风险取决于审计程序设计的合理性和执行的有效性。由于审计人员通常并不对所有的交易、账户余额和披露进行检查，以及其他原因，检查风险不可能为零。其他原因包括审计人员可能选择了不恰当的审计程序、审计过程执行不当，或者错误解读了审计结论。这些其他因素可以通过适当计划、在项目组成员之间进行恰当的职责分配、保持职业怀疑态度以及监督、指导和复核项目组成员执行的审计工作得以解决。

6.2.3 检查风险和重大错报风险的反向关系

审计风险及其两大组成要素的相互关系可表述为：在既定的审计风险水平下，可接受的检查风险水平与认定层次重大错报风险的评估结果呈反向关系。评估的重大错报风险越高，可接受的检查风险就越低；评估的重大错报风险越低，可接受的检查风险就越高。

检查风险与重大错报风险的反向关系可以用如下审计风险模型表示：

$$审计风险=重大错报风险\times检查风险$$

假设针对某一认定，审计人员将可接受的审计风险水平设定为5%，审计人员实施风险评估程序后将重大错报风险评估为20%，则根据这一模型，可接受的检查风险为25%。当然，审计人员在实务中通常用“高”“中”“低”等文字而不是绝对数量来表达这些风险水平。

6.2.4 审计的固有限制

由于审计存在固有限制，使审计人员不能对财务报表不存在由于舞弊或错误导致的重大错报获取绝对保证，也不可能将审计风险降至零。审计的固有限制源于三方面：一是财务报告的性质；二是审计程序的性质；三是在合理的时间内以合理的成本完成审计的需要。

1. 财务报告的性质

管理层编制财务报表，需要根据被审计单位的事实和情况运用适用的财务报告编制基础的规定，在这一过程中需要作出判断。此外，许多财务报表项目涉及主观决策、评估或一定程度的不确定性，并且可能存在一系列可接受的解释或判断。因此，某些财务报表项目的金额本身就存在一定的变动幅度，这种变动幅度不能通过实施追加的审计程序来消除。即便如此，审计准则要求审计人员特别考虑在适用的财务报告编制基础下会计估计是否合理，相关披露是否充分，会计实务的质量是否良好（包括管理层判断是否可能存在偏向）。

2. 审计程序的性质

审计人员获取审计证据的能力受到实务和法律的限制。例如：(1) 管理层或其他人员可能有意或无意地不提供与财务报表编制相关的或审计人员要求的全部信息。因此，即便实施了旨在保证获取相关信息的审计程序，审计人员也不能保证信息的完整性；(2) 舞弊可能涉及精心策划和蓄意实施以进行隐瞒。因此，用以收集审计证据的审计程序可能对于发现舞弊是无效的。如舞弊导致的错报涉及串通伪造文件，使得审计人员误以为有效的证据实际上是无效的；(3) 审计不是对涉嫌违法行为的官方调查。因此，审计人员没有被赋予特定的法律权力（如搜查权），而这种权力对调查是必要的。

3. 在合理的时间内以合理的成本完成审计的需要

审计中的困难、时间或者成本等事项本身，不能成为审计人员省略不可替代的审计程序或满足于说服力不足的审计证据的正当理由，但要求审计人员处理所有可能的信息是不切实际的，基于信息存在错误或舞弊，除非能够提供反证的假设，而竭尽可能地追查每一个事项也是不切实际的，所以财务报表的使用者希望审计人员在合理的时间内以合理的成本对财务报表形成审计意见。这就要求审计人员必须计划审计工作，以使审计工作以有效的方式得到执行；将审计资源投向最可能存在重大错报风险的领域，并相应地在其他领域减少审计资源；运用测试和其他方法检查总体中存在的错报。

由于审计的固有限制，即使按照审计准则的规定适当地计划和执行审计工作，也不可避免地存在财务报表的某些重大错报可能未被发现的风险。相应地，完成审计工作后发现由于舞弊和错误导致的财务报表重大错报，其本身并不表明审计人员未能按照审计准则的规定执行审计工作。尽管如此，审计的固有限制并不能作为审计人员满足于说服力不足的审计证据的理由。审计人员是否按照审计准则的规定执行了审计工作，取决于审计人员在具体情况下实施的审计程序，由此获取的审计证据的充分性和适当性，以及根据总体目标和对审计证据的评价结果而出具的审计报告的恰当性。

6.2.5　重要性和审计风险的关系

审计人员应当考虑重要性与审计风险的关系。审计风险的高低往往取决于审计人员对重要性的判断和确定，如果审计人员确定的重要性水平较低，审计风险就会增加。因此审计人员必须通过实施有关审计程序以降低审计风险。

重要性与审计风险之间存在反向关系。审计人员判断和确定的重要性水平越高，审计风险越低；重要性水平越低，审计风险越高。所谓重要性水平高低是指审计人员从财务报表使用者的角度进行判断和确定的金额的大小。通常，5 000 元的重要性水平比 3 000 元的重要性水平高。如果重要性水平是 5 000 元，则意味着低于 5 000 元的错报不会影响到财务报表使用者的判断和决策，此时审计人员需要通过执行有关审计程序合理保证能发现金额在 5 000 元以上的错报。如果重要性水平是 3 000 元，则金额在 3 000 元以上的错报就会影响报表使用者的决策，此时审计人员需要通过执行有关审计程序合理保证能发现金额在 3 000 元以上的错报。显然，重要性水平为 3 000 元时审计不出这样的重大错报的可能性即审计风险，要比重要性水平为 5 000 元时的审计风险高。审计风险越高，越要求审计人员收集更多更有效的审计证据，以将审计风险降至可接受的低水平。因此，重要性和审计证据之间也是反向变动关系。

审计人员应当恰当运用职业判断，以合理确定重要性水平。重要性水平偏高或偏低对审计工作都是不利的，审计人员不能人为调高重要性水平，降低审计风险；也不能人为调低重要性水平，扩大审计程序范围或追加审计程序，浪费不必要的时间和人力，降低审计效率。重要性水平是依据重要性概念中所述的判断标准确定的，而不是由主观期望的审计风险水平决定。因此，审计人员应当保持应有的职业谨慎，恰当运用职业判断，合理确定重要性水平，有效控制审计风险，从而保证审计的效率、效果。

审计人员在整个审计业务过程中都应当考虑重要性与审计风险的关系。由于重要性和审计风险存在上述反向关系，而且这种关系对审计人员将要执行的审计程序的性质、时间和范围有直接的影响，因此，审计人员应当在整个审计业务过程中综合考虑各种因素，合理确定重要性水平。

本章小结

1. 重要性是指被审计单位财务报表中错报或漏报的严重程度。如果合理预期错报（包括漏报）单独或汇总起来可能影响财务报表使用者依据财务报表作出的经济决策，则通常认为错报是重大的。对重要性的判断是根据具体环境作出的，并受错报的金额或性质的影响，同时在判断某事项对财务报表使用者是否重大时，是在考虑财务报表使用者整体共同的财务信息需求的基础上作出的。

2. 重要性的确定包括财务报表层次的重要性水平和特定类别交

易、账户余额或披露的重要性水平两个层面。

3. 错报是指某一财务报表项目的金额、分类或列报，与按照适用的财务报告编制基础应当列示的金额、分类或列报之间存在的差异；或根据审计人员的判断，为使财务报表在所有重大方面实现公允反映，需要对金额、分类或列报作出的必要调整。错报包括事实错报、判断错报和推断错报。

4. 审计风险是指当财务报表存在重大错报时，审计人员发表不恰当审计意见的可能性。审计风险包括两大组成要素，即重大错报风险和检查风险。

5. 重大错报风险是指财务报表在审计前存在重大错报的可能性。审计人员应当从财务报表层次和各类交易、账户余额和披露认定层次方面考虑重大错报风险，认定层次的重大错报风险又分为固有风险和控制风险。检查风险是指如果存在某一错报，该错报单独或连同其他错报可能是重大的，审计人员为将审计风险降至可接受的低水平而实施程序后没有发现这种错报的风险。

6. 检查风险与重大错报风险的反向关系可用审计模型表示：审计风险 = 重大错报风险 × 检查风险。

7. 审计的固有限制源于三方面，一是财务报告的性质；二是审计程序的性质；三是在合理的时间内以合理的成本完成审计的需要。

复习思考题

一、单项选择题

1. 通过对光华股份有限公司的了解，审计人员发现其存在下列情况，最有可能对被审计单位的损益有潜在高风险影响的是（　　）。

A. 公司董事会成员作了较大调整

B. 公司经营业绩显著增长，营业收入比上年增加了一倍

C. 当地税务部门出台的有关税务政策对公司将产生不利影响

D. 财务状况明显好转

2. 关于重要性的含义，下列说法中不正确的是（　　）。

A. 如果合理预期错报可能影响财务报表使用者依据财务报表作出的经济决策，则通常认为错报是重大的

B. 判断某事项对财务报表使用者是否重大时，应考虑错报对个别财务报表使用者的影响

C. 对重要性的判断是根据具体环境作出的

D. 对重要性的判断受错报的金额或性质的影响或受两者共同作用的影响

3. 如果某一认定可接受的审计风险水平为5%，估计的重大错报风险为50%，则可接受的检查风险水平为（　　）。

A. 25%　　B. 10%　　C. 35%　　D. 20%

4. 关于审计风险模型中的各要素，下列说法中，不正确的是（　　）。

A. 审计风险是预先设定的

B. 重大错报风险是评估的

C. 审计风险是注册会计师审计前面临的

D. 检查风险是注册会计师通过实施实质性程序控制的

5. 关于检查风险，以下说法中，不恰当的是（　　）。

A. 检查风险的控制效果取决于审计程序设计的合理性和执行的有效性

B. 在既定的审计风险水平下，可接受的检查风险水平与认定层次重大错报风险的评估结果呈反向关系

C. 注册会计师应当合理设计审计程序的性质、时间和范围，并有效执行审计程序，以控制检查风险

D. 在既定审计风险水平下，检查风险与注册会计师所需的审计证据呈同向关系

6. 下列说法不正确的是（　　）。

A. 重要性水平是审计人员的职业判断

B. 重要性水平与审计风险呈反向关系

C. 重要性水平与审计证据呈反向关系

D. 重要性水平就是可容忍误差

7. 审计人员可以通过设定审计程序而控制的风险是（　　）。

A. 固有风险　　B. 重大错报风险

C. 检查风险　　D. 控制风险

8. 下列各项降低审计风险的方法中，正确的是（　　）。

A. 提高重要性的数量界限

B. 增加审计证据的数量

C. 降低客户控制风险的水平

D. 高估审计人员的审计经验

9. 下列与重大错报风险相关的表述中，正确的是（　　）。

A. 重大错报风险是因错误使用审计程序产生的

B. 重大错报风险是假定不存在相关内部控制，某一认定发生重大错报的可能性

C. 重大错报风险独立于财务报表审计而存在

D. 重大错报风险可以通过合理实施审计程序予以控制

10. 在下列各项中，属于应用重要性原则的情形是（　　）。

A. 编写管理建议书　　B. 出具审计报告

C. 计划审计工作　　D. 签订审计业务约定书

二、多项选择题

1. 下列说法中正确的有（　　）。

A. 重要性水平越高，审计风险越低

B. 重要性水平越低，应当获取的审计证据越多

C. 样本量越大，抽样风险越大

D. 可容忍错报越小，需选取的样本量越大

2. 下列有关重要性的表述中，正确的是（　　）。

A. 在考虑一项错报是否重要时，既要考虑错报的金额，又要考虑错报的性质

B. 如果一项错报单独或连同其他错报可能影响财务报表使用者依据财务报表做出的经济决策，则该项错报是重要的

C. 如果已识别但尚未更正的错报汇总数接近但不超过重要性水平，审计人员无须要求管理层调整

D. 重要性的判断离不开职业判断

3. 下列各项中，构成错报的情况有（　　）。

A. 管理层收集和处理数据错误

B. 被审计单位有故意舞弊行为

C. 管理层作出的会计估计与审计人员作出的会计估计存在差异

D. 管理层选用的会计政策与审计人员选用的会计政策存在差异

4. 下列关于财务报表层次重大错报风险的说法正确的是（　　）。

A. 通常与控制环境有关

B. 与财务报表层次整体存在必然联系

C. 可能影响多项认定

D. 可以界定于某类交易、账户余额和披露的具体认定

5. 认定层次的重大错报风险可以分为（　　）。

A. 固有风险　　B. 检查风险

C. 审计风险　　D. 控制风险

6. 对于审计风险的下列说法中，正确的有（　　）。

A. 财务报表实际上存在重大错报漏报，注册会计师发表了无保留意见的可能性

B. 财务报表实际上存在非重大错报漏报，注册会计师发表无保留意见审计意见的可能性

C. 注册会计师已发现被审计单位的重大错报，却签发了无法表示意见的审计报告的可能性

D. 注册会计师确实遵守了审计准则，但却提出了错误的审计意见的可能性

7. 下列关于认定层次重大错报风险的说法中，正确的有（　　）。

A. 认定层次的重大错报风险由固有风险和控制风险组成

B. 注册会计师可以通过设计和实施适当的审计程序降低固有风险

C. 注册会计师评估认定层次的重大错报风险的目的是确定所需实施的进一步审计程序的性质、时间安排和范围，以获取充分、适当的审计证据

D. 认定层次的重大错报风险评估结果必须量化

8. 关于重要性的说法中，正确的有（　　）。

A. 重要性的判断不能从注册会计师的角度来考虑

B. 重要性的判断应从注册会计师的需要来考虑

C. 重要性是注册会计师运用职业判断得来的

D. 不同环境下对重要性的判断可能是不同的

9. 确定财务报表重要性通常先选定一个基准，然后再乘以某一百分比。下列各项中，属于确定基准时需要考虑的因素有（　　）。

A. 财务报表要素

B. 基准的重大错报风险

C. 基准的相对波动性

D. 被审计单位所处行业和经济环境

10. 审计的固有限制源于（　　）方面。

A. 财务报告的性质

B. 审计程序的性质

C. 在合理的时间内以合理的成本完成审计的需要

D. 审计人员的业务能力

三、判断题

1. 对于首次接受委托的审计项目，且处于高风险行业、管理层能力欠缺的，审计人员可能考虑选择较低的百分比来确定实际执行的重要性。（　　）

2. 重要性水平一经确定，在审计过程中无论遇到何种情况，都不能修改。（　　）

3. 注册会计师确定的审计重要性的数额越高，可接受的审计风险水平越低。（　　）

4. 如果审计人员预期被审计单位存在数量较多、金额较小的错报，可能考虑采用较高的明显微小错报的临界值，以避免大量低于临界值的错报积少成多构成重大错报。(　　)

5. 注册会计师对审计重要性水平估计得越高，所需收集的审计证据的数量就越少。(　　)

6. 重大错报风险水平，决定着注册会计师可接受的检查风险水平。(　　)

7. 检查风险不仅影响注册会计师进一步测试的性质、时间和范围，而且影响注册会计师所发表审计意见的类型。(　　)

8. 重大错报风险可以通过设定审计程序而控制。(　　)

9. 重大错报风险一经注册会计师识别确定后，不再发生变化。(　　)

10. 完成审计工作后发现由于舞弊和错误导致的财务报表重大错报，表明审计人员未能按照审计准则的规定执行审计工作。(　　)

四、案例分析题

注册会计师王宏对美大公司 2017 年度财务报表进行审计，其财务报表有关金额如下：资产总额为 180 000 万元，净资产为 88 000 万元，营业收入为 240 000 万元，净利润为 24 120 万元。如采用固定比例法，并假定资产总额、净资产、营业收入、净利润比例分别为 0.5%、1%、0.5%、5%。要求：

(1) 请代注册会计师王宏确定美大公司 2017 年度财务报表层次的重要性水平。

(2) 重要性和审计风险之间存在何种关系？在确定审计程序后，如果注册会计师决定接受更低的重要性水平，注册会计师应选用何种方法将审计风险降至可接受的低水平？

五、简答题

1. 如何确定重要性水平？

2. 审计人员运用职业判断确定明显微小错报的临界值应考虑的因素包括哪些？

3. 哪些情况下审计人员可能考虑选择较低/高的百分比来确定实际执行的重要性？

4. 重要性与审计风险、审计证据的关系如何？

5. 审计风险的组成要素有哪些？相互间关系如何？

6. 审计固有限制的原因包括哪几个？

第 7 章 风险评估和风险应对

本章要点

◇ 理解风险评估程序和重大错报风险的评估
◇ 了解内部控制要素
◇ 掌握审计风险的评估
◇ 熟悉内部控制的评审
◇ 掌握风险应对的进一步审计程序的性质、时间和范围

7.1 风险评估

7.1.1 风险识别和评估的概念和作用

风险识别和评估是指审计人员通过实施风险评估程序，识别和评估财务报表层次和认定层次的重大错报风险。其中，风险识别是指找出财务报表层次和认定层次的重大错报风险；风险评估是指对重大错报发生的可能性和后果严重程度进行评估。风险的识别和评估是审计风险控制流程的起点。

审计人员应当了解被审计单位及其环境，以充分识别和评估财务报表重大错报风险，设计和实施进一步审计程序。了解被审计单位及其环境是必要程序，特别是为审计人员在下列关键环节作出职业判断提供了重要基础：

（1）确定重要性水平，并随着审计工作的进程评估对重要性水平的判断是否仍然适当；

（2）考虑会计政策的选择和运用是否恰当，以及财务报表的列报是否适当；

（3）识别需要特别考虑的领域，包括关联方交易、管理层运用持续经营假设的合理性，或交易是否具有合理的商业目的等；

（4）确定在实施分析程序时所使用的预期值；

（5）设计和实施进一步审计程序，以将审计风险降至可接受的低水平；

（6）评价所获取审计证据的充分性和适当性。

7.1.2　风险评估程序和信息来源

风险评估程序是指审计人员为了解被审计单位及其环境，以识别和评估财务报表重大错报风险而实施的审计程序。审计人员应当依据实施风险评估程序所获取的信息，评估重大错报风险。

1. 询问管理层和被审计单位内部其他人员。询问管理层和被审计单位内部其他人员是审计人员了解被审计单位及其环境的一个重要信息来源。通常，审计人员可以考虑向管理层和财务负责人询问下列事项：

（1）管理层所关注的主要问题。如新的竞争对手、主要客户和供应商的流失、新的税收法规的实施以及经营目标或战略的变化等。

（2）被审计单位最近的财务状况、经营成果和现金流量。

（3）可能影响财务报告的交易和事项，或者目前发生的重大会计处理问题。如企业重大的资产重组事项等。

（4）被审计单位发生的其他重要变化等。如所有权结构、组织结构的变化、内部控制的变化等。

审计人员通过询问获取的大部分信息来自被审计单位管理层和负责财务报告的人员，也可以通过询问被审计单位内部的其他不同层级的人员获取对同一问题的不同信息，或为识别重大错报风险提供不同的视角。因此，审计人员还应当考虑询问内部审计人员、内部法律顾问、采购人员、生产人员、销售人员等其他人员，并考虑询问不同级别的员工，以获取对识别重大错报风险有用的信息。

2. 实施分析程序。分析程序是指审计人员通过研究不同财务数据之间，以及财务数据与非财务数据之间的内在关系，对财务信息作出评价。分析程序还包括调查识别出的与其他相关信息不一致或与预期数据严重偏离的波动和关系。分析程序既可以在风险评估程序和实质性程序中使用，也可以在总体复核财务报表时使用。

审计人员实施分析程序有助于识别异常的交易或事项，以及对财务报表和审计产生影响的金额、比率和趋势。在实施分析程序时，审计人员应当预期可能存在的合理关系，并与被审计单位记录的金额和依据金额计算的比率或趋势进行比较，如果发现异常或未预期到的关系，审计人员应当在识别重大错报风险时考虑这些比较结果。

3. 观察和检查。观察和检查程序可以支持对管理层和其他相关人员的询问结果，并且可以提供有关被审计单位及其环境的信息。审计人员应实施下列观察和检查程序：

（1）观察被审计单位的生产经营活动。例如，观察被审计单位人员正在从事的生产活动和内部控制活动，有助于审计人员了解被审计单位人员是如何进行生产经营活动及如何实施内部控制的。

（2）检查文件、记录和内部控制手册。例如，检查被审计单位的章程，与其他单位签订的合同、协议，各个业务流程操作规程和控制手册等，以了解被审计单位组织结构和内部控制制度的建立健全情况。

（3）阅读由管理层和治理层编制的报告。例如，阅读被审计单位年度和中期财务报告，股东大会、董事会会议、高级管理层会议的会议记录或纪要，管理层的讨论和分析资料，对重要经营环节和外部因素的评价，被审计单位内部管理报告以及其他特殊目的的报告（如新投资项目的可行性分析报告）等，了解自上一期审计结束至本期审计期间被审计单位发生的重大事项。

（4）实地察看被审计单位的生产经营场所和厂房设备。通过现场访问和实地察看被审计单位的生产经营场所和厂房设备，可以帮助审计人员了解被审计单位的性质以及经营活动。在实地察看中，审计人员有机会与被审计单位的管理层和担任不同职责的员工进行交流，从而可以增强审计人员对被审计单位的经营活动及其重大影响因素的了解。

（5）追踪交易在财务报告信息系统中的处理过程（穿行测试）。这是审计人员了解被审计单位业务流程及其相关控制时经常使用的审计程序。通过追踪某笔或某几笔交易在业务流程中如何生成、记录、处理和报告，以及相关控制如何执行，审计人员可以确定被审计单位的交易流程和相关控制是否与之前通过其他程序所获得的了解一致，并确定相关控制是否得到执行。

需要说明的是，审计人员在了解被审计单位及其环境时，无须在了解各方面时都实施以上的所有风险评估程序。例如，在了解内部控制时，通常不用分析程序。但是对被审计单位及其环境获取了解的整个过程中，审计人员通常会实施上述所有的风险评估程序。

7.1.3 了解被审计单位及其环境

1. 了解被审计单位及其环境的目的

审计人员应当了解被审计单位及其环境，以充分识别和评估财务报表的重大错报风险，设计和实施进一步审计程序。

了解被审计单位及其环境是一个连续和动态地收集、更新和分析信息的过程，是审计过程中的必要程序，特别是为审计人员的职业判断提供重要基础。职业判断贯穿于审计人员审计的全过程，职业判断只有建立在对被审计单位及其环境了解的基础上，才是恰当的和符合实际的。

2. 了解被审计单位及其环境的内容

审计人员了解被审计单位及其环境应该包括以下几个方面：

（1）相关行业状况、法律环境和监管环境及其他外部因素，包括适用的财务报告编制基础；

（2）被审计单位的性质，包括经营活动、所有权和治理结构、正在实施和计划实施的投资（包括对特殊目的实体的投资）的类型、组织结构和筹资方式；

（3）被审计单位对会计政策的选择和运用；

（4）被审计单位的目标、战略以及可能导致重大错报风险的相关经营风险；

（5）被审计单位财务业绩的衡量和评价；

（6）被审计单位的内部控制。

需要注意的是，被审计单位及其环境的各个方面可能会相互影响，因此，审计人员在对被审计单位及其环境的各个方面进行了解和评估时，应当考虑各因素之间的相互关系。

7.1.4 了解被审计单位的内部控制

1. 内部控制的含义

内部控制是被审计单位为了合理保证财务报告的可靠性、经营的效率和效果以及对法律法规的遵守，由治理层、管理层和其他人员设计与执行的政策及程序。可以从以下几个方面来理解内部控制：

（1）内部控制的目标是合理保证：①财务报告的可靠性，这一目标与管理层履行财务报告编制责任密切相关；②经营的效率和效果，即经济有效地使用企业资源，以最优方式实现企业的经营目标；③遵守适用的法律法规要求，即在法律法规的框架下从事经营活动。

（2）设计和实施内部控制的责任主体是治理层、管理层和其他人员，组织中的每一个人都对内部控制负有责任。

（3）实现内部控制目标的手段是设计和执行控制政策及程序。

内部控制包括下列要素：①控制环境；②风险评估过程；③与财务报告相关的信息系统与沟通；④控制活动；⑤对控制的监督。

2. 与审计相关的控制

内部控制的目标旨在合理保证财务报告的可靠性、经营的效率和效果以及对法律法规的遵守。尽管要求审计人员在财务报表审计中要考虑与审计相关的内部控制，但目的并非对被审计单位内部控制的有效性发表意见。因此，审计人员需要了解和评价的内部控制只是与财务报表审计相关的内部控制，并非被审计单位所有的内部控制。

3. 对内部控制了解的深度

对内部控制了解的深度，是指在了解被审计单位及其环境时对内部控制了解的程度。包括评价控制的设计，并确定其是否得到执行，但不包括对控制是否得到一贯执行的测试。

（1）评价控制的设计。审计人员在了解内部控制时，应当评价控制的设计，并确定其是否得到执行。评价控制的设计是指考虑一项控制单独或连同其他控制是否能够有效防止或发现并纠正重大错报。控制得到执行是指某项控制存在且被审计单位正在使用。设计不当的控制可能表明内部控制存在值得关注的缺陷，审计人员在确定是否考虑控制得到执行时，应当首先考虑控制的设计。如果控制设计不当，不需要再考虑控制是否得到执行。

（2）获取控制设计和执行的审计证据。审计人员通常实施下列风险评估程序，以获取有关控制设计和执行的审计证据：询问被审计单位的人员；观察特定控制的运用；检查文件和报告；追踪交易在财务报告信息系统中的处理过程（穿行测试）。

这些程序是风险评估程序在了解被审计单位内部控制方面的具体运用。询问本身并不足以评价控制的设计以及确定其是否得到执行，审计人员应当将询问与其他风险评估程序结合使用。

（3）了解内部控制与测试控制运行有效性的关系。除非存在某些可以使控制得到一贯运行的自动化控制，否则审计人员对控制的了解并不能够代替对控制运行有效性的测试。例如，获取某一人工控制在某一时点得到执行的审计证据，并不能证明该控制在所审计期间内的其他时点也有效运行。但是，信息技术可以使被审计单位持续一贯地对大量数据进行处理，提高了被审计单位监督控制活动运行情况的能力，信息技术还可以通过对应用软件、数据库、操作系统设置安全控制来实现有效的职责划分。由于信息技术处理流程的内在一贯性，实施审计程序确定某项自动控制是否得到执行，也可能实现对控制运行有效性测试的目标。

4. 内部控制的人工和自动化成分

内部控制可能既包括人工成分，又包括自动化成分，在风险评估以及设计和实施进一步审计程序时，审计人员应当考虑：

（1）内部控制的人工和自动化特征及其影响；

（2）从下列方面了解信息技术对内部控制产生的特定风险：

①所依赖的系统或程序不能正确处理数据，或处理了不正确的数据，或两种情况并存；

②未经授权访问数据，可能导致数据的毁损或对数据不恰当的修改，包括记录未经授权或不存在的交易，或不正确地记录了交易；

③信息技术人员可能获得超越其职责范围的数据访问权限，因此破坏了系统应有的职责分工；

④未经授权改变主文档的数据；

⑤未经授权改变系统或程序；

⑥未能对系统或程序作出必要的修改；

⑦不恰当的人为干预；

⑧可能丢失数据或不能访问所需要的数据。

（3）从下列方面了解人工控制产生的特定风险：

①人工控制可能更容易被规避、忽视或凌驾；

②人工控制可能不具有一贯性；

③人工控制可能更容易产生简单错误或失误。

5. 内部控制的局限性

内部控制无论如何设计和执行，都只能为被审计单位实现财务报告目标提供合理保证。内部控制实现目标的可能性受其固有限制的影响，这些限制包括：

（1）在决策时人为判断可能出现错误和因人为失误而导致内部控制失效；

（2）控制可能由于两个或更多的人员串通或管理层不当地凌驾于内部控制之上而被规避；

（3）内部行使控制职能的人员素质不适应岗位要求；

（4）被审计单位实施内部控制的成本效益问题也会影响其效能；

（5）内部控制一般都是针对经常且重复发生的业务而设置的，如果出现不经常发生或未预计到的业务，原有控制就可能不适用。

6. 内部控制要素

（1）控制环境。

①控制环境的含义。控制环境包括治理职能和管理职能，以及治理层和管理层对内部控制及其重要性的态度、认识和措施。良好的控制环境是实施有效内部控制的基础。防止或发现并纠正舞弊和错误是被审计单位治理层和管理层的责任，审计人员在评价控制环境的设计和实施情况时，应当了解管理层在治理层的监督下，是否营造并保持了诚实守信和合乎道德的文化，以及是否建立了防止或发现并纠正舞弊和错误的恰当控制。实际上，在审计业务承接阶段，审计人员就需要对控制环境作出初步的了解和评价。

②控制环境的构成要素有以下几个方面：

其一，对诚信和道德价值观念的沟通与落实。诚信和道德价值观念是控制环境的重要组成部分，内部控制的有效性直接依赖于负责创建、管理和监控内部控制人员的诚信和道德价值观念。被审计单位是否存在道德行为规范，以及这些规范如何在被审计单位内部得到沟通和落实，决定了是否能产生诚信和道德的行为。

其二，对胜任能力的重视。胜任能力是指具备完成某一职位的工作应有的知识和能力。管理层对胜任能力的重视包括对于特定工作所需的胜任能力水平的设定，以及对达到该水平所必需的知识和能力的要求。

其三，治理层的参与程度。被审计单位的控制环境很大程度上受治理层的影响，治理层的职责应在被审计单位的章程和政策中予以规定。治理层对控制环境影响的要素有：治理层相对于管理层的独立性、成员的经验和品德、治理层参与被审计单位经营的程度和收到的信息及其对经营活动的详细检查、治理层采取措施的适当性，以及治理层与内部审计人员和注册会计师的互动等。

其四，管理层的理念和经营风格。管理层负责企业的运作以及经营策略和程序的制定、执行和监督。控制环境的每个方面在很大程度上都受管理层采取的措施和作出决策的影响，或在某些情况下受管理层不采取某些措施或不作出某种决策的影响。在有效的控制环境中，管理层的理念和经营风格可以创造一个积极的氛围，促进业务流程和内部控制的有效运行，同时创造一个减少错报发生可能性的环境。

其五，组织结构及职权与责任的分配。设置合理的组织结构有助于建立良好的内部控制环境，组织结构将影响权利、责任和工作任务在组织成员中的分配。有效的权责分配制度有助于形成整体的控制意识。审计人员在对被审计单位组织结构和职权与责任的分配进行了解和评估时，应着重考虑的因素包括：在被审计单位内部是否有明确的职责划分，是否将业务授权、业务记录、资产保管和维护以及业务执行的责任尽可能地分离；数据处理和管理的职责划分是否合理；是否已针对授权交易建立适当的政策和程序。

其六，人力资源政策与实务。人力资源政策与实务涉及招聘、培训、考核、晋升和薪酬等方面。政策与程序的有效性，往往取决于执行人，被审计单位是否有能力雇用并保留一定数量既有能力又有责任心的员工在很大程度上取决于其人事政策与实务。

③了解控制环境的作用。控制环境对重大错报风险的评估具有广泛影响，审计人员应当考虑控制环境的总体优势是否为内部控制的其他要素提供了适当的基础，并且未被控制环境中存在的缺陷所削弱。审计人员在评估重大错报风险时，存在令人满意的控制环境是一个积极的因素。虽然令人满意的控制环境并不能绝对防止舞弊，但却有助于降低舞弊的风险。有效地控制环境还为审计人员相信在以前年度和期中所测试的控制将继续有效运行提供一定基础。相反，控制环境中存在的弱点可能削弱控制的有效性。例如，审计人员在进行风险评估时，如果认为被审计单位控制环境薄弱，则很难认定某一流程的控制是有效的。

控制环境本身并不能防止或发现并纠正各类交易、账户余额和披露认定层次的重大错报，审计人员在评估重大错报风险时应当将控制环境连同其他内部控制要素产生的影响一并考虑。例如，将控制环境与对控制的监督和具体控制活动一并考虑。

（2）被审计单位的风险评估过程。

①被审计单位风险评估过程的含义。任何经济组织在经营活动中都会面临各种各样的风险，风险对其生存和竞争能力产生影响。很多风险并不为经济组织所控制，但管理层应当确定可以承受的风险水平，识别这些风险并采取一定的应对措施。风险评估过程的作用是识别、评估和管理影响被审计单位实现经营目标能力的各种风险。

②可能产生风险的事项和情形。主要包括：监管及经营环境的变化；新员工的加入；新信息系统的使用或对原系统进行升级；业务快速发展；新技术；新生产型号、产品和业务活动；企业重组；发展海外经营；新的会计准则。

③了解风险评估过程。审计人员应该关注的是针对财务报告目标的风险评估过程，即识别与财务报告相关的经营风险，评估风险的重要性和发生的可能性，以及针对这些风险所采取的措施。如果被审计单位的风险评估过程符合其具体情况，了解被审计单位的风险评估过程和结果有助于审计人员识别财务报表的重大错报风险。

（3）信息系统与沟通。

①与财务报告相关的信息系统的含义。与财务报告相关的信息系统，包括用以生成、记录、处理和报告交易、事项和情况，对相关资产、负债和所有者权益履行经营管理责任的程序和记录。交易可能通过人工或自动化程序生成。记录包括识别和收集与交易、事项有关的信息。处理包括编辑、核对、计量、估价、汇总和调节活动，可能由人工或自动化程序来执行。报告是指用电子或书面形式编制财务报告和其他信息，供被审计单位用于衡量和考核财务及其他方面的业绩。与财务报告相关的信息系统应当与业务流程相适应。业务流程是指被审计单位开发、采购、生产、销售、发送产品和提供服务、保证遵守法律法规、记录信息等一系列活动。

②了解与财务报告相关的信息系统。审计人员应当从下列方面了解与财务报告相关的信息系统：在被审计单位经营过程中，对财务报表具有重大影响的各类交易；在信息技术和人工系统中，被审计单位的交易生成、记录、处理、必要的更正、结转至总账以及在财务报表中报告的程序；用以生成、记录、处理和报告交易的会计记录、支持性信息和财务报表中的特定项目；被审计单位的信息系统如何获取除交易以外的对财务报表重大的事项和情况；用于编制被审计单位财务报表（包括作出的重大会计估计和披露）的财务报告过程；与会计分录相关的控制，这些分录包括用以记录非经常性的、异常的交易或调整的非标准会计分录。

③与财务报告相关的沟通的含义。与财务报告相关的沟通包括使员工了解各自在与财务报告有关的内部控制方面的角色和职责、员工之间的工作联系，以及向适当级别的管理层报告例外事项的方式。

公开的沟通渠道有助于确保例外情况得到报告和处理。沟通可以采用政策手册、会计和财务报告手册及备忘录等形式进行，也可以通过发送电子邮件、口头沟通和管理层的行动来进行。

④了解与财务报告相关的沟通。审计人员应当了解被审计单位内部如何对财务报告的岗位职责以及与财务报告相关的重大事项进行沟通，还应当了解管理层与治理层（特别是审计委员会）之间的沟通，以及被审计单位与外部（包括与监管部门）的沟通。

（4）控制活动。

①与审计相关的控制活动的含义。控制活动是指有助于确保管理层的指令得以执行的政策和程序，它包括与授权、业绩评价、信息处理、实物控制和职责分离等相关的活动。

第一，授权。授权的目的在于保证交易在管理层授权范围内进行。审计人员应当了解与授权有关的控制活动，包括一般授权和特别授权。一般授权是指授权处理一般性的交易，而特别授权指的是授权处理非常规性交易，例如重大资本支出、股票发行等。特别授权也可以用于超过一般授权限制的常规交易。例如同意对不符合一般信用条件的客户赊销商品。

第二，业绩评价。审计人员应当了解与业绩评价有关的控制活动，主要包括被审计单位分析评价实际业绩与预算（或预测、前期业绩）的差异，综合分析财务数据与经营数据的内在联系，将内部数据与外部信息来源相比较，评价职能部门、分支机构或项目活动的业绩，以及对发现的异常差异或关系采取必要的调查和纠正措施。

第三，信息处理。审计人员应当了解与信息处理有关的控制活动，包括信息技术的一般控制和应用控制。被审计单位通常执行各种措施，检查各种类型信息处理环境下的交易的准确性、完整性和授权。信息处理控制可以是人工的、自动化的，或是基于自动流程的人工控制。

第四，实物控制。审计人员应当了解实物控制，主要包括了解对资产和记录采取适当的安全保护措施，对访问计算机程序和数据文件设置授权，以及定期盘点并将盘点记录与会计记录相核对。实物控制的效果影响资产的安全，从而对财务报表的可靠性及审计产生影响。

第五，职责分离。审计人员应当了解职责分离，主要包括了解被审计单位如何将交易授权、交易记录以及资产保管等职责分配给不同的员工，以防范同一员工在履行多项职责时可能发生的舞弊或错误。

②了解控制活动。在了解控制活动时，审计人员应当重点考虑一项控制活动单独或连同其他控制活动，是否能够以及如何防止或发现并纠正各类交易、账户余额和披露存在的重大错报。审计人员的工作重点是识别和了解针对重大错报可能发生的领域的控制活动，如果多项控制活动能够实现同一目标，审计人员不必了解与该目标相关的每项控制活动。

（5）对控制的监督。

①对控制的监督的含义。管理层的重要职责之一就是建立和维护控制并保证其持续有效运行，对控制的监督可以实现这一目标。监督

就是由适当的人员，在适当、及时的基础上，评估控制的设计和运行情况的过程。对控制的监督是指被审计单位评价内部控制在一段时间内运行有效性的过程，该过程包括及时评价控制的设计和运行，以及根据情况的变化采取必要的纠正措施。

②了解对内部控制的监督。审计人员在对被审计单位整体层面的监督进行了解和评估时，考虑的主要因素包括：被审计单位是否定期评价内部控制；被审计单位人员在履行正常职责时，能够在多大程度上获得内部控制是否有效运行的证据；与外部的沟通能够在多大程度上证实内部产生的信息或者指出存在的问题；管理层是否采纳内部审计人员和注册会计师有关内部控制的建议；管理层是否及时纠正控制运行中的偏差；管理层根据监管机构的报告及建议是否及时采取纠正措施；是否存在协助管理层监督内部控制的职能部门（内部审计部门）。

7. 在整体层面和业务层面了解内部控制

在初步计划审计工作时，为了确定在被审计单位财务报表中可能存在重大错报风险的重大账户及其相关认定，审计人员通常需要采取下列步骤：

（1）确定被审计单位的重要业务流程和重要交易类别；

（2）了解重要交易流程，并记录获得的了解；

（3）确定可能发生错报的环节；

（4）识别和了解相关控制；

（5）执行穿行测试，证实对交易流程和相关控制的了解；

（6）进行初步评价和风险评估。

这些步骤在审计实务中可能同时进行。比如：在咨询相关人员的过程中，同时了解重要交易的流程和相关控制。

7.1.5 评估重大错报风险

1. 评估财务报表层次和认定层次重大错报风险

评估重大错报风险是风险评估阶段的最后一个步骤。评估将作为确定进一步审计程序的性质、范围和时间安排的基础，以应对识别的风险。

（1）评估重大错报风险的审计程序。在评估重大错报风险时，审计人员应当实施下列审计程序：

①在了解被审计单位及其环境的整个过程中，结合对财务报表中各类交易、账户余额和披露的考虑，识别风险。例如，竞争者开发的

新产品上市，可能导致被审计单位的主要产品在短期内过时，预示将出现存货跌价和长期资产（如固定资产）的减值。

②结合对拟测试的相关控制的考虑，将识别出的风险与认定层次可能发生错报的领域相联系。例如，销售困难使产品的市场价格下降，可能导致年末存货成本高于其可变现净值而需要计提存货跌价准备，这显示存货的计价认定可能发生错报。

③评估识别出的风险，并评价其是否更广泛地与财务报表整体相关，进而潜在地影响多项认定。

④考虑发生错报的可能性（包括发生多项错报的可能性），以及潜在错报的重大程度是否足以导致重大错报。

（2）识别两个层次的重大错报风险。在对重大错报风险进行识别和评估后，审计人员应当确定，识别的重大错报风险是与特定的某类交易、账户余额和披露的认定相关，还是与财务报表整体广泛相关，进而影响多项认定。如果识别的重大错报风险是与特定的某类交易、账户余额和披露的认定有关，则作为认定层次的重大错报风险；如果识别的重大错报风险是与财务报表整体广泛相关，进而影响多项认定，则作为报表层次的重大错报风险。

（3）控制环境对评估财务报表层次重大错报风险的影响。财务报表层次的重大错报风险很可能源于薄弱的控制环境。薄弱的控制环境可能对财务报表产生广泛影响，难以限于某类交易、账户余额和披露，审计人员应当采取总体应对措施。例如，被审计单位治理层、管理层对内部控制的重要性缺乏认识，没有建立必要的制度和程序；或管理层经营理念偏于激进，又缺乏实现激进目标的人力资源等，这些缺陷源于薄弱的控制环境，可能对财务报表产生广泛影响，需要审计人员采取总体应对措施。

（4）控制对评估认定层次重大错报风险的影响。在评估重大错报风险时，审计人员应当将所了解的控制与特定认定相联系，这是由于控制有助于防止或发现并纠正认定层次的重大错报。控制可能与某一认定直接相关，也可能与某一认定间接相关，关系越间接，控制在防止或发现并纠正认定中错报的作用越小。审计人员可能识别出有助于防止或发现并纠正特定认定发生重大错报的控制，在确定这些控制是否能够实现控制目标时，审计人员应当将控制活动和其他要素综合考虑，并对识别的各类交易、账户余额和披露认定层次的重大错报风险予以汇总和评估，以确定实施进一步审计程序的性质、时间安排和范围。

（5）考虑财务报表的可审计性。审计人员在了解被审计单位内部控制后，可能对被审计单位财务报表的可审计性产生怀疑。如果通过对内部控制的了解发现下列情况，并对财务报表局部或整体的可审计性产生疑问，审计人员应当考虑出具保留意见或无法表示意见的审计报告：①被审计单位会计记录的状况和可靠性存在重大问题，不能获取充分、适当的审计证据以发表无保留意见；②对管理层的诚信存在严重疑虑。必要时，审计人员应当考虑解除业务约定。

2. 需要特别考虑的重大错报风险

（1）特别风险的含义和确定事项。特别风险，是指审计人员识别和评估的、根据判断认为需要特别考虑的重大错报风险。在确定哪些风险是特别风险时，审计人员应当考虑下列事项：风险是否属于舞弊风险；风险是否与近期经济环境、会计处理方法和其他方面的重大变化有关；交易的复杂程度；风险是否涉及重大的关联方交易；财务信息计量的主观程度，特别是计量结果是否具有高度不确定性；风险是否涉及异常或超出正常经营过程的重大交易。

（2）非常规交易和判断事项导致的特别风险。日常的、不复杂的、经正规处理的交易不太可能产生特别风险。特别风险通常与重大的非常规交易和判断事项有关。非常规交易是指由于金额或性质异常而不经常发生的交易。例如，企业并购、债务重组、重大或有事项等。由于非常规交易下，存在管理层更多地干预会计处理、数据收集和处理进行更多的人工干预、复杂的计算或会计处理方法、非常规交易的性质可能使被审计单位难以对由此产生的特别风险实施有效控制等情况，与重大非常规交易相关的特别风险可能导致更高的重大错报风险。

判断事项通常包括作出的会计估计（具有计量的重大不确定性），如资产减值准备金额的估计等。由于存在对涉及会计估计和收入确认等方面的会计原则有不同的理解、所要求的判断可能是主观的和复杂的、需要对未来事项作出假设等原因，与重大判断事项相关的特别风险可能导致更高的重大错报风险。

（3）考虑与特别风险相关的控制。对特别风险，审计人员应当评价相关控制的设计情况，并确定其是否已经得到执行。如果管理层未能实施控制以恰当应对特别风险，审计人员应当认为内部控制存在重大缺陷，并考虑其对风险评估的影响。在此情况下，审计人员应当就此类事项与治理层沟通。

3. 对风险评估的修订

审计人员对认定层次重大错报的评估应以获取的审计证据为基础，并可能随着不断获取的审计证据而作出相应的变化。例如，审计人员对重大错报风险的评估可能基于预期控制运行有效性这一判断，即相关控制可以防止或发现并纠正认定层次的重大错报。但在测试控制运行的有效性时，审计人员获取的证据可能表明相关控制在被审计期间并未有效运行。同样，在实施实质性程序后，审计人员可能发现错报的金额和频率比在风险评估时预计的金额和频率要高。因此，如果通过实施进一步审计程序获取的审计证据与初始评估获取的审计证据相矛盾，审计人员应当修订风险评估结果，并相应修改原计划实施的进一步审计程序。

因此，评估重大错报风险与了解被审计单位及其环境一样，也是一个连续和动态地收集、更新与分析信息的过程，贯穿于整个审计过程的始终。

7.2 风险应对

审计人员通过实施风险评估程序，识别和评估财务报表层次以及各类交易、账户余额和披露认定层次的重大错报风险，同时应针对评估的财务报表层次重大错报风险确定总体应对措施，针对评估的认定层次重大错报风险设计和实施进一步审计程序，以将审计风险降至可接受的低水平。

7.2.1 针对财务报表层次重大错报风险的总体应对措施

1. 财务报表层次重大错报风险与总体应对措施

在风险评估过程中，审计人员应当确定识别的重大错报风险是与特定的某类交易、账户余额和披露的认定有关，还是与财务报表整体广泛相关，进而影响多项认定。如果是后者，则属于财务报表层次的重大错报风险，审计人员则应当实施下列总体应对措施：

（1）向项目组强调保持职业怀疑的必要性。

（2）指派更有经验或具有特殊技能的审计人员，或利用专家的工作。由于各行业在经营业务、经营风险、财务报告、法规要求等方面具有特殊性，审计人员的专业分工细化成为一种趋势。审计项目组成员中应有一定比例的人员曾经参与过被审计单位以前年度的审计，或具有相同行业审计的经验。必要时，要考虑利用信息技术、税务、评估、精算等方面专家的工作。

（3）提供更多的督导。对于财务报表层次重大错报风险较高的审计项目，审计项目组的高级成员，如项目合伙人、项目经理等经验较丰富的人员，要对其他成员提供更详细、更经常、更及时的指导和监督，并加强项目质量复核。

（4）在选择拟实施的进一步审计程序时融入更多的不可预见的因素。被审计单位人员，尤其是管理层，如果熟悉审计人员的审计套路，就可能采取种种规避手段，掩盖财务报表中的舞弊行为。因此，在设计拟实施审计程序的性质、时间安排和范围时，为了避免既定的思维对审计方案的限制，避免对审计效果的人为干涉，从而使得针对重大错报风险的进一步审计程序更加有效，审计人员要考虑使某些审计程序不为被审计单位管理层预见或事先了解。审计人员可以通过以下方式提高审计程序的不可预见性：对某些未测试过的低于设定的重要性水平或风险较小的账户余额和认定实施实质性程序；调整实施审计程序的时间，使被审计单位不可预期；采取不同的审计抽样方法，使当期抽取的测试样本与以前有所不同；选取不同的地点实施审计程序，或预先不告知被审计单位所选定的测试地点。

（5）对拟实施审计程序的性质、时间安排或范围作出总体修改。财务报表层次的重大错报风险很可能源于薄弱的控制环境，如果控制环境薄弱，带来的风险可能对财务报表产生广泛影响，那么审计人员在对拟实施审计程序的性质、时间和范围作出总体修改时应当考虑：

①在期末而非期中实施更多的审计程序。因为控制环境薄弱通常会降低期中获取的审计证据的可信赖程度。

②通过实质性程序获取更广泛的审计证据。良好的控制环境是其他控制要素发挥作用的基础，控制环境存在缺陷通常会削弱其他控制要素的作用，导致审计人员可能无法信赖内部控制，而主要依赖实施实质性程序获取审计证据。

③增加拟纳入审计范围的经营地点的数量。

2. 总体应对措施对拟实施进一步审计程序的总体方案的影响

财务报表层次的重大错报风险难以限于某类交易、账户余额和披露的特点，意味着此类风险可能对财务报表的多项认定产生广泛影响，并相应增加审计人员对认定层次重大错报风险的评估难度。因此，审计人员评估的财务报表层次重大错报风险以及采取的总体应对措施，对拟实施进一步审计程序的总体方案具有重大影响。

拟实施进一步审计程序的总体方案包括实质性方案和综合性方案，其中，实质性方案是指审计人员实施的进一步审计程序以实质性程序为主；综合性方案是指审计人员在实施进一步审计程序时，将控制测试与实质性程序结合使用。当评估的财务报表层次的重大错报风险属于高风险水平时，拟实施进一步审计程序的总体方案往往更倾向于实质性方案。

7.2.2 针对认定层次重大错报风险的进一步审计程序

1. 进一步审计程序的含义和要求

(1) 进一步审计程序的含义。进一步审计程序相对于风险评估程序而言，是指审计人员针对评估的各类交易、账户余额和披露认定层次重大错报风险实施的审计程序，包括控制测试和实质性程序。审计人员应当针对评估的认定层次重大错报风险设计和实施进一步审计程序，包括审计程序的性质、时间和范围。审计人员设计和实施进一步审计程序的性质、时间安排和范围，应当与评估的认定层次重大错报风险具备明确的对应关系。这样，审计程序才能具有目的性和针对性，审计人员才能有的放矢地配置审计资源，审计效率和效果才能提高。

(2) 设计进一步审计程序时的考虑因素。设计进一步审计程序时，审计人员应当综合考虑下列因素：风险的重要性；重大错报发生的可能性；涉及的各类交易、账户余额和披露的特征；被审计单位采用的特定控制的性质；审计人员是否拟获取审计证据，以确定内部控制在防止或发现并纠正重大错报方面的有效性。

2. 进一步审计程序的性质、时间和范围

(1) 进一步审计程序的性质。进一步审计程序的性质指的是进一步审计程序的目的和类型。其中进一步审计程序的目的包括通过实施控制测试以确定内部控制运行的有效性，通过实施实质性程序以发现认定层次的重大错报；进一步审计程序的类型包括检查、询问、函证、重新计算、重新执行和分析程序。由于不同审计程序应对特定认定错报风险的效力不同，所以在应对评估的风险时，合理确定审计程序的性质是最重要的。例如，对于与收入完整性认定相关的重大错报风险，通常控制测试更能有效应对；而与收入发生认定相关的重大错报风险，实质性程序通常更能有效应对。

审计人员在确定进一步审计程序的性质时，首先考虑的是认定层次重大错报风险的评估结果。评估的认定层次重大错报风险越高，对通过实质性程序来获取的审计证据的相关性和可靠性的要求越高。其次要考虑评估的认定层次重大错报风险产生的原因，包括考虑各类交易、账户余额和披露的具体特征以及内部控制。例如，审计人员判断某特定类别的交易即使在不存在相关控制的情况下，发生重大错报的风险仍较低，则审计人员可能仅通过实施实质性程序就可以获取充分、适当的审计证据。

（2）进一步审计程序的时间。进一步审计程序的时间是指审计人员何时实施进一步审计程序，或审计证据适用的期间或时点。因此，进一步审计程序的时间在某些情况下指的是审计程序的实施时间，在另一些情况下指的是需要获取的审计证据适用的期间或时点。

审计人员应当根据评估的重大错报风险来选择在期中或期末实施进一步审计程序。当重大错报风险较高时，审计人员应当考虑在期末或接近期末实施实质性程序，或采用不通知的方式，或在管理层不能预见的时间实施审计程序。

（3）进一步审计程序的范围。进一步审计程序的范围是指实施进一步审计程序的数量，包括抽取的样本量、对某项控制活动的观察次数等。审计人员在确定进一步审计程序的范围时应考虑的因素有：

①确定的重要性水平。确定的重要性水平越低，审计人员实施的进一步审计程序的范围越广。

②评估的重大错报风险。评估的重大错报风险越高，对拟获取的审计证据的相关性、可靠性的要求越高，因此，审计人员实施的进一步审计程序的范围越广。

③计划获取的保证程度。计划获取的保证程度指的是审计人员计划通过所实施的审计程序对测试结果可靠性所获取的信心。计划获取的保证程度越高，对测试结果可靠性要求越高，审计人员实施的进一步审计程序的范围越广。

7.2.3 控制测试

1. 控制测试的含义和要求

（1）控制测试的含义。控制测试指用于评价内部控制在防止或发现并纠正认定层次重大错报方面的运行有效性的审计程序。在测试控制运行的有效性时，审计人员应当从下列方面获取相关审计证据：①控制在所审计期间的不同时点是如何运行的；②控制是否得到一贯执行；③控制由谁或以何种方式运行。

（2）控制测试的要求。控制测试并不是在任何情况下都需要实施，只有当存在下列情况之一时，审计人员才需要实施控制测试。

①在评估认定层次重大错报风险时，预期控制的运行是有效的。审计人员通过实施风险评估程序，可能发现某项控制的设计是存在的，也是合理的，同时得到了执行。在这种情况下，出于成本效益的考虑，审计人员可能预期，如果相关控制在不同时点都得到了一贯执行，那么与该项控制有关的财务报表认定发生重大错报的可能性就不会很大，也就不需要实施很多的实质性程序。为此，审计人员可能会认为值得对相关控制在不同时点是否得到一贯执行进行测试，即实施控制测试。这种测试主要是出于成本效益的考虑，其前提是审计人员通过了解内部控制以后认为某项控制存在着被信赖和利用的可能。

②仅实施实质性程序并不能提供认定层次充分、适当的审计证据。有时，对某些重大错报风险，审计人员仅通过实质性程序无法予以应对。例如，被审计单位在对日常交易采用高度自动化处理的情况下，审计证据仅以电子数据的形式存在，此时审计证据是否充分和适当通常取决于自动化信息系统相关控制的有效性。控制有效，则生成不正确信息或信息被不恰当修改的可能性就会大大减少。在这种情况下，审计人员如果认为仅通过实施实质性程序不能获取充分、适当的审计证据，就必须实施控制测试。这种测试已经不再是单纯出于成本效益的考虑，而是必须获取的一类审计证据。

2. 控制测试的性质、时间和范围

（1）控制测试的性质。控制测试的性质是指控制测试所使用的审计程序的类型及其组合。控制测试采用的审计程序包括询问、观察、检查和重新执行。

①询问。审计人员可以询问被审计单位的员工，以获取与内部控制运行情况相关的信息。例如，向负责复核银行存款余额调节表的人员询问如何进行复核，包括复核的要点是什么，发现不符事项如何处理等。然而，仅仅通过询问往往不能为控制运行的有效性提供充分的证据，审计人员常常需要印证被询问者的答复。因此，询问程序必须和其他测试手段结合使用才能发挥作用。另外，审计人员在询问过程中，应当保持职业怀疑。

②观察。观察是测试不留下书面记录的控制（如职责分离）的运行情况的有效方法。例如观察存货盘点控制的执行情况。观察也可用于实物控制，如空白支票是否妥善保管。通常情况下，审计人员通过观察直接取得的证据比间接取得的证据更可靠，但是审计人员要考虑其观察到的控制在审计人员不在场时可能未被执行的情况。因此，观察本身也不足以证明控制运行是有效的，审计人员常常将观察和其他程序结合使用，以获取充分、可靠的证据。

③检查。对运行情况留有书面证据的控制，检查非常适用。书面说明、复核时留下的记号等都可以作为控制运行情况的证据。例如，检查销售发票是否有复核人员的签字，是否附有客户订购单和出库单等。

④重新执行。通常只有当询问、观察和检查程序结合在一起仍无法获取充分证据时，审计人员才考虑使用重新执行来证实控制是否有效运行。例如，为了保证计价认定的准确性，被审计单位的一项控制是由复核人员核对销售发票上的价格与统一价格单上的价格是否一致。审计人员要检查复核人员有没有认真执行核对，仅仅检查复核人员是否在相关文件上签字是不够的，还必须抽取一部分销售发票进行核对，这就是重新执行程序。但是，如果重新执行程序很多，审计人员就要考虑通过实施控制测试来缩小实质性程序的范围是否有效率。

（2）控制测试的时间。控制测试的时间包含两层含义：一是何时实施控制测试；二是测试所针对的控制适用的时点或期间。如果测试特定时点的控制，审计人员只能得到该时点上控制运行有效性的审计证据；如果测试某一期间的控制，审计人员就可以获取控制在该期间有效运行的证据。因此，审计人员应根据控制测试的目的来确定控制测试的时间，并确定拟信赖的相关控制的时点或期间。在期中实施控制测试具有更积极的作用，但即使已获取有关控制在期中运行有效性的审计证据，仍需考虑如何能够将控制在期中运行有效性的审计证据合理延伸至期末。

（3）控制测试的范围。控制测试的范围主要是指某项控制活动的测试次数。审计人员在确定某项控制的测试范围时通常需要考虑的因素有：

①在拟信赖期间，被审计单位执行控制的频率。控制执行的频率越高，控制测试的范围就越大。

②在所审计期间，审计人员拟信赖控制运行有效性的时间长度。拟信赖时间越长，控制测试的范围就越大。

③控制的预期偏差。控制的预期的偏差率越高，需要实施控制测试的范围越大。

④通过测试与认定相关的其他控制获取的审计证据的范围。针对同一认定，可能存在不同的控制。当针对其他控制获取审计证据的充分性和适当性较高时，测试该控制的范围可适当缩小。

⑤拟获取的有关认定层次控制运行有效性的审计证据的相关性和可靠性。对审计证据的要求越高，控制测试的范围就越大。

7.2.4　实质性程序

1. 实质性程序的含义和要求

(1) 实质性程序的含义。实质性程序是指用以发现认定层次重大错报的审计程序，包括对各类交易、账户余额和披露的细节测试以及实质性分析程序。审计人员实施的实质性程序包括：将财务报表与其依据的会计记录进行核对或调节；检查财务报表编制过程中作出的重大会计分录和其他会计调整。

由于审计人员对重大错报风险的评估是一种判断，可能无法充分识别所有的重大错报风险，并且由于内部控制存在固有局限性，无论评估的重大错报风险结果如何，都要求审计人员必须对所有重大的各类交易、账户余额和披露实施实质性程序。

(2) 针对特别风险实施的实质性程序。如果认为评估的认定层次的重大错报风险是特别风险，审计人员应当专门针对该风险实施实质性程序。例如，如果审计人员认为管理层面临实现盈利指标的压力而可能提前确认收入，那么在设计询证函时，不仅要考虑函证应收账款的账户余额，还应当考虑询证销售协议的细节条款（如交货、结算及退货条款）；审计人员还可以考虑在实施函证的基础上针对销售协议以及变动情况询问被审计单位的非财务人员。

因为针对特别风险仅实施实质性分析程序不足以获取充分、适当的审计证据，所以审计人员应当使用细节测试，或将细节测试和实质性分析程序结合使用，以获取充分、适当的审计证据。

2. 实质性程序的性质、时间和范围

(1) 实质性程序的性质。实质性程序的性质是指实质性程序的类型及其组合，它包括细节测试和实质性分析程序。

①细节测试。细节测试是对各类交易、账户余额和披露的具体细节进行测试，目的在于直接识别财务报表认定是否存在错报。细节测试被用于获取与某些认定相关的证据，如存在、准确性、计价等。

②实质性分析程序。实质性分析程序从技术上说仍是分析程序，主要是通过研究数据间的关系来评价信息，只是将这种技术方法用于实质性程序，即用来识别各类交易、账户余额和披露及相关认定是否存在错报。实质性分析程序通常更适用于在一段时间内存在可预期关系的大量交易。

审计人员在设计实质性分析程序时，应当考虑的因素有：对特定认定使用实质性分析程序的适当性；对已记录的金额或比率作出预期时，所依据的内部或外部数据是否可靠；作出预期的准确程度是否足以在计划的保证水平上识别重大错报；已记录金额与预期值之间可接受的差异额。

（2）实质性程序的时间。实质性程序的时间选择和控制测试的时间选择同样面临对期中审计证据和对以前审计获取的审计证据的考虑。但两者也存在差异：在控制测试中，期中实施控制测试获取审计证据的做法通常更有效，而实质性程序的目的是直接发现重大错报，在期中实施时更需要考虑成本效益原则；在本期控制测试中拟信赖以前审计获取的有关控制运行有效性的审计证据，已经受到很多限制，而对于以前审计中通过实质性程序获取的审计证据，则采取更慎重和更严格的限制。

①如何考虑是否在期中实施实质性程序。在期中实施实质性程序，一方面消耗审计资源，另一方面期中实施实质性程序获取的审计证据中又不能直接作为期末财务报表认定的审计证据，审计人员仍需要进一步消耗审计资源，使审计证据能合理延伸至期末。那么这两部分审计资源的总和能否显著小于完全在期末实施实质性程序所需消耗的审计资源，是审计人员需要权衡的。

②如何考虑期中审计证据。如果在期中实施了实质性程序，审计人员应当针对剩余期间实施进一步的实质性程序，或将实质性程序和控制测试结合使用，以将期中测试得出的结论合理延伸至期末。在如何将期中实施的实质性程序得出的结论合理延伸至期末时，审计人员有两种选择：其一是针对剩余期间实施进一步的实质性程序；其二是将实质性程序和控制测试结合使用。

对于舞弊导致的重大错报风险，如果被审计单位存在故意错报或操纵的可能性，那么审计人员更应慎重考虑能否将期中测试得出的结论延伸至期末。因此，如果已识别出由于舞弊导致的重大错报风险，为将期中得出的结论延伸至期末而实施的审计程序通常是无效的，审计人员应当考虑在期末或者接近期末实施实质性程序。

③如何考虑以前审计获取的审计证据。在以前审计中实施实质性程序获取的审计证据，通常对本期只有很弱的证据效力或没有证据效力，不足以应对本期的重大错报风险。只有当以前获取的审计证据及相关事项未发生重大变化时，以前获取的审计证据才可能用作本期的有效审计证据。即便如此，如果审计人员拟利用以前审计中实质性程序获取的审计证据，则应当在本期实施审计程序，以确定这些审计证据是否具有持续相关性。

（3）实质性程序的范围。审计人员在确定实质性程序的范围时，主要考虑评估的认定层次重大错报风险和实施控制测试的结果。审计人员评估的认定层次的重大错报风险越高，需要实施实质性程序的范围越广；如果审计人员对控制测试结果不满意，应当考虑扩大实质性程序的范围。

在设计细节测试范围时，主要考虑的是样本量和选样方法的有效性等因素。实质性分析程序的范围主要包含两层含义：一是对什么层次上的数据进行分析，审计人员可以选择对高度汇总的财务数据层次进行分析，也可以根据重大错报风险的性质和水平调整分析层次。二是需要对什么幅度或性质的偏差展开进一步调查。可容忍或可接受的偏差（即预期偏差）越大，作为实质性分析程序一部分的进一步调查的范围就越小。因此，在设计实质性分析程序时，应当确定已记录金额与预期值之间可接受的差异额。在确定可接受的差异额时主要考虑各类交易、账户余额和披露及相关认定的重要性和计划的保证水平。

知识拓展

假设你是某会计师事务所的审计人员，负责对 A 公司某年的财务报表进行审计。在审计过程中，为对 A 公司的存货内部控制进行评估，你首先对 A 公司的存货内部控制进行描述，假设具体情况如下：

公司没有专门的采购机构，许多雇员都可以采购。订货采用三联式订货单，一联送供应商，一联送验货部门，另一联送订货人。为使用方便，存货在工厂的不同地点存放，但偶尔也用公共库房存放过量的存货。只要领用原材料就需要填写领料单，但晚班人员经常不遵守。辅助材料占资金比较少，因此在使用辅助材料时，不填写领料单。公司经常出现辅助材料的剩余。保管人员对大部分存货保持永续记录，在有时间的情况下对存货进行盘点和记录检查。

分析以上情况，指出 A 公司存货内部控制存在的缺陷。

【解答】

1. 没有设置专门的采购机构或专职的采购人员，任何人都可以采购，可能导致盲目采购，或者不能保证生产对存货的需要，也可能导致材料的积压。

2. 一式三联的订货单设计不合理，应增设一联，由财务部门保管，作为财务部门付款的依据之一。

3. 材料验收环节的内部控制没有设置。应有验收部门组织验收，并填写一式三联的收料单，分别由仓库、采购、财会三部门保管。

4. 没有设置专门保管材料的仓库，容易造成材料的丢失，不利于保证材料的安全与完整。

5. 没有对所有材料的领用执行填写领料单制度，不利于材料发出的内部控制。

6. 没有对所有材料实施永续记录和定期核对制度，不利于账实相符的内部控制管理。

本章小结

1. 了解被审计单位及其环境是为了识别和评估重大错报风险，而为了了解被审计单位及其环境而实施的程序称为风险评估程序。

2. 风险评估程序包括询问管理层以及被审计单位内部其他人员、实施分析程序、观察和检查等。

3. 审计人员依据实施风险评估程序所获取的信息，评估重大错报风险。

4. 内部控制是被审计单位为了合理保证财务报告的可靠性、经营的效率和效果以及对法律法规的遵守，由治理层、管理层和其他人员设计与执行的政策和程序。它包括控制环境、风险评估过程、信息系统与沟通、控制活动和对控制的监督五个构成要素。

5. 在风险评估过程中，审计人员识别的重大错报风险如果是与财务报表整体广泛相关，进而影响多项认定的，则属于财务报表层次的重大错报风险，审计人员应当采取总体应对措施，进而确定进一步审计程序；如果其他的重大错报风险是与特定的某类交易、账户余额和披露的认定有关的，则属于认定层次的重大错报风险，审计人员应当设计实施进一步审计程序。

6. 进一步审计程序是相对于风险评估程序而言的，是指审计人员针对评估的各类交易、账户余额和披露认定层次的重大错报风险实施的审计程序，包括控制测试和实质性程序。

7. 控制测试指的是测试控制运行的有效性，采用的审计程序的类型包括询问、观察、检查、重新执行，通常选在期中实施，测试中还可以考虑以前审计获取的有关控制运行有效性的审计证据。

8. 实质性程序是指用以发现认定层次重大错报风险的程序，包括各类交易、账户余额和披露的细节测试和实质性分析程序，无论评估的重大错报风险结果如何，审计人员都必须对所有重大的各类交易、账户余额和披露实施实质性程序。实质性程序在期中实施时更需要权衡审计的成本效益；实施实质性程序的范围，主要考虑审计人员评估的认定层次重大错报风险和实施控制测试的结果；评估的认定层次重大错报风险越高，需要实施实质性程序的范围越广；如果审计人员对控制测试结果不满意，应当考虑扩大实质性程序的范围。

复习思考题

一、单项选择题

1. 审计人员了解被审计单位及其环境是在（　　）进行。

A. 审计业务承接阶段　　B. 风险评估程序中

C. 进一步审计程序中　　D. 审计的全过程

2. 下列有关识别、评估和应对重大错报风险的说法中，错误的是（　　）。

A. 注册会计师应当将识别的重大错报风险与特定的某类交易、账户余额和披露的认定相联系

B. 在识别和评估重大错报风险时，注册会计师应当考虑发生错报的可能性以及潜在错报的重大程度

C. 对于某些重大错报风险，注册会计师可能认为仅通过实质性程序无法获取充分、适当的审计证据

D. 在实施进一步审计程序的过程中，注册会计师可能需要修正对认定层次重大错报风险的评估结果

3. 审计人员实施（　　）程序难以获取充分、适当的审计证据。

A. 询问被审计单位有关人员　　B. 观察特定控制的运行

C. 检查文件和报告　　D. 穿行测试

4. 及时发现并纠正被审计单位的错误与舞弊是（　　）的责任。

A. 审计人员　　B. 政府机关的审计师

C. 税务机关的注册税务师　　D. 被审计单位的管理层

5. 审计人员不可以通过（　　）方式提高审计程序的不可预见性。

A. 对某些未测试过的低于设定重要性水平或风险较小的账户余额和认定实施实质性程序

B. 调整实施审计程序的时间、使被审计单位不可预期

C. 调整实施审计程序的人员，由助理人员担任关键项目的审计工作

D. 采取不同的审计抽样方法，使当期抽取的测试样本与以前有所不同

6. 下列有关与审计相关的内部控制的说法中，正确的是（　　）。

A. 与财务报告相关的内部控制均与审计相关

B. 与审计相关的内部控制并非均与财务报告相关

C. 与经营目标相关的内部控制与审计无关

D. 与合规目标相关的内部控制与审计无关

7. 当审计单位的重大错报风险较高时，审计人员最好选择（　　）作为进一步审计程序的时间。

A. 在期初或者期末实施实质性程序

B. 在期末或者接近期末实施控制测试

C. 采用不通知的方式实施控制测试

D. 在管理层不能预见时间实施实质性程序

8. 对于（　　）控制，审计人员可能不进行测试而加以信赖。

A. 上期审计发现了重大缺陷　　B. 旨在减轻特别风险

C. 与收入计价相关　　D. 上期曾经加以高度信赖

9. 以下关于进一步审计程序的说法，不正确的是（　　）。

A. 风险后果越严重，审计人员越要精心设计有针对性的进一步审计程序

B. 重大错报风险发生的可能性越大，审计人员越要精心设计有针对性的进一步审计程序

C. 不同认定层次的重大错报风险差异越大，适用的审计程序的性质差异越大

D. 不同性质的控制对审计人员设计进一步审计程序具有重要影响

10. 下列控制活动中，属于检查性控制的是（　　）。

A. 信息技术部根据人事部提供的员工岗位职责表在系统中设定用户权限

B. 仓库管理员根据经批准的发货单办理出库

C. 采购部对新增供应商执行背景调查

D. 财务人员每月末与客户对账，并调查差异

二、多项选择题

1. 审计人员了解被审计单位及其环境的目的是（　　）。

A. 了解被审计单位的内部控制

B. 充分识别和评估财务报表重大错报风险

C. 评估审计风险

D. 设计和实施进一步审计程序

2. 下列各项中，可能表明被审计单位存在值得关注的内部控制缺陷的有（　　）。

A. 被审计单位内部缺乏通常应当建立的风险评估过程

B. 注册会计师识别出被审计单位内部控制未能防止的管理层

舞弊

C. 被审计单位重述以前公布的财务报表，以更正由于错误或舞弊导致的重大错报

D. 管理层未对注册会计师以前已沟通的值得关注的内部控制缺陷采取适当的纠正措施

3. 审计人员可以通过询问（　　）来了解被审计单位及其环境。

A. 被审计单位的总经理　　B. 被审计单位的财务经理

C. 被审计单位的生产人员　　D. 被审计单位的投资顾问

4. 下列（　　）事项和情况可能表明被审计单位存在重大错报风险。

A. 关键人员发生变动

B. 缺乏具备适当会计核算与财务报告技能的人员

C. 开辟新的经营场所

D. 开发新产品

5. 下列应当进行职务分离的是（　　）。

A. 经济业务的授权批准与执行职务

B. 经济业务的执行与记录职务

C. 财产物资的保管和记录职务

D. 记录明细账与日记账的职务

6. 在实施控制测试时，审计人员主要应当获取（　　）方面的证据。

A. 控制在不同时点如何运行

B. 控制是否得到一贯执行以及由谁执行

C. 控制是否存在，是否正在使用

D. 控制以何种方式运行

7. 审计人员针对评估的财务报表层次的重大错报风险应当确定（　　）总体应对措施。

A. 向项目组强调保持职业怀疑的必要性

B. 指派更有经验或具有特殊技能的审计人员，或利用专家的工作

C. 提供更多的督导

D. 在选择进一步审计程序时，应当注意与管理层协商

8. 审计人员实施进一步审计程序时，可能选择的程序类型包括（　　）。

A. 检查、询问　　B. 函证、分析程序

C. 重新计算、重新执行　　D. 将财务报表与各账户核对

9. 穿行测试，即追踪交易在财务报告信息系统中的处理过程可经常使用于（　　）。

A. 了解被审单位业务流程

B. 了解被审单位内部控制

C. 对被审单位的内部控制进行控制测试

D. 对被审单位进行实质性程序

10. 下列所列程序中，（　　）是每次审计时必须实施的。

A. 将财务报表与其依赖的会计记录相核对

B. 检查报表编制过程中作出的重大会计分录

C. 风险评估程序

D. 针对内部控制执行的有效性实施控制测试

三、判断题

1. 审计人员对被审计单位内部控制的了解程度要高于被审计单位的管理层。（　　）

2. 了解被审计单位及其环境不是审计人员实施的必要程序。（　　）

3. 审计人员需要识别所有被审计单位的经营风险。（　　）

4. 审计人员评估财务报表重大错报风险只需评估认定层次的重大错报风险。（　　）

5. 无论内部控制设计多么合理、运行多么有效，审计人员都应对财务报表的重要账户和交易实施实质性程序。（　　）

6. 如果被审计单位的多项控制活动均能实现统一目标，审计人员应当逐一了解与该目标相关的每项控制活动。（　　）

7. 如果评估的财务报表层次的重大错报风险属于高风险水平，审计人员拟实施进一步审计程序的总体方案往往更倾向于综合性方案。（　　）

8. 无论重大错报风险的评估如何，审计人员都需要按顺序实施控制测试和实质性程序。（　　）

9. 审计人员设计和实施进一步审计程序应当与评估的认定层次重大错报风险具备明确的对应关系。（　　）

10. 重大错报风险较高时，审计人员应当考虑在期中实施实质性程序。（　　）

四、分析题

新华责任有限公司财务科有A、B、C三名会计人员，他们要完成如下几项工作：（1）记录总账；（2）记录应付账款明细账；（3）记录应收账款明细账；（4）开具支票，以便主管人员签章并记录现金日记账；（5）开具拒付通知单；（6）调节银行对账单；（7）处理并送存所收的现金。

要求：现已知这三名会计人员的工作能力相当，除调节银行存款对账单、签发拒付通知单工作量较小外，其他工作量基本相等。如何将上述几项工作分配给 A、B、C 三名会计人员，使会计工作起到较好的内部控制作用，并使这三名会计人员的工作量基本相等。

五、简答题

1. 简述风险评估程序。
2. 在识别和评估重大错报风险时，审计人员应当实施哪些审计程序？
3. 内部控制有哪些固有局限性？
4. 简述内部控制的构成要素。
5. 审计人员在什么情况下才需要进行控制测试？
6. 审计人员在确定控制测试的范围时应考虑哪些因素？

第8章 审计实务

本章要点

◇ 了解审计程序在相关循环中的运用
◇ 重点掌握库存现金、应收账款的审计
◇ 重点掌握存货监盘的方法
◇ 理解销售与收款循环控制设计及风险评估

本章以执行企业会计准则的企业财务报表审计为例，介绍业务循环审计的具体内容，并对各业务循环中重要的财务报表项目进行审计测试。我们将交易和账户余额划分为销售与收款循环、采购与付款循环、生产与存货循环、人力资源与工薪循环、投资与筹资循环，并以销售与收款循环、采购与付款循环、生产与存货循环为例分节阐述各业务循环的审计。由于货币资金与各业务循环密切相关，且它的业务和内部控制又有着不同于其他业务循环和其他财务报表项目的鲜明特征，因此将货币资金的审计安排在第8.4节。

8.1 销售与收款循环的审计

销售与收款循环是指企业对外销售商品或提供劳务等收取货币资金的经营业务活动。销售分现销和赊销两种，本节主要阐述赊销业务的审计。销售循环是从接受顾客提出订货要求开始，经审批信用条件、发运商品、开具专用发票、登记应收账款或应收票据、处理销售退回与销售折让、计提坏账准备、注销坏账等业务，并最终转化为货币资金而结束。

8.1.1　涉及的主要单据和会计记录

在内部控制制度比较健全的企业，处理销售与收款业务通常需要使用很多单据和会计记录。例如：（1）客户订购单；（2）销售单；（3）发运凭证；（4）销售发票；（5）商品价目表；（6）贷项通知单；（7）应收账款账龄分析表；（8）应收账款明细账；（9）主营业务收入明细账；（10）折扣与折让明细账；（11）汇款通知书；（12）现金日记账和银行存款日记账；（13）坏账核销审批表；（14）顾客对账单；（15）转账凭证；（16）现金和银行凭证等。

8.1.2　涉及的主要业务

1. 接受客户订购单

客户提出的订货要求是整个销售与收款循环的起点。管理层一般都列出了已批准销售的客户名单，客户的订购单只有在符合管理层的授权标准时，才能被接受。在批准了客户订购单之后，则应编制一式多联的销售单，作为信用、仓库、运输、开票、记账等部门履行职责的依据。销售通知单是证明管理层有关销售交易的“发生”认定的凭据之一。

2. 批准赊销信用

对于赊销业务，必须进行审批。无论批准赊销与否，都要求被授权的信用管理部门人员在销售单上签署意见，然后将已签署意见的销售单送回销售部门。设计信用批准控制的目的是为了降低坏账风险，因此，这些控制与应收账款的“计价和分摊”认定有关。

3. 根据销售单编制发运凭证并发货

企业管理层要求商品仓库管理人员只有在收到经过批准的销售单时才能编制发运凭证并供货。设立这项控制程序的目的是为了防止仓库在未经授权的情况下擅自发货。因此，已批准销售单的一联通常应送达仓库，作为仓库按销售单供货和发货给装运部门的授权依据。

4. 按销售单装运货物

将供货与装运货物职责相分离，有助于避免负责装运货物的员工在未经授权的情况下装运产品。此外，装运部门员工在装运前，应对货物是否附有经批准的销售单、所发货物是否与销售单一致进行验证。

5. 向客户开具账单

开具账单是指开具并向客户寄送事先连续编号的销售发票。这项功能所针对的主要问题是：是否对所有装运的货物部开具了发票（“完整性”）；是否只对实际装运的货物开具发票，有无重复开具发票或虚开发票（“发生”）；是否按已授权批准的商品价目表所列价格计价开具发票（“准确性”）。销售发票副联通常由开具账单部门保管。

6. 记录销售

会计部门应根据销售发票等原始凭证填制记账凭证，登记应收账款和主营业务收入明细账和总账或现金、银行存款日记账，并定期向客户寄送对账单。这些控制与“发生”“完整性”“准确性”以及“计价和分摊”认定有关。

7. 办理和记录现金、银行存款收入

在货款收回时，应及时地记入现金日记账、银行存款日记账和应收账款明细账，并如数、及时地将现金存入银行。在这方面，汇款通知单起着重要的控制作用。

8. 办理和记录销售退回、销售折扣与折让

客户如果对商品不满意，销售企业一般都会同意接受退货，或给予一定的销售折让；客户如果提前支付货款，销售企业则可能会给予一定的销售折扣。此类业务应当经授权批准，并应确保与办理此事有关的部门和员工各司其职，分别控制实物流转和会计处理。

9. 提取坏账准备，注销坏账

企业应根据历史经验和相关信息，合理地估计应收账款出现坏账损失的可能性，自行确定计提坏账准备的方法、计提比例等。坏账准备的提取数应能抵补企业以后无法收回的本期销货款。对于坏账，企业应取得货款无法收回的确凿证据，经适当审批后及时进行注销。

8.1.3 销售与收款循环的内部控制与控制测试

1. 销售交易的内部控制

（1）适当的职责分离。适当的职责分离有助于防止各种错误与舞弊。在销售与收款循环中，必须分离的职务主要有：办理销售、发货、收款三项业务的部门（或岗位）分别设立；企业在销售合同订立前，应当指定专门人员就销售价格、信用政策、发货及收款方式等具体事项与客户进行谈判，谈判人员至少应有两人以上，并与订立合同的人员职责分离；编制销售发票通知单的人员与开具销售发票的人员职责分离；发货通知单的编制人员不能同时执行存货提取、产品包装和托运工作；办理销售退货验收的工作人员不能负责退货记账工作；销售人员应当避免接触销货现款；企业应收票据的取得和贴现必须经由保管票据以外的主管人员的书面批准。

（2）恰当的授权审批。对于授权审批问题，审计人员应当关注以下四个关注点上的审批程序：赊销必须经有关人员审批；未经正常审批，不得发出货物；销售价格、销售条件、运费、折扣等必须经有关人员审批；审批人应当根据销售与收款授权批准制度的规定，在授权范围内进行审批，不得超越审批权限。

（3）充分的凭证和记录。充分的凭证和记录有助于实现各项控制目标。例如，企业在收到客户订单后，编制一份预先编号的一式多联的销售单，分别用于批准赊销、审批发货、记录发货数量以及向客户开具发票等。在这种制度下，通过清点销售单和销售发票，可以避免漏开销售发票或漏记销售的情况。

（4）凭证的预先编号。预先对凭证进行编号，可以防止销售以后忘记向客户开具账单或登记入账，也可防止重复开具账单或重复记账。当然，预先编号的凭证只有经过恰当的检查复核，这一控制才会发挥效用。

（5）按月寄出对账单。由不负责现金出纳和销售及应收账款记账的人员按月向客户寄发对账单，能促使客户在发现应付账款余额不正确后及时反馈有关信息。

（6）内部核查程序。由内部审计人员或其他独立人员核查销售交易的处理和记录，是实现内部控制目标不可或缺的一项控制措施。

2. 收款交易的内部控制

（1）企业应当按照《现金管理暂行条例》《支付结算办法》等规定，及时办理销售收款业务。

（2）企业应将销售收入及时入账，不得账外设账，不得擅自坐支现金。销售人员应当避免接触销售现款。

（3）企业应当建立应收账款账龄分析制度和逾期应收账款催收制度。销售部门应当负责应收账款的催收，财会部门应当督促销售部门加紧催收。对催收无效的逾期应收账款可通过法律程序予以解决。

（4）企业应当按客户设置应收账款台账，及时登记每一客户应收账款余额增减变动情况和信用额度使用情况。对长期往来客户应当建立起完善的客户资料，并对客户资料实施动态管理，及时更新。

（5）企业对于可能成为坏账的应收账款应当报告有关决策机构，

由其进行审查，确定是否确认为坏账。企业发生的各项坏账，应查明原因，明确责任，并在履行规定的审批程序后做出会计处理。

（6）企业注销的坏账应当进行备查登记，做到账销案存。已注销的坏账又收回时应当及时入账，防止形成账外资金。

（7）企业应收票据的取得和贴现必须经由保管票据以外的主管人员的书面批准。应有专人保管应收票据，对于即将到期的应收票据，应及时向付款人提示付款；已贴现票据应在备查簿中登记，以便日后追踪管理；并应制定逾期票据的冲销管理程序和逾期票据追踪监控制度。

（8）企业应当定期与往来客户通过函证等方式核对应收账款、应收票据、预收款项等往来款项。如有不符，应查明原因，及时处理。

3. 评估重大错报风险

被审计单位可能有各种各样的收入来源，处于不同的控制环境，存在复杂的合同安排和会计核算框架问题，比如关于收入确认的时间和依据。审计人员应当考虑影响收入交易的重大错报风险，并对被审计单位经营活动中可能发生的重大错报风险保持警觉。收入交易和余额存在的重大错报风险可能包括：

（1）收入确认存在的舞弊风险。收入是利润的来源，直接关系到企业的财务状况和经营成果。有些企业可能为了完成预算，满足业绩考核要求，保证从银行获得额外的资金，吸引潜在投资者，或影响公司股价，而在财务报告中通过虚增或隐瞒收入等方式实施舞弊。

（2）收入的复杂性导致的错误。例如，被审计单位已开始采用网络销售方式，但管理层对网络销售方式可能出现的问题缺乏经验时，收入确认上就容易发生错误。

（3）发生的收入交易未能得到准确记录。

（4）期末收入交易和收款交易的截止错误。将属于下一会计期间的收入有意或无意地记入本期，或者将属于本期的收入有意或无意地记入下一会计期间，可能导致本期收入以及本期期末应收账款余额、货币资金余额和应交税费余额的高估或低估。

（5）收款未及时入账或记入不正确的账户。此种情况会造成收入的低估或账户分类错误。

（6）应收账款坏账准备的计提不准确。尤其是当欠款金额较大的几个主要客户面临财务困难，或者国外客户汇款受限时，低估应收账款坏账准备的压力更大，可能导致资产负债表中应收账款余额的高估。

在评估重大错报风险时，审计人员应当确定该风险与特定的某类交易、账户余额和披露的认定相关，还是与财务报表整体广泛相关，从而更有针对性地设计进一步的审计程序。

4. 销售与收款循环的控制测试

（1）控制测试概述。如果在评估认定层次重大错报风险时预期控制的运行是有效的，审计人员应当实施控制测试，就控制在相关期间或时点的运行有效性获取充分、适当的审计证据。在对被审计单位销售与收款交易实施控制测试时，还应注意以下几点：

①控制测试所使用的审计程序的类型主要包括询问、观察、检查和重新执行，其提供的保证程度依次递增。审计人员应当根据所测试的内部控制的特征及所需要获得的保证程度选择适当的审计程序。

②如果在期中实施了控制测试，审计人员应当在年末审计时实施适当的前推程序，就控制在剩余期间的运行情况获取证据，以确定控制是否在整个被审计期间持续运行有效。

③控制测试的范围取决于审计人员需要通过控制测试获取的保证程度。

④如果拟信赖的内部控制是由计算机执行的自动化控制，审计人员除了测试自动化应用控制的运行有效性，还需要就相关的信息技术一般控制的运行有效性获取审计证据。如果所测试的人工控制利用了系统生成的信息或报告，审计人员除了测试人工控制，还需就系统生成的信息或报告的可靠性获取审计证据。

上述有关实施销售与收款循环的控制测试时的基本要求，就其原理而言，对其他业务循环的控制测试同样适用，因此，在后面讨论其他业务循环的控制测试时将不再重复。

（2）以内部控制目标为起点的控制测试。内部控制程序和活动是企业针对需要实现的内部控制目标而设计和执行的，控制测试则是审计人员针对企业的内部控制程序和活动而实施的，因此，在审计实务中，审计人员可以考虑以被审计单位的内部控制目标为起点实施控制测试。下面按照销售与收款交易内部控制的讨论顺序，择要简单阐述销售与收款交易的控制测试。

①对于职责分离，审计人员通常通过观察被审计单位有关人员的活动，以及与这些人员进行讨论，来实施职责分离的控制测试。

②对于授权审批，内部控制通常存在前述的四个关键点上的审批程序，审计人员主要通过检查凭证在这四个关键点上是否经过审批，可以很容易地测试出授权审批方面的内部控制效果。

③对于充分的凭证和记录以及预先编号这两项控制，通常的控制测试程序是清点各种凭证。比如从主营业务收入明细账中选取样本，

追查至相应的销售发票存根，进而检查其编号是否连续，有无不正常的缺号发票和重号发票。这种测试程序可同时提供有关发生和完整性目标的证据。

④对于按月寄出对账单这项控制，观察指定人员寄送对账单并检查客户复函档案和管理层的审阅记录，是审计人员十分有效的一项控制测试。

⑤对于内部核查程序，审计人员可以通过检查内部审计人员的报告，或检查其他独立人员在他们核查的凭证上的签字等方法实施控制测试。

（3）以风险为起点的控制测试。以内部控制目标为起点的控制测试，其目的在于帮助审计人员根据具体情况设计能够实现审计目标的审计方案。在审计实务中，审计人员还可以考虑以识别的重大错报风险为起点实施控制测试。例如：销售与收款循环中最大的风险是应收账款的高估风险，因此，审计人员通常就是以应收账款的授权、职责分离、凭证控制等为核心进行的控制测试，这种测试方法就是以风险为起点的控制测试。

8.1.4 销售与收款循环的实质性程序

销售与收款循环涉及众多资产负债表和利润表项目，如应收账款、应收票据、预收款项、营业收入、营业税金及附加、营业费用、其他业务收入与支出等。本书着重介绍其中的主营业务收入、应收账款及坏账准备的实质性程序。

1. 主营业务收入审计

主营业务收入是指企业经常性的、主要业务所产生的基本收入，如制造业的销售产品、非成品和提供工业性劳务作业的收入。

（1）主营业务收入的审计目标。主营业务收入的审计目标一般包括：确定利润表中记录的主营业务收入是否已发生，且与被审计单位有关；确定所有应当记录的主营业务收入是否均已记录；确定与主营业务收入有关的金额及其他数据是否已恰当记录，包括对销售退回、销售折扣与折让的处理是否适当；确定主营业务收入是否已记录于正确的会计期间；确定主营业务收入是否已按照企业会计准则的规定在财务报表中作出恰当列报。

（2）主营业务收入的实质性程序。

①获取主营业务收入明细表，复核加计是否正确，并与总账数和明细账合计数核对是否相符；检查以非记账本位币结算的主营业务收

入使用的折算汇率及折算是否正确。

②运用实质性分析程序。审计人员针对已识别需要运用分析程序的有关项目，并基于对被审计单位及其环境的了解，通过进行一系列比较，同时考虑有关数据间关系的影响，以建立有关数据的期望值。同时确定可接受的差异额，并将实际的情况与期望值相比较，识别需要进一步调查的差异。如果其差额超过可接受的差异额，调查并获取充分的解释和恰当的佐证审计证据，评估分析程序的测试结果。

③检查主营业务收入的确认方法是否符合《企业会计准则》的规定。企业商品销售收入应在下列条件均能满足时予以确认：企业就该商品享有现时收款权利；企业已将该商品的法定所有权转移给客户；企业已将该商品实物转移给客户，客户已接受该商品；企业已将商品所有权上的主要风险和报酬转移给客户等。

④核对收入交易的原始凭证与会计分录。以主营业务收入明细账中的会计分录为起点，检查相关原始凭证如订购单、销售单、发运凭证、发票等，以评价已入账的营业收入是否真实发生。检查订购单和销售单，用以确认存在真实的客户购买要求，销售交易已经过适当的授权批准。销售发票存根上所列的单价与经过批准的商品价目表进行比较核对，对其金额小计和合计数也要进行复算。发票中列出的商品的规格、数量和客户代码等，则应与发运凭证进行比较核对，尤其是由客户签收商品的一联，确定已按合同约定完成交易，可以确认收入。同时，还要检查原始凭证中的交易日期，以确认收入计入了正确的会计期间。

⑤从发运凭证中选取样本，追查至主营业务收入明细账，以确定是否存在遗漏事项（完整性认定）。采用此程序时，审计人员必须能够确信全部发运凭证均已归档，这一点一般可以通过检查发运凭证的顺序编号来查明。

⑥结合对应收账款实施的函询程序，选择主要客户函证本期销售额。

⑦实施销售截止测试。截止测试的目的主要在于确定被审计单位主营业务收入的会计记录归属期是否正确，应计入本期或下期的主营业务收入是否被推迟至下期或提前至本期。在审计实务中，审计人员可以考虑选择两条审计路线实施主营业务收入的截止测试：

一是以账簿记录为起点。从资产负债表日前后若干天的账簿记录查至记账凭证和客户签收的发运凭证，目的是证实已入账收入是否在同一期间已发货并由客户签收，有无多记收入。

二是以发运凭证为起点。从资产负债表日前后若干天的已经客户签收的发运凭证查至账簿记录，确定主营业务收入是否已记入恰当的会计期间。

⑧对存在销货退回的，检查相关手续是否符合规定，结合原始销售凭证检查其会计处理是否正确，结合存货项目审计关注其真实性。

⑨检查销售折扣与折让。企业销售折扣与折让影响对收入的计量。审计人员应获取折扣与折让明细表，复核加计正确，并与明细账合计数核对相符。了解被审计单位有关折扣与折让的政策和程序，抽查其授权批准情况，与实际执行情况核对是否相符，并检查折扣与折让的会计处理是否正确。

⑩确定主营业务收入在财务报表中的列报和披露是否符合企业会计准则的规定。

2. 应收账款审计

应收账款是企业因销售商品或提供劳务而形成的债权，即由于企业销售商品或提供劳务等原因，应向购货客户或接受劳务的客户收取的款项。

（1）应收账款的审计目标。应收账款的审计目标一般包括：确定资产负债表中记录的应收账款是否存在；确定应收账款是否归被审计单位拥有或控制；确定所有应当记录的应收账款是否均已记录；确定应收账款是否可收回，坏账准备的计提方法和比例是否恰当，计提是否充分；确定应收账款及其坏账准备是否在财务报表上作出恰当列报。

（2）应收账款的实质性程序。

①取得应收账款明细表。复核加计正确，并与总账数和明细账合计数核对是否相符，结合坏账准备科目与报表数核对是否相符。检查非记账本位币应收账款的折算汇率及折算是否正确。分析有贷方余额的项目，查明原因，必要时建议作重分类调整。结合其他应收款、预收款项等往来项目的明细余额，调查有无同一客户多处挂账、异常余额或与销售无关的其他款项，如有，应做出记录，必要时提出调整建议。

②分析与应收账款相关的财务指标。复核应收账款借方累计发生额与主营业务收入关系是否合理，并将当期应收账款借方发生额占销售收入净额的百分比与管理层考核指标和被审计单位相关赊销政策比较，如存在异常应查明原因。计算应收账款周转率、应收账款周转天数等指标，并与被审计单位赊销政策、以前年度指标、同行业同期相关指标对比，分析是否存在重大异常并查明原因。

③检查应收账款账龄分析是否正确。审计人员可以通过查看应收

账款账龄分析表来了解和评估应收账款的可收回性。

④对应收账款实施函证程序。函证的目的是为了证实应收账款账户余额的真实性、正确性，防止或发现被审计单位及其有关人员在销售业务中发生差错或弄虚作假、营私舞弊。通过第三方提供的函证，可以有力地证明被询证者的存在和被审计单位记录的可靠性。

函证范围是由诸多因素决定的，主要有：应收账款在全部资产中的重要程度、被审计单位内部控制的强弱、以前期间的函证结果等。

一般情况下，审计人员应选择以下项目作为函证对象：大额或账龄较长的项目；与债务人发生纠纷的项目；重大关联方项目；主要客户（包括关系密切的客户）项目；新增客户项目；交易频繁但期末余额较小甚至为零的项目；可能产生重大错报或舞弊的非正常的项目。

函证方式分为积极式函证和消极式函证两种，也可将两种方式结合使用。由于应收账款通常存在高估风险，且与之相关的收入确认存在舞弊风险，因此，实务中通常对应收账款采用积极的函证方式。

发函的最佳时间应是资产负债表日后适当的时间，并同时考虑对方复函的时间，尽可能做到在审计人员的审计工作结束前取得函证的全部资料。

对回函中出现的不符事项，审计人员需要调查核实原因，确定其是否构成错报。产生不符事项的原因有三：一是双方登记入账的时间不同；二是一方或双方记账错误；三是被审计单位的舞弊行为。因登记入账的时间不同而产生的不符事项主要表现为：询证函发出时，客户已经付款，而被审计单位尚未收到货款；询证函发出时，被审计单位的货物已经发出并已作销售记录，但货物仍在途中，客户尚未收到货物；客户由于某种原因将货物退回，而被审计单位尚未收到；客户对收到的货物的数量、质量及价格等有争议而全部或部分拒付货款等。

如果未收到被询证方的回函，审计人员应实施替代审计程序。例如：检查资产负债表日后收回的货款，要求审计人员不能仅查看应收账款的贷方发生额，而是要查看相关的收款单据，以证实付款方确为该客户且确与资产负债表日的应收账款相关；检查相关的销售合同、销售单、发运凭证等文件，审计人员需要根据被审计单位的收入确认条件和时点，确定能够证明收入发生的凭证；检查被审计单位与客户之间的往来邮件，如有关发货、对账、催款等事宜的邮件。

⑤对应收账款余额实施函证以外的细节测试。在未实施应收账款

函证的情况下（例如，由于实施函证不可行），审计人员需要实施其他审计程序获取有关应收账款的审计证据。这种程序通常与上述未收到回函情况下实施的替代程序相似。

⑥检查坏账的冲销和转回。首先，审计人员应检查有无债务人破产或者死亡的，以及破产或以遗产清偿后仍无法收回的，或者债务人长期未履行清偿义务的应收账款；其次，应检查被审计单位坏账的处理是否经授权批准，有关会计处理是否正确。

⑦确定应收账款的列报是否恰当。除了企业会计准则要求的披露之外，如果被审计单位为上市公司，审计人员还要评价其披露是否符合证券监管部门的特别规定。

【例 8－1】 审计人员在对 ABC 公司 2017 年应收账款审计时，对截至 2017 年 11 月 30 日的应收账款实施了函证程序。在复函中，有 5 位客户提出了以下意见：

（1）本公司资料处理系统无法复核贵公司的对账单。

（2）所欠余额 200 000 元已于 2017 年 11 月 20 日付讫。

（3）经查，贵公司 11 月 30 日的第 30452 号发票（金额为 23 400 元）系目的地交货，本公司收货日期为 12 月 5 日，因此，询证函所称 11 月 30 日欠贵公司账款之事与事实不符。

（4）本公司曾于 10 月份预付货款 1 000 000 元，足以抵付对账单中所列两张发票的金额 80 000 元。

（5）所购货物从未收到。

【解答】针对以上 5 种情况，审计人员应分别进行如下处理：

（1）此种情况下应采取替代程序，主要是审查客户订购单、购销合同、销售单、发运凭证、收款凭证等文件和资料，验证构成应收账款的销货交易是否确实发生。

（2）这种情况可能是由于时间差异造成的，审计人员应审查收款凭证，看货款是否收到及收到的日期。如果货款在函证日之前已收到，则可能是记账错误，即收到货款时贷记另一客户的明细账户，审计人员应审查账户记录并对贷记的账户进行函证。

（3）此种情况很有可能是被审计单位在货物所有权尚未转移前就认定为销售实现。审计人员应审查销货发票和有关的购销合同、协议。

（4）审计人员应查明预收货款是否确实收到并已入账，如查明确能抵付，应提请客户进行相应的账务处理。

（5）审核货运文件等资料以查明货物是否确已运出。如确已运出，应将发运凭证送请客户重新查证，如确实未运出，应提请公司作调账处理。

3. 坏账准备审计

坏账是指企业无法收回或收回的可能性极小的应收款项（包括应收账款和其他应收款）。由于发生坏账而产生的损失称为坏账损失。企业通常采用备抵法估计坏账损失，形成坏账准备。坏账准备的实质性程序包括：

（1）取得坏账准备明细表，复核加计是否正确，与坏账准备总账数、明细账合计数核对是否相符。

（2）将应收账款坏账准备本期计提数与资产减值损失相应明细项目的发生额核对是否相符。

（3）检查应收账款坏账准备计提和核销的批准程序，取得书面报告等证明文件，评价计提坏账准备所依据的资料、假设及方法。

（4）实际发生坏账损失的，检查转销依据是否符合有关规定，有无授权批准，会计处理是否正确。

（5）已经确认并转销坏账重新收回的，检查其会计处理是否正确。

（6）确定应收账款坏账准备的披露是否恰当。企业应当在财务报表附注中清晰地说明坏账的确认标准、坏账准备的计提方法和计提比例。

【例8－2】某企业资产负债表年末“应收账款”借方余额为200万元。其所属明细账有借方余额的合计数为300万元，有贷方余额的合计数为100万元。该企业年末“预收账款”总账贷方余额100万元，其所属明细账有贷方余额的合计数为150万元，有借方余额的合计数为50万元。该企业根据“应收账款”总账年末余额2 000 000×3%＝60 000（元）计提坏账准备，坏账准备账户无余额。要求：对坏账准备的计提予以审计。

【解答】该企业采用余额百分比法即按“应收账款”年末余额乘以百分比计提坏账准备，但该企业直接用年末应收账款总额200万元计提有错误，而应该以所属明细账借方余额合计数300万元加预收账款所属明细账借方余额的合计数50万元，共350万元作为应收账款年末余额，则应提取坏账准备为3 500 000×3%＝105 000（元）。由于坏账准备计入管理费用，则损益表中“管理费用”应调增45 000元，税前利润调减45 000元，同时调整所得税费用及相关项目账户。如果上年财务报表已报出，上述情况作为期后事项调整，应借记“以前年度损益调整”，贷记“坏账准备”账户作调整账务处理。

8.2 采购与付款循环的审计

采购与付款循环是企业生产经营的一个重要内容，也是审计人员对被审计单位财务报表进行审计的重要内容。根据财务报表项目与业务循环的相关程度，采购与付款循环所涉及的资产负债表项目主要有预付账款、固定资产、累计折旧、固定资产减值准备、工程物资、固定资产清理、应付票据和应付账款等。

8.2.1 涉及的主要单据和会计记录

典型的采购与付款循环所涉及的单据和会计记录主要有以下几种：(1) 采购计划；(2) 供应商清单；(3) 请购单；(4) 订购单；(5) 验收及入库单；(6) 卖方发票；(7) 付款凭单；(8) 转账凭证；(9) 付款凭证；(10) 应付账款明细账；(11) 库存现金日记账和银行存款日记账；(12) 供应商对账单。

8.2.2 涉及的主要业务

1. 制定采购计划

根据企业的生产经营计划，生产、仓库等部门定期编制采购计划，经部门负责人等适当的管理人员审批后提交采购部门，具体安排商品及服务采购。

2. 供应商认证及信息维护

企业通常对于合作的供应商事先进行资质等审核，将通过审核的供应商信息录入系统，形成完整的供应商清单，并及时对其信息变更进行更新。采购部门只能向通过审核的供应商进行采购。

3. 请购商品和劳务

企业采购货物，应首先提出请购申请，并经过对这类支出预算负责的主管人员签字批准。请购单是证明有关采购交易的“发生”认定的凭据之一，也是采购交易轨迹的起点。

4. 编制订购单

采购部门在收到请购单后，只能对经过批准的请购单发出订购单。其订购单需预先编号并经过被授权的采购人员的签名，应独立检查订购单编制的正确性和随后处理，以确定是否确实收到商品并正确入账。这项检查与采购交易的“完整性”和“发生”认定有关。

5. 验收商品

验收部门应比较所收商品与订购单上的要求是否相符，并编制一式多联、预先按顺序编号的验收单。验收单是支持资产或费用以及与采购有关的负债的“存在或发生”认定的重要凭证。定期独立检查验收单的顺序以确定每笔采购交易都已编制凭单，则与采购交易的“完整性”认定有关。

6. 储存已验收的商品

将已验收商品的保管与采购的其他职责分离，可减少未经授权的采购和盗用商品的风险。存放商品的仓储区应相对独立，并限制无关人员接近。这些控制与商品的“存在”认定有关。

7. 编制付款凭单

付款部门在收到发票后，应编制付款凭单。所有未付凭单的副联应保存在未付凭单档案中，以待日后付款。经适当批准和预先编号的凭单为记录采购交易提供了依据，因此，这些控制与“存在”“发生”“完整性”“权利和义务”“计价和分摊”认定有关。

8. 确认与记录负债

正确确认已验收的货物和已接受劳务的债务，要求准确、及时地记录负债。应付账款确认与记录的一项重要控制是要求记录现金支出的人员不得经手现金、有价证券和其他资产。

9. 办理付款

付款部门负责确定未付凭单在到期日根据付款条件向供货单位付款，同时根据不同款项结算方式，据以登记银行存款日记账及其他有关账簿。这些控制与现金支出交易的“存在”“发生”“完整性”“计价和分摊”认定有关。

10. 记录现金、银行存款支出

会计部门应该根据签发的支票编制付款记账凭证，并据以登记银行存款日记账及其他相关账簿。

8.2.3 采购与付款循环的内部控制与控制测试

1. 采购交易的内部控制

（1）适当的职责分离。适当的职责分离有助于防止各种有意或无意的错误。企业应当建立采购与付款交易的岗位责任制，明确相关部门和岗位的职责、权限，确保办理采购与付款交易的不相容岗位相互分离、制约和监督。采购与付款交易不相容岗位至少包括：请购与审批；询价与确定供应商；采购合同的订立与审批；采购与验收；采购、验收与相关会计记录；付款审批与付款执行。

（2）恰当的授权批准。付款需要由经授权的人员审批，审批人员在审批前需检查相关支持文件，并对其发现的例外事项进行跟进处理。

（3）凭证的预先编号及对例外报告的跟进处理。通过对入库单的预先编号及对例外情况的汇总处理，被审计单位可以应对存货和负债记录方面的完整性风险。

2. 付款交易的内部控制

（1）企业应当按照《现金管理暂行条例》《支付结算办法》和《内部会计控制规范——货币资金（试行）》等规定办理采购付款业务。

（2）企业财会部门在办理付款业务时，应当对采购发票、结算凭证、验收证明等相关凭证的真实性、完整性、合法性及合规性进行严格审核。

（3）企业应当建立预付账款和定金的授权批准制度，加强预付账款和定金的管理。

（4）企业应当加强应付账款和应付票据的管理，由专人按照约定的付款日期、折扣条件等管理应付款项。已到期的应付款项需经有关授权人员审批后方可办理结算与支付。

（5）企业应当建立退货管理制度。对退货条件、退货手续、货物出库、退货货款回收等做出明确规定，及时收回退货款。

（6）企业应当定期与供应商核对应付账款、应付票据、预付款项等往来款项。如有不符，应查明原因，及时处理。

3. 评估重大错报风险

在实施控制测试和实质性程序之前，审计人员需要了解被审计单位采购与付款交易和相关余额的内部控制的设计、执行情况，评估认定层次和财务报表重大错报风险，并对被审计单位特殊的交易活动和可能影响财务报表真实反映的事项保持职业怀疑态度。这将影响到审计人员决定采取何种适当的审计方法。影响采购与付款交易和余额的重大错报风险可能包括：

（1）低估负债或相关准备。在承受反映较高盈利水平和营运资本的压力下，被审计单位管理层可能试图低估应付账款和准备，包括对存货和应收账款减值以及对已售商品提供的担保应计提的准备。重大错报风险常常集中体现在：

①遗漏交易，例如未记录已收取货物但尚未收到发票的采购相关的负债或未记录尚未付款的已经购买的服务支出等。

②采用不正确的费用支出截止期，例如将本期的支出延迟到下期确认。

③将应当及时确认损益的费用性支出资本化，然后通过资产的逐步摊销予以消化等。这些将对完整性、截止、发生、存在、准确性和分类认定产生影响。

（2）管理层错报负债费用支出的偏好和动因。被审计单位管理层可能为了完成预算，满足业绩考核要求，保证从银行获得资金，吸引潜在投资者，误导股东，影响公司股价等动机，通过操纵负债和费用的确认控制损益。例如：

①平滑利润。通过多计准备或少计负债和准备，把损益控制在被审计单位管理层希望的程度。

②利用特别目的实体把负债从资产负债表中剥离，或利用关联方之间的费用定价优势制造虚假的收益增长趋势。

③被审计单位管理层把私人费用计入企业费用，把企业资金当作私人资金运作。

（3）费用支出的复杂性。例如，被审计单位开始在国外开展销售交易，管理层对于可能遭遇的问题解决经验有限，甚至不具备进行正确交易的能力。这可能导致费用支出分配的错误、外币换算错误和准备计提的错误。

（4）不正确地记录外币交易。当被审计单位进口用于出售的商品时，可能由于采用不恰当的外币汇率而导致该项采购的记录出现差错。此外，还存在未能将诸如运费、保险费和关税等与存货相关的进口费用进行正确分摊的风险。

（5）舞弊和盗窃的固有风险。如果被审计单位经营大型零售业务，由于所采购商品和固定资产的数量及支付的款项庞大，交易复杂，容易造成商品发运错误，员工和客户发生舞弊和盗窃的风险较高。如果那些负责付款的会计人员有权接触应付账款主文档，并能够通过在应付账款主文档中擅自添加新的账户来虚构采购交易，风险也会增加。

（6）存在未记录的权利和义务。这可能导致资产负债表分类错误以及财务报表附注不正确或披露不充分。

4. 控制测试

（1）以内部控制目标为起点的控制测试。表8－1以内部控制目标和相关认定为起点，列示了相应的关键内部控制、常用的控制测试和实质性程序的关系。

表 8－1　采购交易的内部控制目标、关键内部控制和测试一览表

内部控制目标	关键的内部控制	常用的控制测试	常用的实质性程序
所记录的采购都确已收到商品或已接受劳务（发生）	请购单、订购单、验收单和卖方发票一应俱全，并附在付款凭单后。 购货按正确的级别批准。 注销凭证以防止重复使用。 对卖方发票、验收单、订货单和请购单作内部核查	查验付款凭单后是否附有完整的相关单据。 检查批准采购的标记。 检查注销凭证的标记。 检查内部核查的标记	复核采购明细账、总账及应付账款明细账，注意是否有大额或不正常的金额。 检查卖方发票、验收单、订货单和请购单的合理性和真实性。 追查存货的采购至存货永续盘存记录。 检查取得的固定资产采购合同、发票
已发生的采购交易均已记录（完整性）	订购单均经事先连续编号并将已完成的采购登记入账。 验收单均经事先连续编号并已登记入账。 应付凭单均经事先连续编号并已登记入账	检查订购单连续编号的完整性。 检查验收单连续编号的完整性。 检查应付凭单连续编号的完整性	从验收单追查至采购明细账。 从卖方发票追查至采购明细账
所记录的采购交易估价正确（准确性、计价和分摊）	对计算准确性进行内部查核。 采购价格和折扣的批准	检查内部核查的标记。 审核批准采购价格和折扣的标记	将采购明细账中记录的交易同卖方发票、验收单和其他证明文件比较。 复算包括折扣和运费在内的卖方发票填写金额的准确性
采购交易的分类正确（分类）	采用适当的会计科目表。 分类的内部核查	审查工作手册和会计科目表。 检查有关凭证上内部核查的标记	参照卖方发票，比较会计科目表上的分类
采购交易按正确的日期记录（截止）	要求收到商品或接受劳务后及时记录采购交易。 内部核查	检查工作手册并观察有无未记录的卖方发票存在。 检查内部核查的标记	将验收单和卖方发票上的日期与采购明细账中的日期进行比较
采购交易被正确记入应付账款和存货等明细账中，并准确汇总（准确性、计价和分摊）	应付账款明细账内容的内部核查	检查内部核查的标记	通过加计采购明细账，追查过入采购总账和应付账款、存货明细账的数额是否准确，用以测试过账和汇总的准确性

（2）以风险为起点的控制测试。在审计实务中，审计人员还可以以识别重大错报风险为起点实施控制测试。例如在订购商品和劳务时，可能面临订购的商品或劳务未被提供的风险，旨在降低此风险的计算机控制是计算机自动对所有发出的订单事先编号，并与随后的采购入库通知单和供应商发票进行对比，对比不符的订购单被单独打印；旨在降低此风险的人工控制是长期未执行的订购单被记录于未执行的订购单文件上，并采取跟进行动；相应的控制测试程序包括询问并检查文件，以证实对未执行的订购单的跟进情况。

8.2.4 采购与付款循环的实质性程序

采购与付款交易的主要重大错报风险一是低估费用和应付账款，从而高估利润、粉饰财务状况；二是采购的商品和资产被错误分类，即对本应资本化的予以费用化，或对本应费用化的资本化。这都将影响利润和资产或负债。此外，对于付款交易，还应关注被审计单位是否存在未经授权或无效的付款，是否将应计入费用的付款有意无意地冲销了不相关的应付账款。针对这些重大错报风险应实施实质性程序，以获取与多项认定相关的审计证据。本书着重介绍应付账款的实质性程序。

1. 应付账款的审计目标

应付账款的审计目标一般包括：确定资产负债表中记录的应付账款是否存在；确定所有应当记录的应付账款是否均已记录；确定资产负债表中记录的应付账款是否为被审计单位应当履行的现时义务；确定应付账款是否以恰当的金额包括在财务报表中，与之相关的计价调整是否已恰当记录；确定应付账款是否已按照企业会计准则的规定在财务报表中作出恰当列报。

2. 应付账款的实质性程序

（1）获取或编制应付账款明细表。审计人员应从被审计单位取得或自己编制应付账款明细表，复核加计数额是否正确，并与报表数、总账数和明细账合计数核对是否相符。检查用非记账本位币结算的应付账款的折算是否正确。分析出现借方余额的项目，查明原因，必要时建议作重分类调整。结合预付账款、其他应付款等往来项目的明细余额，调查有无同挂的项目、异常余额或与购货无关的其他款项（如关联方账户或雇员账户），如有，应做出记录，必要时建议作调整。

（2）函证应付账款。获取适当的供应商相关清单，例如本期采购量清单、所有现存供应商名单或应付账款明细账。询问该清单是否完整并考虑该清单是否应包括预期负债等附加项目。选取样本进行测试并执行如下程序：

①向债权人发送询证函。审计人员应根据审计准则的规定对询证函保持控制，包括确定需要确认或填列的信息、选择适当的被询证者、设计询证函，包括正确填列被询证者的姓名和地址，以及被询证者直接向审计人员回函的地址等信息，必要时再次向被询证者寄发询证函等。

②将询证函余额与已记录金额相比较，如存在差异，检查支持性文件。评价已记录金额是否适当。

③对于未作回复的函证实施替代程序。例如检查至付款文件（如现金支出、电汇凭证和支票复印件）、相关的采购文件（如采购订单、验收单、发票和合同）或其他适当文件。

④如果认为回函不可靠，评价对评估的重大错报风险以及其他审计程序的性质、时间安排和范围的影响。

（3）检查应付账款是否计入了正确的会计期间，是否存在未入账的应付账款。

①对本期发生的应付账款增减变动，检查至相关支持性文件，确认会计处理是否正确。

②检查资产负债表日后应付账款明细账贷方发生额的相应凭证，关注其验收单、购货发票的日期，确认其入账时间是否合理。

③获取并检查被审计单位与其供应商之间的对账单以及被审计单位编制的差异调节表，确定应付账款金额的准确性。

④针对资产负债表日后付款项目，检查银行对账单及有关付款凭证（如银行汇款通知、供应商收据等），询问被审计单位内部或外部的知情人员，查找有无未及时入账的应付账款。

⑤结合存货监盘程序，检查被审计单位在资产负债表日前后的存货入库资料（验收报告或入库单），检查相关负债是否计入了正确的会计期间。

（4）寻找未入账负债的测试。获取期后收取、记录或支付的发票明细，包括获取支票登记簿/电汇报告/银行对账单（根据被审计单位情况不同）以及入账的发票和未入账的发票。从中选取项目（尽量接近审计报告日）进行测试并实施以下程序：

①检查支持性文件，如相关的发票、采购合同/申请、收货文件以及接受劳务明细，以确定收到商品/接受劳务的日期及应在期末之前入账的日期。

②追踪已选取项目至应付账款明细账、货到票未到的暂估入账和/

或预提费用明细表，并关注费用所计入的会计期间；调查并跟进所有已识别的差异。

③评价费用是否被记录于正确的会计期间，并相应确定是否存在期末未入账负债。

(5) 检查应付账款长期挂账的原因并作出记录，对确实无需支付的应付账款的会计处理是否正确。

(6) 检查应付关联方款项的真实性、完整性。

(7) 检查应付账款是否已按照企业会计准则的规定在财务报表中作出恰当列报和披露。

8.3 生产与存货循环的审计

以制造业为例，生产与存货循环由将原材料转化为产成品的有关活动组成。该循环包括制定生产计划，控制、保持存货水平以及与制造过程相关的交易和事项。涉及领料、生产加工、销售产成品等主要环节。

8.3.1 涉及的主要凭证和会计记录

生产与存货循环所涉及的凭证和记录主要包括：(1) 生产指令；(2) 领发料凭证；(3) 产量和工时记录；(4) 工薪汇总表及工薪费用分配表；(5) 材料费用分配表；(6) 制造费用分配汇总表；(7) 成本计算单；(8) 产成品入库单和出库单；(9) 存货明细账；(10) 存货盘点指令、盘点表及盘点标签；(11) 存货货龄分析表。

8.3.2 涉及的主要业务

同样以制造业为例，业务活动通常涉及生产计划部门、仓库、生产部门、人事部门、销售部门、会计部门等。生产与存货循环所涉及的主要业务活动包括：

(1) 计划和安排生产。生产计划部门的职责是根据顾客订单或者对销售预测和产品需求的分析来决定生产授权。如决定授权生产，即签发预先编号的生产通知单。该部门通常应将发出的所有生产通知单编号并加以记录控制。

（2）发出原材料。仓库部门的责任是根据从生产部门收到的领料单发出原材料。领料单上必须列示所需的材料数量和种类，以及领料部门的名称。

（3）生产产品。生产部门在收到生产通知单及领取原材料后，便将生产任务分解到每一个生产工人，并将所领取的原材料交给生产工人，据以执行生产任务。生产工人在完成生产任务后，将完成的产品交生产部门查点，然后转交检验员验收并办理入库手续；或是将所完成的产品移交下一个部门，作进一步加工。

（4）核算产品成本。为了正确核算并有效控制产品成本，必须建立健全成本会计制度，将生产控制和成本核算有机结合在一起。一方面，生产过程中的各种记录、生产通知单、领料单、计工单、入库单等文件资料都要汇集到会计部门，由会计部门对其进行检查和核对，了解和控制生产过程中存货的实物流转；另一方面，会计部门要设置相应的会计账户，会同有关部门对生产过程中的成本进行核算和控制。

（5）储存产成品。产成品入库，须由仓库部门先行点验和检查，然后签收。签收后，将实际入库数量通知会计部门。

（6）发出产成品。产成品的发出须由独立的发运部门进行。装运产成品时必须持有经有关部门核准的发运通知单，并据此编制出库单。

（7）存货盘点。管理人员编制盘点指令，安排适当人员对存货实物进行定期盘点，将盘点结果与存货账面数量进行核对，调查差异并进行适当调整。

（8）计提存货跌价准备。财务部门根据存货货龄分析表信息及相关部门提供的有关存货状况的信息，结合存货盘点过程中对存货状况的检查结果，对出现毁损、滞销、跌价等降低存货价值的情况进行分析计算，计提存货跌价准备。

8.3.3 生产与存货循环的内部控制与控制测试

1. 生产与存货循环的内部控制

生产与存货循环的内部控制可包括两大控制系统：一是存货的内部控制；二是成本会计制度的内部控制。

（1）存货的内部控制。在生产循环中，产品的品种和数量一般是根据顾客订单、销货合同、市场预测及预测的经济批量来确定的，并由生产控制部门确定并下达生产计划和通知单。依据存货内部控制的要求，各个生产环节部门必须制定严格的责任规则，由监控人员从生产领料开始到产品完工入库为止的全过程进行有效的控制，以避免生产脱节、在产品积压、交接班岗位责任不清、违章操作造成的残次品、材料物资的丢失毁损等。此外，生产部门还应及时编制生产报告，通知仓库保管部门、会计部门，保证财产物资的安全。

（2）成本会计制度的内部控制。其具体内容包括：制定成本控制制度，明确成本开支范围、开支标准；建立各项支出的手续批准、审核制度；设置相应的会计账户，选择适当的成本计算方法；合理归集与分配各项费用，确定产品生产成本；对各项费用的归集与分配结果进行复核；定期进行成本分析，查明企业成本变动的趋势和原因等。

2. 评估重大错报风险

以制造类企业为例，影响生产与存货交易和余额的重大错报风险可能包括：

（1）交易的数量和复杂性。制造类企业交易的数量庞大，业务复杂，这就增加了错误和舞弊的风险。

（2）成本基础的复杂性。制造类企业的成本基础是复杂的。虽然原材料和直接人工等直接费用的分配比较简单，但间接费用的分配就可能较为复杂，并且，同一行业中的不同企业也可能采用不同的认定和计量基础。

（3）产品的多元化。这可能要求聘请专家来验证其质量、状况或价值。另外，计算库存存货数量的方法也可能是不同的。例如，计量煤堆、筒仓里的谷物或糖、钻石或者其他贵重的宝石、化工品和药剂产品的存储量的方法都可能不一样。这并不是要求审计人员每次清点存货都需要专家配合，如果存货容易辨认，存货数量容易清点，就无需专家帮助。

（4）某些存货项目的可变现净值难以确定。例如价格受全球经济供求关系影响的存货，由于其可变现净值难以确定，会影响存货采购价格和销售价格的确定，并将影响审计人员对与存货计价认定有关的风险进行的评估。

（5）将存货存放在很多地点。大型企业可能将存货存放在很多地点，并且可以在不同的地点之间配送存货，这将增加商品途中毁损或遗失的风险，或者导致存货在两个地点被重复列示，也可能产生转移定价的错误或舞弊。

（6）寄存的存货。有时候存货虽然还存放在企业，但可能已经不归企业所有。反之，企业的存货也可能被寄存在其他企业。

3. 生产与存货循环的控制测试

审计人员在调查了解生产与存货循环的内部控制和管理程序的基础上，主要进行以下的控制测试：

（1）检查不相容职责的分离。检查采购部门与保管部门、计划部门与生产部门关于存货的保管与盘点、生产与验收、保管与记录、存储与销售等是否相互独立，并对被审计单位控制环境和会计准则应用进行评价。

（2）抽查部分存货的入库和出库业务，并追踪其业务处理。审计人员根据重要性原则，抽取部分业务文件，测试各控制环节的执行情况，以查明授权、审核、计量、记录等各个控制环节是否真正发挥了作用。

（3）抽查盘点记录。通过对存货项目的盘点，定期检查永续盘存制。通常，审计人员应抽取若干月份的盘点记录，审查盘点的范围、组织方式、盘点结果与账面金额是否一致，盘点是否由被审计单位内部审计人员或仓库保管以外的人员监督执行。

（4）审查产品生产、成本管理制度执行情况以及成本核算和会计入账环节。检查被审计单位是否编制生产计划或进行预算控制，检查生产通知单是否连续编号，检查成本归口分级管理制度的执行情况，同时检查有关原始凭证，以判明其完整性、及时性和正确性。审阅生产与存货循环会计科目是否健全，检查成本会计核算是否合理，抽查料、工、费分配的合理性，抽查成本计算单并检查其记录的正确性，选择若干标准成本与实际成本差异较大的账户，检查其差异调整有无差异分析记录和被授权人批准，观察有无独立人员检查账簿记录的正确性。

（5）评价生产与存货循环的内部控制。审计人员应确定生产与存货循环内部控制的可信赖程度及存在的薄弱环节和缺点，据以确认实质性程序的范围和重点，以降低审计风险。

8.3.4 生产与存货循环的实质性程序

以下针对实务中常见的存货的实质性程序进行阐述。

1. 存货的审计目标

存货的审计目标一般包括：确定存货账面余额对应的实物是否真实存在；确定属于被审计单位的存货是否均已入账；确定存货是否属于被审计单位；确定存货成本的计量是否准确；确定存货的账面价值是否可以实现。

2. 存货的一般审计程序

(1) 获取年末存货余额明细表，复核单项存货金额的计算和明细表的加总计算是否准确，并将本年末存货余额与上年末存货余额进行比较，总体分析变动原因。

(2) 实施实质性分析程序。存货的实质性分析程序中较常见的是对存货周转天数的实质性分析程序，过程如下：

①根据对被审计单位的经营活动、供应商、贸易条件、行业惯例和行业现状的了解，确定存货周期天数的预期值。

②根据对本期存货余额组成、实际经营情况、市场状况、存货采购情况等的了解，确定可接受的差异额。

③计算实际存货周转天数和预期周转天数的差异。

④通过询问管理层和相关员工，调查存在重大差异的原因，并评估差异是否表明存在重大错报风险，是否需要设计恰当的细节测试程序以识别和应对重大错报风险。

3. 存货的监盘

定期盘点存货，合理确定存货的数量和状况是被审计单位管理层的责任。实施存货监盘，获取有关期末存货数量和状况的充分、适当的审计证据是审计人员的责任。

(1) 存货监盘计划。审计人员应当根据被审计单位存货的特点、盘存制度和存货内部控制的有效性等情况，在评价被审计单位管理层制定的存货盘点程序的基础上，编制存货监盘计划，对存货监盘作出合理安排。在编制存货监盘计划时，审计人员需要考虑以下事项：与存货相关的重大错报风险；与存货相关的内部控制的性质；对存货盘点是否制定了适当的程序，并下达了正确的指令；存货盘点的时间安排；被审计单位是否一贯采用永续盘存制；存货的存放地点（包括不同存放地点的存货的重要性和重大错报风险），以确定适当的监盘地点；是否需要专家协助。

审计人员制订的存货监盘计划主要包括以下内容：存货监盘的目标、范围及时间安排；存货监盘的要点及关注事项；参加存货监盘人员的分工；抽盘存货的范围。

(2) 存货监盘程序。在存货盘点现场实施监盘时，审计人员应当实施下列审计程序：①评价管理层用以记录和控制存货盘点结果的指令和程序；②观察管理层制定的盘点程序（如对盘点时及其前后的存货移动的控制程序）的执行情况；③检查存货；④执行抽盘；⑤需要特别关注的情况，包括明确存货盘点范围以及要求审计人员运用职业判断对特殊类型存货进行监盘；⑥存货监盘结束时的工作。

4. 存货计价测试

存货的监盘程序只能对存货的结存数量予以确认，为验证财务报表上存货余额的真实性，还必须对存货的计价进行审计，存货计价测试包括两方面，一是被审计单位所使用的的存货单位成本是否正确，二是是否恰当计提了存货跌价损失准备。

在对存货的计价实施细节测试之前，审计人员通常先要了解被审计单位年度的存货计价方法与以前年度是否保持一致。如发生变化，变化的理由是否合理，是否经过适当的审批。

（1）存货单位成本测试。针对原材料的单位成本，审计人员通常基于企业的原材料的计价方法（如先进先出法、加权平均法等）结合原材料的历史购买成本，测试其账面成本是否准确，测试程序包括核对原材料采购的相关凭证（主要是与价格相关的凭证，如合同、采购订单、发票等）以及验证原材料计价方法的运用是否正确。针对产成品和在产品的单位成本，审计人员需要对成本核算过程实施测试，包括直接材料成本测试、直接人工成本测试、制造费用测试和生产成本在当期完工产品与在产品之间分配的测试。

（2）存货跌价损失准备的测试。审计人员在测试存货跌价损失准备时，需要从两个方面进行测试：一是识别需要计提存货跌价损失准备的存货项目，防止遗漏；二是检查可变现净值的计量是否合理，金额是否正确。

知 识 拓 展

存货监盘的审计风险因素分析

存货监盘的主要目的是获得足够的证据来支持审计人员的总体审计意见，特别是对于存货“存在性”和“完整性”的认定。在存货盘点过程中遇到的风险领域包括：

（1）盘点过程中所使用的存货盘点标签没有连续编号。当盘点结束时，收集每个盘点标签并根据标签上记载的数量填入完整的存货清单时，难以确定上述存货清单是否完整。风险点在于在标签收集过程中，任何遗失的标签将无据可查，难以发现。在参加盘点前阅读盘点指示时要留意该情况发生的可能性以确保其已被提前更正。

（2）盘点结束时盘点标签的收集过程控制不力。该方面的主要风险在于难以确定存货明细表上所记载的存货是否真实存在并且是完整的，在盘点标签收集过程中遗漏有效的盘点标签以及添加虚假的标签，而存货明细表中却计入这些标签的明细。

(3) 盘点过程中存货生产和收发的截止、盘点现场存货的移动等控制不够。该方面的风险在于难以确定盘点存货的正确性，以及计入存货明细表的准确性。因此，也难以评价记载于存货明细表中的存货是否真实存在并且是完整的以及存货盘点计划在存货盘点过程中未被遵行。

8.4 货币资金的审计

货币资金包括库存现金、银行存款及其他货币资金。它是企业资产的重要组成部分，是流动性最强的资产，与各交易循环均直接相关。从审计的角度看，货币资产具有固有风险高的特征。

8.4.1 涉及的主要单据和会计记录

货币资金审计涉及的凭证和会计记录主要有：(1) 现金盘点表；(2) 银行存款对账单；(3) 银行存款余额调节表；(4) 有关科目的记账凭证；(5) 有关会计账簿。

8.4.2 货币资金的内部控制概述

一个良好的货币资金内部控制目标应达到以下几点：(1) 货币资金收支与记账的岗位分离；(2) 货币资金收支要有合理、合法的凭据；(3) 全部收支及时准确入账，并且支出要有核准手续；(4) 控制现金坐支，当日收入现金应及时送存银行；(5) 按月盘点现金，编制银行存款余额调节表，以做到账实相符；(6) 加强对货币资金收支业务的内部审计。

货币资金内部控制的内容主要包括以下几方面：

1. 岗位分工及授权批准

(1) 企业应当建立货币资金业务的岗位责任制，明确相关部门和岗位的职责权限，确保办理货币资金业务的不相容岗位相互分离、制约和监督。出纳人员不得兼任稽核、会计档案保管和收入、支出、费用、债权债务账目的登记工作。企业不得由一人办理货币资金业务的全过程。

(2) 企业应当对货币资金业务建立严格的授权批准制度，明确审批人对货币资金业务的授权批准方式、权限、程序、责任和相关控制措施，规定经办人办理货币资金业务的职责范围和工作要求。审批人应当在授权范围内进行审批，不得超越审批权限。经办人应当在职责范围内，按照审批人的批准意见办理货币资金业务。对于审批人超越授权范围审批的货币资金业务，经办人员有权拒绝办理，并及时向审批人的上级授权部门报告。

（3）企业应当按照规定的程序办理货币资金支付业务，即必须经过支付申请、支付审批、支付复核和支付办理几个程序。

（4）企业对于重要货币资金支付业务，应当实行集体决策和审批，并建立责任追究制度，防范贪污、侵占、挪用货币资金等行为。

（5）严禁未经授权的机构或人员办理货币资金业务或直接接触货币资金。

2. 现金和银行存款的管理

（1）企业应当加强现金库存限额的管理，超过库存限额的现金应及时存入银行。

（2）企业必须根据《现金管理暂行条例》的规定，结合本企业的实际情况，确定本企业现金的开支范围。不属于现金开支范围的业务应当通过银行办理转账结算。

（3）企业现金收入应当及时存入银行，不得用于直接支付企业自身的支出。因特殊情况需坐支现金的，应事先报经开户银行审查批准。企业借出款项必须执行严格的授权批准程序，严禁擅自挪用、借出货币资金。

（4）企业取得的货币资金收入必须及时入账，不得私设“小金库”，不得账外设账，严禁收款不入账。

（5）企业应当严格按照《支付结算办法》等国家有关规定，加强银行账户的管理，严格按照规定开立账户，办理存款、取款和结算。企业应当定期检查、清理银行账户的开立及使用情况，发现问题，及时处理。企业应当加强对银行结算凭证的填制、传递及保管等环节的管理与控制。

（6）企业应当严格遵守银行结算纪律，不准签发没有资金保证的票据或远期支票，套取银行信用；不准签发、取得和转让没有真实交易和债权债务的票据，套取银行和他人资金；不准违反规定开立和使用银行账户。

（7）企业应当指定专人定期核对银行账户（每月至少核对一次），编制银行存款余额调节表，使银行存款账面余额与银行对账单调节相符。如调节不符，应查明原因，及时处理。

（8）企业应当定期和不定期地进行现金盘点，确保现金账面余额与实际库存相符。发现不符，及时查明原因并作出处理。

3. 票据及有关印章的管理

（1）企业应当加强与货币资金相关的票据的管理，明确各种票据的购买、保管、领用、背书转让、注销等环节的职责权限和程序，并专设登记簿进行记录，防止空白票据的遗失和被盗用。

（2）企业应当加强银行预留印鉴的管理。财务专用章应由专人保管，个人名章必须由本人或其授权人员保管。严禁一人保管支付款项所需的全部印章。

4. 监督检查

（1）企业应当建立对货币资金业务的监督检查制度，明确监督检查机构或人员的职责权限，定期和不定期地进行检查。

（2）货币资金监督检查的内容主要包括：货币资金业务相关岗位及人员的设置情况；货币资金授权批准制度的执行情况；支付款项印章的保管情况；票据的保管情况。

（3）对监督检查过程中发现的货币资金内部控制中的薄弱环节，应当及时采取措施，加以纠正和完善。

8.4.3 与货币资金相关的重大错报风险

1. 货币资金认定层次的重大错报风险

（1）被审计单位存在虚假的货币资金余额或交易，因而导致银行存款余额的存在性和交易的发生存在重大错报风险。

（2）被审计单位存在大额的外币交易和余额，可能存在外币交易和余额未被准确记录的风险。

（3）银行存款的期末收支存在大额的截止性错误。例如被审计单位期末存在金额重大且异常的银付企未付，企收银未收事项。

（4）被审计单位可能存在未能按照企业会计准则的规定对货币资金作出恰当披露的风险。

2. 审计人员需要保持警觉的事项

在实施货币资金审计的过程中，如果被审计单位存在以下事项或情形，审计人员需要保持警觉：

（1）被审计单位的现金交易比例较高，并与其所在的行业常用的结算模式不同；

（2）库存现金规模明显超过业务周转所需资金；

（3）银行账户开立数量与企业实际的业务规模不匹配；

（4）在没有经营业务的地区开立银行账户；

（5）企业资金存放于管理层或员工个人账户；

（6）货币资金收支金额与现金流量表不匹配；

（7）不能提供银行对账单或银行存款余额调节表；

（8）存在长期或大量银行未达账项；

（9）银行存款明细账存在非正常转账的“一借一贷”；

（10）违反货币资金存放和使用规定（如上市公司未经批准开立账户转移募集资金、未经许可将募集资金转作其他用途等）；

（11）存在大额外币收付记录，而被审计单位并不涉足外贸业务；

（12）被审计单位以各种理由不配合审计人员实施银行函证。

8.4.4 货币资金主要账户的审计

1. 库存现金的审计

库存现金的审计目标一般包括：确定资产负债表中的库存现金在资产负债表日是否确实存在；确定记录的库存现金是否为被审计单位所拥有或控制；确定在所审计会计期间内发生的现金收支业务是否均已记录完毕，有无遗漏；确定库存现金以恰当的金额包括在财务报表的货币资金项目中，与之相关的计价调整已恰当记录；确定库存现金在财务报表中已恰当列报。

（1）库存现金的内部控制测试。

①了解现金内部控制。通常通过现金内部控制流程图来了解现金内部控制。审计人员应通过询问、观察等调查手段收集必要的资料，然后根据所了解的情况编制流程图。一般地，了解现金内部控制时，审计人员应当注意检查库存现金内部控制的建立和执行情况，并关注库存现金的收支是否按规定的程序和权限办理；是否存在与被审计单位经营无关的款项收支情况；出纳与会计的职责是否严格分离；库存现金是否妥善保管，是否定期盘点、核对，等等。

②抽取并检查收款凭证。如果现金收款内部控制不强，很可能会发生贪污舞弊或挪用等情况。审计人员应按现金的收款凭证分类，选取适当的样本量，核对现金日记账的收入金额是否正确；核对现金收款凭证与应收账款明细账的有关记录是否相符；核对实收金额与销货发票是否一致等。

③抽取并检查付款凭证。审计人员应按照现金付款凭证分类，选取适当的样本量，检查付款的授权批准手续是否符合规定；核对现金日记账的付出金额是否正确；核对现金付款凭证与应付账款明细账的

记录是否一致；核对实付金额与购货发票是否相符等。

④抽取一定期间的库存现金日记账与总账核对。审计人员应抽取一定期间的库存现金日记账，检查其加总是否正确无误，库存现金日记账是否与总分类账核对相符。

⑤检查外币现金的折算方法是否符合有关规定，是否与上年度一致。

⑥评价库存现金的内部控制。审计人员在完成上述程序之后，即可对库存现金的内部控制进行评价。评价时，审计人员应首先确定库存现金内部控制可信赖的程度以及存在的薄弱环节和缺点，然后据以确定在库存现金实质性程序中对哪些环节可以适当减少审计程序，哪些环节应增加审计程序并作重点检查，以减少审计风险。

（2）库存现金的实质性程序。

①核对库存现金日记账与总账的余额是否相符。如果不相符，应查明原因，要求被审计单位作出适当调整，并进行记录。

②监盘库存现金。监盘库存现金的步骤和方法主要有：

第一，制订监盘计划，实施突击性的检查。盘点时间最好选择在上午上班前或下午下班时进行，盘点的范围一般包括被审计单位各部门经管的现金，盘点时现金出纳员和被审计单位会计主管人员必须参加，并由审计人员进行监盘。第二，审阅库存现金日记账，并与现金收付凭证相核对。一方面检查日记账的记录与凭证的内容和金额是否相符；另一方面了解凭证日期和日记账记账日期是否相符或接近。第三，由出纳员根据库存现金日记账进行加总累计数额，结出现金结余额。第四，盘点保险柜的现金实存数，同时由审计人员编制“库存现金监盘表”。第五，将盘点金额与库存现金日记账余额进行核对，如有差异，应查明原因，并作出记录或适当调整。第六，若有冲抵库存现金的借条、未提现支票、未作报销的原始凭证，应在“库存现金监盘表”中注明或作出必要的调整。第七，在非资产负债表日进行监盘时，应调整至资产负债表日的金额。

③抽查大额库存现金收支。检查大额现金收支的原始凭证是否齐全、原始凭证的内容是否完整、是否有授权批准、记账凭证和原始凭证是否相符、账务处理是否正确、是否记录于恰当的会计期间等项内容。

④检查库存现金在财务报表中是否作出恰当列报。

【例8-3】2018年1月21日，审计人员对某企业进行财务报表审计，查得2017年12月31日资产负债表中“货币资金”项目中库存现金余额为860.61元。银行核定该企业库存现金限额为600元。1

月 19 日下午下班前，审计人员对出纳经管的现金进行了清点，该企业 1 月 19 日现金账面余额为 749. 81 元，清点结果如下：

（1）现金实存数 535. 05 元。

（2）保险柜中有下列单据已经收、付款，但未入账：①某职工借条一张，系差旅费，金额是 200 元，日期是 2017 年 12 月 29 日，已经批准；②某采购员借条一张，金额是 120 元，日期是 2017 年 12 月 20 日，未经批准；③保险柜中有已收款但未记账的凭证三张，金额 125. 24 元；④核实 2018 年 1 月 1 ~ 19 日的收付款凭证和现金日记账，核实 1 ~ 19 日的现金收入 2 120 元，现金支出 2 200 元，正确无误。

［要求］根据以上资料，编制库存现金监盘表，说明企业库存现金存在的不合法现象。

库存现金监盘表

检查盘点记录					实有库存现金盘点记录						
项目	项次	人民币	美元	某外币	面额	人民币		美元		某外币	
						张	金额	张	金额	张	金额
上一日账面库存余额	①	人民币			749. 81	1 000 元					
盘点日未记账传票收入金额	②				125. 24	500 元					
盘点日未记账传票支出金额	③				200	50 元					
盘点日账面应有金额	④ = ① + ② - ③				675. 05	10 元					
盘点实有现金数额	⑤	人民币			535. 05	5 元					
盘点日应有与实有差异	⑥ = ④ - ⑤				140	2 元					
差异原因分析	白条抵库（张）				120	1 元					
	现金短缺				20	0. 5 元					
						0. 2 元					
						0. 1 元					
						合计					

续表

<table>
<tr><th colspan="5">检查盘点记录</th><th colspan="7">实有库存现金盘点记录</th></tr>
<tr><th rowspan="2">项目</th><th rowspan="2">项次</th><th rowspan="2">人民币</th><th rowspan="2">美元</th><th rowspan="2">某外币</th><th rowspan="2">面额</th><th colspan="2">人民币</th><th colspan="2">美元</th><th colspan="2">某外币</th></tr>
<tr><th>张</th><th>金额</th><th>张</th><th>金额</th><th>张</th><th>金额</th></tr>
<tr><td rowspan="4">追溯调整</td><td>报表日至审计日现金付出总额</td><td></td><td></td><td></td><td>2 200</td><td colspan="6" rowspan="5">情况说明及审计结论：
该企业库存现金存在不合法现象：
(1) 白条抵库120元，要追回；
(2) 库存现金超过规定限额155.05元（755.05－600）；
(3) 200元借款虽经批准，但入账不及时；
(4) 已收款125.24元，未及时入账；
(5) 账实不符，短缺20元，若将白条也视为短缺，则短缺140元，应进一步查明原因</td></tr>
<tr><td>报表日至审计日现金收入总额</td><td></td><td></td><td></td><td>2 120</td></tr>
<tr><td>报表日库存现金应有余额</td><td></td><td></td><td></td><td>755.05</td></tr>
<tr><td>报表日余额折合本位币金额</td><td></td><td></td><td></td><td></td></tr>
<tr><td colspan="2">本位币合计</td><td></td><td></td><td></td><td></td></tr>
</table>

说明：(1) 盘点日账面余额应为675.05元（749.81＋125.24－200）；盘点日现金实有数为655.05元（535.05＋120）；库存现金发生短缺20元（675.05－655.05）。

(2) 资产负债表日库存现金余额为755.05元（675.05－2 120＋2 200），与报表中"货币资金"项目的库存现金860.61元不符，应调整为755.05元。

2. 银行存款的审计

银行存款的审计目标包括：确定银行存款在资产负债表日是否确实存在；确定银行存款是否为被审计单位所拥有或控制；确定被审计单位所有应当记录的银行存款收支业务是否均已记录完毕，有无遗漏；确定银行存款以恰当的金额包括在财务报表的货币资金项目中，与之相关的计价调整已恰当记录；确定银行存款在财务报表中已作出恰当列报。

(1) 银行存款的内部控制测试。

①了解银行存款的内部控制。审计人员应了解银行存款的收支是否按规定的程序和权限办理；银行账户是否存在与本单位经营无关的款项收支情况；是否存在出租、出借银行账户的情况；出纳与会计的职责是否严格分离；是否定期取得银行对账单并编制银行存款余额调节表等。

②抽取并检查银行存款收款凭证。审计人员应选取适当的样本量，核对收款凭证与存入银行存款账户的日期和金额是否相符；核对银行存款日记账的收入金额是否正确；核对收款凭证与银行对账单是

否相符；核对收款凭证与应收账款明细账的有关记录是否相符；核对实收金额与销货发票是否一致等。

③抽取并检查银行存款付款凭证。审计人员应选取适当的样本量，检查付款的授权批准手续是否符合规定；核对银行存款日记账的付出金额是否正确；核对付款凭证与银行对账单是否相符；核对付款凭证与应付账款明细账的记录是否一致；核对实付金额与购货发票是否相符等。

④抽取一定期间的银行存款日记账与总账核对。

⑤抽取一定期间的银行存款余额调节表，查验其是否按月正确编制并经复核。

⑥检查外币银行存款的折算方法是否符合有关规定，是否与上年度一致。

⑦评价银行存款的内部控制。评价时，审计人员应首先确定银行存款内部控制可信赖的程度以及存在的薄弱环节和缺点，然后据以确定在银行存款实质性测试中对哪些环节可以适当减少审计程序，哪些环节应增加审计程序并作重点检查，以降低审计风险。

（2）银行存款实质性程序。

①获取银行存款余额明细表，复核加计是否正确，并与总账数和日记账合计数核对是否相符；检查非记账本位币银行存款的折算汇率及折算金额是否正确。审计人员核对银行存款日记账与总账的余额是否相符。如果不相符，应查明原因，必要时应建议作出适当调整。

②实施实质性分析程序。计算银行存款累计余额应收利息收入，分析比较被审计单位银行存款应收利息收入与实际利息收入的差异是否恰当，评估利息收入的合理性，检查是否存在高息资金拆借，确认银行存款余额是否存在，利息收入是否已经完整记录。

③检查银行存款账户发生额。审计人员对银行存款发生额进行审计，通常能有效应对被审计单位编制虚假财务报告、管理层或员工非法侵占货币资金等舞弊风险。

④取得并检查银行存款余额对账单和银行存款余额调节表。取得并检查银行存款余额对账单和银行存款余额调节表是证实资产负债表中所列银行存款是否存在的重要程序。银行存款余额调节表通常应由被审计单位根据不同的银行账户及货币种类分别编制，具体测试程序通常包括：取得被审计单位加盖银行印章的银行对账单，必要时，亲自到银行获取对账单，并对获取过程保持控制；将获取的银行对账单余额与银行日记账余额进行核对，如存在差异，获取银行存款余额调节表；将被审计单位资产负债表日的银行对账单与银行询证函回函核

对，确认是否一致；检查银行存款余额调节表中加计数是否正确，调节后银行存款日记账余额与银行对账单余额是否一致；检查银行存款调节事项；关注长期未达账项，查看是否存在挪用资金等事项；特别关注银付企未付、企付银未付中支付异常的领款事项，包括没有载明收款人、签字不全等支付事项，确认是否存在舞弊。

⑤函证银行存款余额，编制银行函证结果汇总表，检查银行回函。函证是证实资产负债表所列银行存款是否存在的另一重要程序。通过向往来银行的函证，审计人员不仅可了解企业资产的存在，还可了解企业账面反映所欠银行债务的情况，并有助于发现企业未入账的银行借款和未披露的或有负债。函证时，审计人员应当对银行存款（包括零余额账户和在本期内注销的账户）、借款及与金融机构往来的其他重要信息实施函证程序，以验证被审计单位银行存款是否真实、合法、完整。

当实施函证程序时，审计人员应当对询证函保持控制，以被审计单位名义向银行发函询问，各银行应对询证函列示的全部项目作出回应，在收到询证函之日起10个工作日内，将回函直接寄往会计师事务所。当询证信息与银行回函结果不符时，审计人员应当调查不符事项，以确定是否表明存在错报。

知识拓展

1. 审计实务中，审计人员在对货币资金实施审计前，一般对以下情况进行了解：

（1）客户有几个银行账号，每个账号都是什么样的用途？

（2）客户有哪些现金，都存放在哪里，各自是什么样的用途？

（3）客户主要有哪几种收款方式，例如：现金销售收款、电汇收款、支票收款等，分别对应于客户的哪一类业务？

（4）客户主要有哪几种付款方式，例如：现金付款、电汇付款、支票付款等，分别对应于客户的哪一类采购和支付？

2. 为防止企业在未达账项上的舞弊行为，审计人员在取得“银行存款余额调节表”后应当严格履行如下审计程序：

（1）对所有的未达账项，都要结合“截止性测试”进行审计。通过查阅原始凭证、询问被审计单位的有关人员，查清销售业务属于的时间，在经过审慎职业判断的基础上提出调整或处理的意见。对时间较长的未达账项，特别是跨年度的未达账项，审计人员不仅要提请被审计单位查清原因，并根据其性质提出调整意见或处理意见外，还应通过“管理建议书”的形式提出改进建议。对银行已收企业未收、银行已付企业未付的所有事项，都应要求被审计单位查清是否属于本单位的未收、未付事项，查清原因后进行必要的调整处理。

（2）重点查实大额资金，要甄别未达账项是否正常。大额资金支出去向是否明朗，大额资金收入来源是否可疑。在实务中，要结合资产负债表日后企业相关业务的账务处理加以判断。若企业对未达账项在资产负债表日后入账及时，应核实所附原始单据是否完整、真实、合法。若企业迟迟不对未达账项入账，可以怀疑其不正常，应视企业能否作出合理解释来判断其是否存在问题。

本章小结

1. 销售与收款循环的实质性程序，本章从主营业务收入、应收账款、坏账准备账户的实质性程序及案例分析阐述了审计的方法和步骤。

2. 采购与付款循环的实质性程序，本章从应付账款的实质性程序及案例分析方面阐述了审计的方法和步骤。

3. 生产与存货循环的实质性程序，本章主要从存货审计说明其审计的方法和步骤。

4. 货币资金包括库存现金、银行存款和其他货币资金。其特点主要表现在货币资金与各业务循环均直接相关，它是企业中最活跃的资金，流动性强，是企业的重要支付手段和流通手段；因此企业发生的舞弊事件大多也与货币资金有关，货币资金的审计十分重要。

5. 为实现审计货币资金的具体目标，就要对货币资金内部控制进行测试，测试的步骤内容包括：了解和描述货币资金内部控制制度的内容；测试货币资金的内部控制制度；评价货币资金的内部控制制度。

6. 货币资金的实质性程序是审计实施阶段的主体工作。本章就货币资金主要账户库存现金、银行存款分别说明实质性程序的内容。

复习思考题

一、单项选择题

1. 甲审计人员是H公司2017年度财务报表审计的负责人，请代其在应收账款函证中做出正确的专业判断。

（1）在确定函证对象时，以下项目中，应当进行函证的是（　　）。

A. 函证很可能无效的应收款项

B. 交易频繁但期末余额较小的应收款项

C. 执行其他审计程序可以确认的应收款项

D. 应纳入审计范围内子公司的款项

（2）在确定函证时间时，以下方案中，不应选取的是（　　）。

A. 因H公司固有风险和控制风险低，在预审时函证

B. 在年终对存货监盘的同时，对应收款项进行函证

C. 项目小组进驻审计现场后，立即进行函证

D. 为减少函证回函差异，在执行其他审计程序后函证

（3）以下与回函结果相关的审计建议中，正确的是（　　）。

A. 对由于地址不详导致询证函退回的应收款项，全额计提坏账准备

B. 对函证结果相符的应收款项，仍应进一步检查是否需按个别认定法计提坏账准备

C. 对回函金额与函证金额不一致的应收款项，根据回函金额调整应收款项

D. 对已经审计确认，但与审计报告日后回函不符，且影响重大的应收款项，提请修正报告期财务报表

（4）在对询证函的以下处理方法中，正确的是（　　）。

A. 在粘封询证函时进行统一编号

B. 寄发询证函，并将重要的询证函复制给H公司进行催收

C. 有10封询证函直接交给H公司的业务员，由其到被询证单位盖章后取回

D. 有10封询证函要求被询证单位传真至H公司，并将原件盖章后寄至会计师事务所

2. 对于年末有大额欠款的客户，如果积极式函证未收到答复，此时应执行的审计程序是（　　）。

A. 复核所审计年度的应收账款

B. 重新研究评价客户应收账款的内部控制制度

C. 按客户提供的地址直接询问

D. 审查销售业务相关的销售合同、销售单、发运凭证等文件

3. 监盘库存现金是审计人员证实被审计单位资产负债表所列现金是否存在的一项重要程序，被审计单位必须参加的人员是（　　）。

A. 会计主管人员和内部审计人员

B. 出纳员和会计主管人员

C. 现金出纳员和银行出纳员

D. 出纳员和内部审计人员

4. 对于未函证的应收账款，审计人员应当执行的最有效的审计

程序是（　　）。

A. 重新测试相关的内部控制制度

B. 抽查有关原始凭证

C. 进行分析性复核

D. 审查资产负债表日后的收款情况

5. 适当的职责分离有助于防止各种有意或无意的错误，以下的有关销售与收款业务循环中进行了适当职责分离的是（　　）。

A. 负责应收账款记账的人员负责编制银行存款余额调节表

B. 编制销售发票通知单的人员同时开具销售发票

C. 在销售合同订立前，由专人就销售价格、信用政策、发货及收款方式等具体事项与客户进行谈判

D. 应收票据的取得、贴现和保管由某一会计专门负责

6. 检查开具发票日期、记账日期、发货日期（　　）是主营业务收入截止测试的关键所在。

A. 是否处在同一适当的会计期间

B. 是否临近

C. 是否在同一天

D. 相距是否不超过 30 天

7. 当被审计单位管理层具有高估利润、粉饰财务状况的动机时，注册会计师主要关注的是被审计单位（　　）。

A. 高估费用，高估应付账款　　B. 低估费用，低估应付账款

C. 低估费用，高估应付账款　　D. 高估费用，低估应付账款

8. 注册会计师计划函证被审计单位的应付账款，以下做法正确的是（　　）。

A. 某账户在资产负债表日账户余额较小，但为被审计单位重要供应商，注册会计师决定不对其函证

B. 某账户在资产负债表日账户余额为零，但为被审计单位重要供应商，注册会计师决定不对其函证

C. 注册会计师不需要对函证的过程进行控制

D. 如果存在未回函的重大项目，注册会计师应采用替代审计程序

二、多项选择题

1. 向顾客开具账单，这项功能所针对的主要问题包括（　　）。

A. 完整性认定　　B. 权利和义务认定

C. 估价或分摊认定　　D. 存在或发生认定

2. 审计人员在确定应收账款函证的范围时，应考虑的主要因素

有（ ）。

A. 应收账款在全部资产中的重要程度

B. 被审计单位内部控制的强弱

C. 以前年度的函证结果

D. 函证方式的选择

3. 积极式函证的使用范围有（ ）。

A. 预计的差错率高

B. 欠款余额小的债务人数量很少

C. 相关的内部控制无效

D. 个别账户的欠款金额较大

4. 典型的销售与收款循环所涉及的主要凭证和会计记录有（ ）。

A. 客户订购单　　B. 销售单

C. 汇款通知书　　D. 贷项通知单

5. 下列属于采购与付款交易不相容岗位的有（ ）。

A. 请购与询价　　B. 询价与确定供应商

C. 采购合同的订立与审批　　D. 采购与验收

6. 在编制存货监盘计划时，注册会计师需要考虑的事项有（ ）。

A. 与存货相关的重大错报风险

B. 与存货相关的内部控制的性质

C. 存货监盘的目标、范围及时间安排

D. 是否需要专家协助

7. 下列各项中，属于现金的审计目标有（ ）。

A. 确定被审计单位资产负债表中的库存现金在财务报表日确实存在

B. 确定被审计单位资产负债表中的库存现金是否归被审计单位所拥有

C. 确定库存现金余额是否正确

D. 函证被审计单位开户银行余额是否正确

8. 下列各项审计程序中，属于实质性程序的有（ ）。

A. 盘点库存现金，并倒挤出期末库存现金的真正余额

B. 抽取大额现金支票存根，检查是否都经授权批准

C. 任意抽样数月的银行存款余额调节表，查核其是否按月编制并经复核无误

D. 函证所有银行存款账户余额

三、判断题

1. 销售发票连续编号的控制能够有效降低营业收入“完整性”认定错报风险。(　　)

2. 审计人员对企业应收账款账龄进行分析的目的在于取得应收账款可收回性及坏账备抵充分性等方面的证据。(　　)

3. 对于大额应收账款余额，审计人员必须采用积极式函证予以证实。(　　)

4. 如何以恰当的实质性测试来发现不真实的销货，取决于审计人员认为可能在何处发生错误。对“存在或发生”这一目标而言，审计人员通常只在认为内部控制有弱点时，才实施实质性测试。因此，测试的性质取决于潜在的控制弱点的性质。(　　)

5. 在销货业务审计中，测试真实性目标时，起点应是发货凭证；测试完整性目标时，起点应是明细账。(　　)

6. 检查销售发票连续编号的“完整性”，既有利于确定销售收入的“完整性”，又有利于确认销售收入的“真实性”。(　　)

7. 由于库存现金余额极小，小于审计风险指数，审计人员可以不进行实质性测试。(　　)

8. 审计人员应向被审计单位在本年存过款的所有银行发函进行函证。(　　)

9. 函证银行存款余额是证实资产负债表所列银行存款是否存在的重要程序。通过向往来银行发询证函，审计人员不仅可以了解企业资产的存在，同时，函证还可用于发现企业未登记的银行借款。(　　)

10. 管理层凌驾于控制之上的风险是收入交易和余额存在的固有风险。(　　)

四、案例分析题

1. B审计人员是M公司2017年度财务报表审计的外勤审计负责人，在审计过程中，需对负责销售与收款循环审计的助理人员提出的相关问题予以解答，并对其编制的有关审计工作底稿进行复核。请代为做出正确的专业判断并编制审计差异调整分录。

①“应收账款”项目3 500万元，其中“应收账款”账户4 000万元，“坏账准备”账户500万元；②“预付账款”账户1 500万元；③“应付账款”账户3 500万元；④“预收账款”账户1 250万元。经B审计人员审查，该公司2017年12月末有关账户余额如表所示(假定B审计人员确定M公司2017年度财务报表层次的重要性水平为100万元)。

M公司2017年12月31日编制的资产负债表部分项目 单位：万元

总账			所属明细账		
账户	借方	贷方	账户	借方	贷方
应收账款	4 000		A	5 000	
			B		1 000
坏账准备	500				
预付账款	1 500		C	1 750	
			D		250
应付账款		3 500	E		3 900
			F	400	
预收账款		1 250	G		1 400
			H	150	

2. 审计人员对某企业进行审计时，从1 000个应收账款明细账中选取250个账户寄发积极式询证函，其金额相当于应收账款总额的3/4，经询证后有35个回复表示所欠金额与询证函不符，3个没有回复。请回答：

（1）回函中出现不符事项的原因是什么？

（2）对这些不符事项是否要加以调整？为什么？

（3）对未回复的客户作何处理？

五、简答题

1. 从哪几方面测试货币资金的内部控制制度？

2. 销售与收款循环审计的具体目标包括哪些？

3. 销售与收款循环内部控制测试程序有哪些？

4. 审计人员在确定应收账款函证的范围和对象时应考虑哪些因素？

第 9 章 审计报告

本章要点

◇ 了解审计报告的含义、作用及种类

◇ 明确审计报告的基本内容与审计意见的种类

◇ 掌握编制审计报告的基本知识和技能

9.1 审计报告概述

9.1.1 审计报告的含义

审计报告是审计人员根据审计准则的规定，在执行审计工作的基础上，对财务报表发表审计意见的书面文件。

审计报告是具体承办审计事项的审计人员或审计机构在实施审计后，将审计任务完成情况及审计结果向其委托人、授权人或其他法定报告对象提交的最终产品。它是审计工作和结果的综合反映，也是体现审计成果的主要形式，具有以下特征：

（1）审计人员应当按照审计准则的规定执行审计工作。

（2）审计人员在实施审计工作的基础上才能出具审计报告。

（3）审计人员通过对财务报表发表意见履行业务约定书约定的责任。

（4）审计人员应当以书面形式出具审计报告。

9.1.2 审计报告的作用

审计报告是对审计过程和结果的集中总结，是审计人员完成审计任务的重要标志，主要具有鉴证、保护、证明和促进等作用。

(1) 鉴证作用。鉴证作用是指审计人员以独立的第三者身份，通过对被审计单位财务报表合法性、公允性发表自己的意见，作出客观的鉴证。审计人员接受审计授权人、委托人的授权或委托，按照法定程序，运用专门的审计方法，对被审计单位承担和履行经济责任的情况进行审计后，有责任以审计报告的形式向授权人或委托人报告审计任务的完成情况和查明的结果。这种鉴证作用，在民间审计的审计报告中尤为突出。审计人员发表审计意见、签发的审计报告是具有法律效力的证明文件，起到经济鉴证作用，得到了政府及其各部门和社会各界的普遍认可。它可以为政府有关部门，如财政部门、税务部门及有关综合管理部门，了解企业真实情况提供重要依据，以利于作出有关宏观调控决策；也可以为企业的投资者和债权人进行经济决策提供重要依据。

(2) 保护作用。保护作用是指审计人员通过对被审计单位出具不同类型审计意见的审计报告，以提高或降低财务报表信息使用者对财务报表的依赖程度，尤其是揭露被审计单位存在的重大错误和舞弊行为，从而能够在一定程度上对被审计单位的财产、债权人和股东的权益及公司利害关系人的利益起到保护作用。例如，投资者在进行投资之前，需要查阅被投资企业的财务报表和审计人员出具的审计报告，了解被投资企业的经营情况和财务状况，降低其投资风险。

(3) 证明作用。证明作用是指审计报告是对审计人员任务完成情况及其结果所作的总结，可以表明审计工作的质量并明确审计人员的审计责任。通过审计报告，可以证明审计人员在审计过程中是否实施了必要的审计程序，是否以审计工作底稿为依据发表审计意见，发表的审计意见是否与被审计单位的实际情况相符，审计工作的质量是否符合要求。通过审计报告，可以证明审计人员对审计责任的履行情况。

(4) 促进作用。促进作用是指审计人员针对被审计单位经营管理方面的问题进行审查与评价，通过审计报告发表审计意见，并可通过管理建议书提出改进措施和合理化建议，从而促进被审计单位改善经营管理，提高经济效益。

9.1.3　审计报告的种类

按照不同的标准，审计报告可以分为不同的类型：

1. 按审计报告的使用目的分，可分为公布目的的审计报告和非公布目的的审计报告

（1）公布目的的审计报告。是指审计人员依法对被审计单位的经济活动进行审计后出具的，对社会公众公布的审计报告。一般用于对企业股东、投资者、债权人等非特定利害关系人公布的附送财务报表的审计报告，如注册会计师审计报告。

（2）非公布目的的审计报告。是指审计人员依法对被审计单位进行审计后出具的，提供给特定使用者使用的审计报告。一般用于企业经营管理、合并或业务转让、融通资金等特定目的而实施审计的审计报告。特定使用者一般指经营者、合并或业务转让的关系人、提供信用的金融机构等。

2. 按审计报告的格式分，可分为标准审计报告和非标准审计报告

（1）标准审计报告。是指注册会计师出具的无保留意见的审计报告，它不附加说明段、强调事项段、其他事项段或任何修饰性用语。

（2）非标准审计报告。是指带强调事项段或其他事项段的无保留意见的审计报告和非无保留意见的审计报告。非无保留意见的审计报告包括保留意见的审计报告、否定意见的审计报告和无法表示意见的审计报告。

3. 按审计报告的详略程度分，可分为简式审计报告和详式审计报告

（1）简式审计报告。是指审计人员对应公布的财务报表进行审计后所编制的简明扼要的审计报告。简式审计报告篇幅短、内容概括，通常用于注册会计师实施的年度财务报表审计，一般适用于公布目的。

（2）详式审计报告。是指审计人员对审计对象所有重要的经济业务和情况都要作详细说明和分析的审计报告。详式审计报告内容丰富、详细，通常用于政府审计和内部审计，一般适用于非公布目的。

4. 按出具审计报告的主体分类，可分为政府审计报告、内部审计报告和注册会计师审计报告

（1）政府审计报告。是指政府审计机关出具的审计报告，具有很强的权威性和强制性，一般不对外公布但采取详细审计报告形式。

（2）内部审计报告。是指由部门或单位内部的审计机构出具的审计报告。

(3) 注册会计师审计报告。是指会计师事务所出具的审计报告。注册会计师审计报告所记载的事项为法规或审计准则所规定的，其格式和措辞基本统一，一般采取简式审计报告形式。

此外，审计报告按照内容和目的，可分为财政财务审计报告、财经法纪审计报告、经济效益审计报告和验资报告等；按审计报告的范围，可分为综合审计报告和专项审计报告；按审计工作的性质和报告目的，可分为通用目的审计报告和特殊目的审计报告；按审查的财务报表不同，可分为年度审计报告、中期审计报告和清算查账审计报告等。

9.2 审计报告的基本内容和格式

本章着重介绍注册会计师审计出具的审计报告的基本内容和格式。

9.2.1 审计报告的基本内容

审计报告应当包括下列要素：(1) 标题；(2) 收件人；(3) 审计意见；(4) 形成审计意见的基础；(5) 管理层对财务报表的责任；(6) 注册会计师对财务报表审计的责任；(7) 按照相关法律法规的要求报告的事项（如适用）；(8) 注册会计师的签名和盖章；(9) 会计师事务所的名称、地址和盖章；(10) 报告日期。

1. 标题

我国审计报告的标题统一规范为“审计报告”。

2. 收件人

审计报告的收件人是指注册会计师按照业务约定书的要求致送审计报告的对象，一般是指审计业务的委托人，通常为被审计单位的股东或治理层。审计报告应当载明收件人的全称，如“××股份有限公司全体股东”“××有限责任公司董事会”等。

3. 审计意见

审计意见由两部分构成。

第一部分指出已审财务报表，应当包括下列内容：

(1) 指出被审计单位的名称；

(2) 说明财务报表已经审计；

（3）指出构成整套财务报表的每一财务报表的名称；

（4）提及财务报表附注；

（5）指明构成整套财务报表的每一财务报表的日期或涵盖的期间。

审计意见应当涵盖由适用的财务报告编制基础所确定的整套财务报表。在许多通用目的编制基础中，财务报表包括资产负债表、利润表、现金流量表、所有者权益变动表和相关附注（通常包括重大会计政策和会计估计以及其他解释性信息）。

第二部分应当说明注册会计师发表的审计意见。审计意见应当说明财务报表是否在所有重大方面按照适用的财务报告编制基础编制，并公允反映了财务报表旨在反映的事项。

4. 形成审计意见的基础

该部分紧接在审计意见部分之后，提供关于审计意见的重要背景，包括下列方面：

（1）说明注册会计师按照审计准则的规定执行了审计工作；

（2）提及审计报告中用于描述审计准则规定的注册会计师责任的部分；

（3）声明注册会计师按照与审计相关的职业道德要求对被审计单位保持了独立性，并履行了职业道德方面的其他责任；

（4）说明注册会计师是否相信获取的审计证据是充分、适当的，为发表审计意见提供了基础。

5. 管理层对财务报表的责任

管理层对财务报表的责任的部分，应当说明管理层负责下列方面：

（1）按照适用的财务报告编制基础编制财务报表，使其实现公允反映，并设计、执行和维护必要的内部控制，以使财务报表不存在由于舞弊或错误导致的重大错报；

（2）评估被审计单位的持续经营能力和使用持续经营假设是否适当，并披露与持续经营相关的事项（如适用）。对管理层评估责任的说明应当包括描述在何种情况下使用持续经营假设是适当的。

6. 注册会计师对财务报表审计的责任

注册会计师对财务报表审计的责任的部分，应当包括下列内容：

（1）说明注册会计师的目标是对财务报表整体是否不存在由于舞弊或错误导致的重大错报获取合理保证，并出具包含审计意见的审计报告。

（2）说明合理保证是高水平的保证，但按照审计准则执行的审计并不能保证一定会发现存在的重大错报。

（3）注册会计师应当选取下列两种做法中的一种来说明错报可能是由于舞弊或错误导致的：①描述如果合理预期错报单独或汇总起来可能影响财务报表使用者依据财务报表作出的经济决策，则通常认为错报是重大的；②根据适用的财务报告编制基础，提供关于重要性的定义或描述。

（4）说明在按照审计准则执行审计工作的过程中，注册会计师运用职业判断并保持职业怀疑。

（5）通过说明注册会计师的责任，对审计工作进行描述。这些责任包括：①识别和评估由于舞弊或错误导致的财务报表重大错报风险，设计和实施审计程序以应对这些风险，并获取充分、适当的审计证据作为发表审计意见的基础；②了解与审计相关的内部控制，以设计恰当的审计程序，但目的并非对内部控制的有效性发表意见；③评价管理层选用会计政策的恰当性和作出会计估计及相关披露的合理性；④对管理层使用持续经营假设的恰当性得出结论；⑤评价财务报表的总体列报、结构和内容（包括披露），并评价财务报表是否公允反映相关交易和事项。

（6）说明注册会计师与治理层就计划的审计范围、时间安排、重大审计发现和在审计中识别的值得关注的内部控制缺陷等事项进行了沟通。

（7）对于上市实体财务报表审计还应当指出注册会计师就已遵守与独立性相关的职业道德要求向治理层提供声明，并与治理层沟通可能被合理认为影响注册会计师独立性的所有关系和其他事项，以及相关的防范措施（如适用），还包括决定按照相关规定沟通关键审计事项的其他情况。

7. 按照相关法律法规的要求报告的事项（如适用）

除审计准则规定的注册会计师对财务报表出具审计报告的责任外，相关法律法规可能对注册会计师设定了其他报告责任，注册会计师还可能被要求实施额外的规定的程序并予以报告，或对特定事项（如会计账簿和记录的适当性）发表意见。在某些情况下，相关法律法规可能要求或允许注册会计师将对这些责任的报告作为对财务报表出具的审计报告的一部分。这些责任是注册会计师按照审计准则对财务报表出具审计报告的责任的补充。

如果注册会计师在对财务报表出具的审计报告中履行其他报告责任，应当在审计报告中将其单独作为一部分并以“按照相关法律法规的要求报告的事项”为标题，以便将其同“对财务报表出具的审计报告”以及注册会计师的财务报表报告责任明确区分。另一些情况下相关法律法规可能要求或允许注册会计师在单独出具的报告中进行报告。

8. 注册会计师的签名和盖章

审计报告应当由项目合伙人和另一名负责该项目的注册会计师签名和盖章。在审计报告中指明项目合伙人有助于进一步增强对审计报告使用者的透明度，有利于增强项目合伙人的个人责任感。

9. 会计师事务所的名称、地址和盖章

审计报告应当载明会计师事务所的名称和地址，并加盖会计师事务所公章。根据《中华人民共和国注册会计师法》的规定，注册会计师承办业务，由其所在的会计师事务所统一受理并与委托人签订委托合同。因此，审计报告除了应由注册会计师签名和盖章外，还应载明会计师事务所的名称和地址，并加盖会计师事务所公章。

10. 报告日期

审计报告应当注明报告日期。审计报告的日期不应早于注册会计师获取充分、适当的审计证据，并在此基础上对财务报表形成审计意见的日期。在确定审计报告日期时，注册会计师应当确信已获取下列两方面的审计证据：（1）构成整套财务报表的所有报表（包括相关附注）已编制完成；（2）被审计单位的董事会、管理层或类似机构已经认可其对财务报表负责。

在实务中，注册会计师在正式签署审计报告前，通常把审计报告草稿随附管理层已按审计调整建议修改后的财务报表提交管理层。如果管理层批准并签署已按审计调整建议修改后的财务报表，注册会计师即可签署审计报告。注册会计师签署审计报告的日期通常与管理层签署已审计财务报表的日期为同一天，或晚于管理层签署已审计财务报表的日期。

9.2.2 无保留意见审计报告的基本格式

1. 无保留意见的含义

无保留意见是指当注册会计师认为财务报表在所有重大方面按照适用的财务报表编制基础编制并实现公允反映时发表的审计意见。

2. 无保留意见审计报告的基本格式

参考格式9－1列示了对上市实体财务报表出具的无保留意见的审计报告。

参考格式9-1

审计报告

ABC股份有限公司全体股东：

一、审计意见

我们审计了ABC股份有限公司（以下简称ABC公司）财务报表，包括20×7年12月31日的资产负债表，20×7年度的利润表、现金流量表、股东权益变动表以及相关财务报表附注。

我们认为，后附的财务报表在所有重大方面按照企业会计准则的规定编制，公允反映了ABC公司20×7年12月31日的财务状况以及20×7年度的经营成果和现金流量。

二、形成审计意见的基础

我们按照中国注册会计师审计准则的规定执行了审计工作。审计报告的“注册会计师对财务报表审计的责任”部分进一步阐述了我们在这些准则下的责任。按照中国注册会计师职业道德守则，我们独立于ABC公司，并履行了职业道德方面的其他责任。我们相信，我们获取的审计证据是充分、适当的，为发表审计意见提供了基础。

三、关键审计事项

关键审计事项是根据我们的职业判断，认为对本期财务报表审计最为重要的事项。这些事项是在对财务报表整体进行审计并形成意见的背景下进行处理的，我们不对这些事项提供单独的意见。

（一）事项描述

截止到20×7年12月31日，ABC资产负债表中列示了X万元的递延所得税资产。其中X万元递延所得税资产与可抵扣亏损有关。在确认与可抵扣亏损相关的递延所得税资产时，ABC公司管理层在很有可能有足够的应纳税利润来抵扣亏损的限度内，就所有未利用的税务亏损确认递延所得税资产。这就需要ABC公司管理层运用大量的判断来估计未来应纳税利润发生的时间和金额，结合纳税筹划策略，以决定确认的递延所得税资产的金额。评估递延所得税资产能否在未来期间得以实现需要管理层作出重大判断，并且管理层的估计和假设具有不确定性。

（二）实施的审计程序和结果

在审计相关税务事项时，我们的审计团队包含了税务专家。在税务专家的支持下，我们实施的审计程序主要包括：我们对ABC公司与税务事项相关的内部控制的设计与执行进行了评估；我们获取了与可抵扣亏损相关的所得税汇算清缴资料，并在税务专家协助下复核了可抵扣亏损金额；我们获取了经管理层批准的相关子公司未来期间的财务预测，评估其编制是否符合行业总体趋势及各该子公司自身情况，是否考虑了特殊情况的影响，并对其可实现性进行了评估；我们复核了递延所得税资产的确认是否以未来期间很可能取得用来抵扣可抵扣亏损的应纳税额所得额为限。

四、管理层和治理层对财务报表的责任

管理层负责按照企业会计准则的规定编制财务报表，使其实现公允反映，并设计、执行和维护必要的内部控制，以使财务报表不存在由于舞弊或错误导致的重大错报。

在编制财务报表时，管理层负责评估 ABC 公司的持续经营能力，披露与持续经营相关的事项（如适用），并运用持续经营假设，除非计划清算 ABC 公司、终止运营或别无其他现实的选择。

治理层负责监督 ABC 公司的财务报告过程。

五、注册会计师对财务报表审计的责任

我们的目标是对财务报表整体是否不存在由于舞弊或错误导致的重大错报获取合理保证，并出具包含审计意见的审计报告。合理保证是高水平的保证，但并不能保证按照审计准则执行的审计在某一重大错报存在时总能发现。错报可能由于舞弊或错误导致，如果合理预期错报单独或汇总起来可能影响财务报表使用者依据财务报表作出的经济决策，则通常认为错报是重大的。

在按照审计准则执行审计工作的过程中，我们运用了职业判断，并保持了职业怀疑。同时，我们也执行以下工作：

（1）识别和评估由于舞弊或错误导致的财务报表重大错报风险；对这些风险有针对性地设计和实施审计程序并获取充分、适当的审计证据，作为发表审计意见的基础。由于舞弊可能涉及串通、伪造、故意遗漏、虚假陈述或凌驾于内部控制之上，未能发现由于舞弊导致的重大错报的风险高于未能发现由于错误导致的重大错报的风险。

（2）了解与审计相关的内部控制，以设计恰当的审计程序，但目的并非对内部控制的有效性发表意见。

（3）评价管理层选用会计政策的恰当性和作出会计估计及相关披露的合理性。

（4）对管理层使用持续经营假设的恰当性得出结论。同时，根据获取的审计证据，就可能导致对 ABC 公司持续经营能力产生重大疑虑的事项或情况是否存在重大不确定性得出结论。如果我们得出结论认为存在重大不确定性，审计准则要求我们在审计报告中提请报表使用者注意财务报表中的相关披露；如果披露不充分，我们应当发表非无保留意见。我们的结论基于截至审计报告日可获得的信息。然而，未来的事项或情况可能导致ABC公司不能持续经营。

(5) 评价财务报表的总体列报、结构和内容（包括披露），并评价财务报表是否公允反映相关交易和事项。

我们与治理层就计划的审计范围、时间安排和重大审计发现(包括我们在审计中识别的值得关注的内部控制缺陷) 等事项进行了沟通。

我们还就遵守关于独立性的相关职业道德要求向治理层提供声明，并就可能被合理认为影响我们独立性的所有关系和其他事项，以及相关的防范措施（如适用）与治理层进行沟通。

从与治理层沟通的事项中，我们确定哪些事项对本期财务报表审计最为重要，因而构成关键审计事项。我们在审计报告中描述这些事项，除非法律法规禁止公开披露这些事项，或在极其罕见的情形下，如果合理预期在审计报告中沟通某事项造成的负面后果超过在公众利益方面产生的益处，我们确定不应在审计报告中沟通该事项。

××会计师事务所　　中国注册会计师：×××（项目合伙人）
（盖章）　　（签名并盖章）

中国注册会计师：×××
（签名并盖章）

中国××市　　二〇×八年×月×日

9.2.3 非无保留意见审计报告的基本格式

1. 非无保留意见的含义

非无保留意见是指保留意见、否定意见或无法表示意见。当存在下列情形之一时，注册会计师应当在审计报告中发表非无保留意见：

(1) 根据获取的审计证据，得出财务报表整体存在重大错报的结论。为了形成审计意见，针对财务报表整体是否不存在由于舞弊或错误导致的重大错报，注册会计师应当得出结论，确定是否已就此获取合理保证。在得出结论时，注册会计师需要评价未更正错报对财务报表的影响。财务报表的重大错报可能源于以下内容：

①选择的会计政策的恰当性。在选择的会计政策的恰当性方面，当出现下列情形时，财务报表可能存在重大错报：选择的会计政策与适用的财务报告编制基础不一致；财务报表（包括相关附注）没有

按照公允列报的方式反映交易和事项。

②对所选择的会计政策的运用。对所选择的会计政策的运用方面，当出现下列情形时，财务报表可能存在重大错报：管理层没有按照适用的财务报告编制基础的要求一贯运用所选择的会计政策，包括管理层未在不同会计期间或对相似的交易和事项一贯运用所选择的会计政策（运用的一致性）；不当运用所选择的会计政策（如运用中的无意错误）。

③财务报表披露的恰当性或充分性。在财务报表披露的恰当性或充分性方面，当出现下列情形时，财务报表可能存在重大错报：财务报表没有包括适用的财务报告编制基础要求的所有披露；财务报表的披露没有按照适用的财务报告编制基础列报；财务报表没有作出必要的披露以实现公允反映。

（2）无法获取充分、适当的审计证据，不能得出财务报表整体不存在重大错报的结论。如果注册会计师能够通过实施替代程序获取充分、适当的审计证据，则无法实施特定的程序并不构成对审计范围的限制。下列情形可能导致注册会计师无法获取充分、适当的审计证据（也称为审计范围受到限制）：

①超出被审计单位控制的情形。例如：被审计单位的会计记录已被毁坏；重要组成部分的会计记录已被政府有关机构无限期地查封。

②与注册会计师工作的性质或时间安排相关的情形。例如：被审计单位需要使用权益法对联营企业进行核算，注册会计师无法获取有关联营企业财务信息的充分、适当的审计证据以评价是否恰当运用了权益法；注册会计师接受审计委托的时间安排，使注册会计师无法实施存货监盘；注册会计师确定仅实施实质性程序是不充分的，但被审计单位的控制是无效的。

③管理层施加限制的情形。例如：管理层阻止注册会计师实施存货监盘；管理层阻止注册会计师对特定账户余额实施函证。

2. 确定非无保留意见的类型

注册会计师确定恰当的非无保留意见类型，取决于下列事项：（1）导致非无保留意见的事项的性质，是财务报表存在重大错报，还是在无法获取充分、适当的审计证据的情况下，财务报表可能存在重大错报；（2）注册会计师就导致非无保留意见的事项对财务报表产生或可能产生影响的广泛性作出的判断。

表9－1列示了注册会计师对导致发表非无保留意见的事项的性质和这些事项对财务报表产生或可能产生影响的广泛性作出的判断，以及注册会计师的判断对审计意见类型的影响。

表9-1

导致发表非无保留意见的事项的性质	这些事项对财务报表产生或可能产生影响的广泛性	
	重大但不具有广泛性	重大且具有广泛性
财务报表存在重大错报	保留意见	否定意见
无法获取充分、适当的审计证据	保留意见	无法表示意见

如果对财务报表发表非无保留意见，除在审计报告中包含审计准则规定的审计报告要素外，注册会计师还应当直接在审计意见段之后增加一个部分，并使用恰当的标题，如“形成保留意见的基础”“形成否定意见的基础”或“形成无法表示意见的基础”，以说明导致发表非无保留意见的事项。

3. 保留意见的审计报告

当存在下列情形之一时，注册会计师应当发表保留意见：

（1）在获取充分、适当的审计证据后，注册会计师认为错报单独或汇总起来对财务报表影响重大，但不具有广泛性。

注册会计师在获取充分、适当的审计证据后，只有当认为财务报表就整体而言是公允的，但还存在对财务报表产生重大影响的错报时，才能发表保留意见。如果注册会计师认为错报对财务报表产生的影响极为严重且具有广泛性，则应发表否定意见。因此，保留意见被视为注册会计师在不能发表无保留意见情况下最不严厉的审计意见。

（2）注册会计师无法获取充分、适当的审计证据以作为形成审计意见的基础，但认为未发现的错报（如存在）对财务报表可能产生的影响重大，但不具有广泛性。

注册会计师因审计范围受到限制而发表保留意见还是无法表示意见，取决于无法获取的审计证据对形成审计意见的重要性。注册会计师在判断重要性时，应当考虑有关事项潜在影响的性质和范围以及在财务报表中的重要程度。只有当未发现的错报（如存在）对财务报表可能产生的影响重大但不具有广泛性时，才能发表保留意见。

参考格式9-2列示了由于财务报表存在重大错报而发表保留意见的审计报告。

参考格式9-2

审 计 报 告

ABC股份有限公司全体股东：

一、保留意见

我们审计了ABC股份有限公司（以下简称ABC公司）财务报表，包括20×7年12月31日的资产负债表，20×7年度的利润表、现金流量表、股东权益变动表以及相关财务报表附注。

我们认为，除"形成保留意见的基础"部分所述事项产生的影响外，后附的财务报表在所有重大方面按照企业会计准则的规定编制，公允反映了ABC公司20×7年12月31日的财务状况以及20×7年度的经营成果和现金流量。

二、形成保留意见的基础

ABC公司20×7年12月31日资产负债表中存货的列示金额为×元。管理层根据成本对存货进行计量，而没有根据成本与可变现净值孰低的原则进行计量，这不符合企业会计准则的规定。ABC公司的会计记录显示，如果管理层以成本与可变现净值孰低来计量存货，存货列示金额将减少×元。相应地，资产减值损失将增加×元，所得税、净利润和股东权益将分别减少×元、×元和×元。

我们按照中国注册会计师审计准则的规定执行了审计工作。审计报告的"注册会计师对财务报表审计的责任"部分进一步阐述了我们在这些准则下的责任。按照中国注册会计师职业道德守则，我们独立于ABC公司，并履行了职业道德方面的其他责任。我们相信，我们获取的审计证据是充分、适当的，为发表保留意见提供了基础。

三、关键审计事项

关键审计事项是我们根据职业判断，认为对本期财务报表审计最为重要的事项。这些事项在对财务报表整体进行审计并形成审计意见的背景下进行处理的，我们不对这些事项提供单独的意见。除"形成保留意见的基础"部分所述事项外，我们确定下列事项是需要在审计报告中沟通的关键审计事项。

[按照《中国注册会计师审计准则第1504号——在审计报告中沟通关键审计事项》的规定描述每一关键审计事项。]

四、管理层和治理层对财务报表的责任

[按照《中国注册会计师审计准则第1501号——对财务报表形成审计意见和出具审计报告》的规定报告，参见参考格式9-1。]

五、注册会计师对财务报表审计的责任

[按照《中国注册会计师审计准则第1501号——对财务报表形成审计意见和出具审计报告》的规定报告，参见参考格式9-1。]

××会计师事务所　　中国注册会计师：×××（项目合伙人）
（盖章）　　　　　　　　　（签名并盖章）
中国注册会计师：×××
（签名并盖章）
中国××市　　　　　　　　二〇×八年×月×日

4. 否定意见的审计报告

在获取充分、适当的审计证据后，如果认为错报单独或汇总起来对财务报表的影响重大且具有广泛性，注册会计师应当发表否定意见。

参考格式9－3列示了由于合并财务报表存在重大错报而发表否定意见的审计报告。

参考格式9－3

审 计 报 告

ABC股份有限公司全体股东：

一、否定意见

我们审计了ABC股份有限公司及其子公司（以下简称ABC集团）的合并财务报表，包括20×7年12月31日的合并资产负债表，20×7年度的合并利润表、合并现金流量表、合并股东权益变动表以及相关合并财务报表附注。

我们认为，由于"形成否定意见的基础"部分所述事项的重要性，后附的合并财务报表没有在所有重大方面按照××财务报告编制基础的规定编制，未能公允反映ABC集团20×7年12月31日的合并财务状况以及20×7年度的合并经营成果和合并现金流量。

二、形成否定意见的基础

如财务报表附注×所述，20×7年ABC集团通过非同一控制下的企业合并获得对XYZ公司的控制权，因未能取得购买日XYZ公司某些重要资产和负债的公允价值，故未将XYZ公司纳入合并财务报表的范围。按照××财务报告编制基础的规定，该集团应将这一子公司纳入合并范围，并以暂估金额为基础核算该项收购。如果将XYZ公司纳入合并财务报表的范围，后附的ABC集团合并财务报表的多个报表项目将受到重大影响。但我们无法确定未将XYZ公司纳入合并范围对合并财务报表产生的影响。

我们按照中国注册会计师审计准则的规定执行了审计工作。审计报告的“注册会计师对合并财务报表审计的责任”部分进一步阐述了我们在这些准则下的责任。按照中国注册会计师职业道德守则，我们独立于ABC集团，并履行了职业道德方面的其他责任。我们相信，我们获取的审计证据是充分、适当的，为发表否定意见提供了基础。

三、关键审计事项

除“形成否定意见的基础”部分所述事项外，我们认为，没有其他需要在我们的报告中沟通的关键审计事项。

四、管理层和治理层对合并财务报表的责任

[按照《中国注册会计师审计准则第1501号——对财务报表形成审计意见和出具审计报告》的规定报告，参见参考格式9-1。]

五、注册会计师对合并财务报表审计的责任

[按照《中国注册会计师审计准则第1501号——对财务报表形成审计意见和出具审计报告》的规定报告，参见参考格式9-1。]

××会计师事务所　　中国注册会计师：×××（项目合伙人）
（盖章）　　（签名并盖章）
中国注册会计师：×××
（签名并盖章）
中国××市　　二〇×八年×月×日

5. 无法表示意见的审计报告

如果无法获取充分、适当的审计证据以作为形成审计意见的基础，但认为未发现的错报（如存在）对财务报表可能产生的影响重大且具有广泛性，注册会计师应当发表无法表示意见。

在极其特殊的情况下，可能存在多个不确定事项。即使注册会计师对每个单独的不确定事项获取了充分、适当的审计证据，但由于不确定事项之间可能存在相互影响，以及可能对财务报表产生累积影响，注册会计师不可能对财务报表形成审计意见。在这种情况下，注册会计师应当发表无法表示意见。

参考格式9-4列示了由于注册会计师无法针对财务报表多个要素获取充分、适当的审计证据而发表无法表示意见的审计报告。

参考格式9-4

审计报告

ABC股份有限公司全体股东：

一、无法表示意见

我们接受委托，审计ABC股份有限公司（以下简称ABC公司）财务报表，包括20×7年12月31日的资产负债表，20×7年度的利润表、现金流量表、股东权益变动表以及相关财务报表附注。

我们不对后附的ABC公司财务报表发表审计意见。由于“形成无法表示意见的基础”部分所述事项的重要性，我们无法获取充分、适当的审计证据以作为对财务报表发表审计意见的基础。

二、形成无法表示意见的基础

我们于20×8年1月接受委托审计ABC公司财务报表，因而未能对ABC公司20×7年初金额为×元的存货和年末金额为×元的存货实施监盘程序。此外，我们也无法实施替代审计程序获取充分、适当的审计证据。并且，ABC公司于20×7年8月采用新的应收账款电算化系统，由于存在系统缺陷导致应收账款出现大量错误。截至报告日，ABC公司管理层（以下简称管理层）仍在纠正系统缺陷并更正错误，我们也无法实施替代审计程序，以对截至20×7年12月31日的应收账款总额×元获取充分、适当的审计证据。因此，我们无法确定是否有必要对存货、应收账款以及财务报表其他项目作出调整，也无法确定应调整的金额。

三、管理层和治理层对财务报表的责任

[按照《中国注册会计师审计准则第1501号——对财务报表形成审计意见和出具审计报告》的规定报告，参见参考格式9-1。]

四、注册会计师对财务报表审计的责任

我们的责任是按照中国注册会计师审计准则的规定，对ABC公司的财务报表执行审计工作，以出具审计报告。但由于“形成无法表示意见的基础”部分所述的事项，我们无法获取充分、适当的审计证据以作为发表审计意见的基础。

按照中国注册会计师职业道德守则，我们独立于ABC公司，并履行了职业道德方面的其他责任。

××会计师事务所 中国注册会计师：×××（项目合伙人）
（盖章） （签名并盖章）

中国注册会计师：×××
（签名并盖章）

中国××市 二○×八年×月×日

9.3 审计报告的编制

9.3.1 审计报告的编制步骤

编制审计报告时，审计人员应当仔细审阅并复核在审计过程中形成的审计工作底稿，确定审计证据是否充分，审计程序的执行是否到位，一般来说，编制审计报告一般要经过以下几个步骤：

1. 整理和分析审计工作底稿

审计人员在实施审计的过程中，记录审计证据和情况的审计工作底稿是分散的和不系统的。在编制审计报告时，审计人员应针对审计的目标和范围，按照审计准则的要求，去粗取精，对审计工作底稿进行整理，并回顾是否有遗漏的环节，着重列举审计中发现的问题，进而全面汇总审计结果，做出初步的总体结论。

2. 提请被审计单位调整有关事项

审计人员在整理和分析审计工作底稿的基础上，向被审计单位通报审计情况、初步结论和财务报表的应调整事项。一般来说，审计人员对于被审计单位会计记录或会计处理方法上的错误，应提请被审计单位纠正，并相应调整财务报表的有关项目；对于被审计单位会计处理不当、期后事项和或有关损失，有的应提请被审计单位在财务报表附注中加以披露，有的应在报告中予以说明。

3. 确定审计报告意见的类型

审计人员以经过整理和分析的审计工作底稿为依据，并根据被审计单位是否接受其提出的调整和披露意见以及是否已作了调整和披露等情况，确定审计意见的类型。

4. 撰写审计报告

审计人员在整理、分析审计工作底稿和提请被审计单位调整财务报表，并根据调整情况确定审计意见后，应拟订审计报告提纲，编写审计报告。审计报告一般由审计项目负责人编写，如由其他人编写，则必须经审计项目负责人复核、校对。审计报告完稿后，应经会计师事务所的部门经理复核，之后交主任会计师最终复核，并提出修改意见。修改定稿的审计报告，由执行审计人员和会计师事务所签章后，交送审计业务委托人。

9.3.2 编写审计报告的要求

审计报告是审计人员完成必要的审计程序，将审计工作完成情况和结果报告给审计机关、委托人等有关部门的书面文件，是审计工作的最终结果。审计报告能否充分发挥作用，关键在于审计报告的质量。因此，审计人员必须持客观、认真、慎重的态度，按下列要求编写审计报告：

1. 语言清晰简练

审计报告主要是以文字表达审计意见的书面文件。编制审计报告时，文字必须清晰，便于理解，不能似是而非，切忌使用模棱两可的文字和夸张的语言。

2. 证据确凿充分

审计报告所列事实必须确凿充分、客观真实，引用资料必须经过复核，而不能凭借主观愿望对被审计单位的财务状况、经营成果和现金流量情况提出审计意见。只有建立在真实性基础上的审计报告，才能令人信服，达到客观、公正的要求。

3. 态度客观公正

编制审计报告时，态度必须客观公正，不能自以为是或先入为主，切忌带有个人成见或单凭印象草率表示意见。在进行执业、判断和做出结论时，必须保持客观公正，遵守审计准则。只有做到客观公正，审计意见才能准确、恰当，才能使审计报告具有权威性。

4. 内容全面完整

审计报告内容全面，不仅要求审计报告的基本要素完整、齐全，而且要求审计人员通过审计报告将审计意见确切地传达给报告使用者，并充分关注重大不确定事项，正确地在报告中作出提示或说明，以引起报告使用者的注意。

本 章 小 结

1. 审计报告是审计人员根据审计准则的规定，在执行审计工作的基础上，对财务报表发表审计意见的书面文件。审计报告是审计人员完成审计任务的重要标志，主要具有鉴证、保护、证明和促进等作用。

2. 审计报告一般包括以下要素：标题；收件人；审计意见；形成审计意见的基础；管理层对财务报表的责任；注册会计师对财务报表审计的责任；按照相关法律法规的要求报告的事项（如适用）；注

册会计师的签名和盖章；会计师事务所的名称、地址及盖章；报告日期。

3. 审计报告按使用目的分，可分为公布目的的审计报告和非公布目的的审计报告；按审计报告的格式分，可分为标准审计报告和非标准审计报告；按出具审计报告的主体分类，可分为政府审计报告、内部审计报告和注册会计师审计报告；按审计报告的详略程度分，可分为简式审计报告和详式审计报告。

4. 无保留意见是指当注册会计师认为财务报表在所有重大方面按照适用的财务报表编制基础编制并实现公允反映时发表的审计意见。

5. 注册会计师经过审计后，如果认为财务报表就其整体而言是公允的，但还存在下列情形之一时，注册会计师应当出具保留意见的审计报告：在获取充分、适当的审计证据后，注册会计师认为错报单独或汇总起来对财务报表影响重大，但不具有广泛性；注册会计师无法获取充分、适当的审计证据以作为形成审计意见的基础，但认为未发现的错报（如存在）对财务报表可能产生的影响重大，但不具有广泛性。

6. 在获取充分、适当的审计证据后，如果认为错报单独或汇总起来对财务报表的影响重大且具有广泛性，注册会计师应当发表否定意见。

7. 如果无法获取充分、适当的审计证据以作为形成审计意见的基础，但认为未发现的错报（如存在）对财务报表可能产生的影响重大且具有广泛性，注册会计师应当发表无法表示意见。

复习思考题

一、单项选择题

1. 某注册会计师在编写审计报告时，在意见段中使用“除……产生的影响外”术语，这种类型的措辞常见于（　　）。

A. 无保留意见审计报告　　B. 保留意见审计报告

C. 否定意见审计报告　　D. 无法表示意见审计报告

2. 甲会计师事务所2018年2月3日对常年审计客户戊公司实施财务报表审计业务，在制定总体审计策略时，确定的财务报表整体重要性水平为15万元，2月13日外勤审计工作结束，已确定的戊公司资产总额为200万元，但其中戊公司价值100万元的存货由中东地区某经销商负责代销，因当地政局不稳定，注册会计师无法实施监盘，也无法委托当地注册会计师代为监盘或实施其他替代审计程序，则注册会计师应当出具的审计报告意见类型是（　　）。

A. 保留意见　　　　　　　　　B. 无法表示意见

C. 无保留意见　　　　　　　　D. 否定意见

3. 当被审计单位存在会计估计的作出不恰当但所涉金额不大，远远低于重要性水平时，注册会计师对该报表应出具审计报告的意见类型是（　　）。

A. 无保留意见　　　　　　　　B. 保留意见

C. 否定意见　　　　　　　　　D. 无法表示意见

4. 2018年，甲公司通过非同一控制下的企业合并获得对乙公司的控制权，因未能取得购买日乙公司某些重要资产和负债的公允价值，故未将乙公司纳入合并财务报表的范围，则A注册会计师应当针对2018年合并财务报表出具的审计意见类型是（　　）。

A. 无保留意见　　　　　　　　B. 保留意见

C. 否定意见　　　　　　　　　D. 无法表示意见

5. 下列报告中，不属于审计报告的是（　　）。

A. 审计机构年度财务报告

B. 单位内部审计机构编制的审计报告

C. 国家审计机关专项资金审计报告

D. 经济效益审计报告

6. 下列关于审计报告日的说法中，错误的是（　　）。

A. 审计报告日可以晚于管理当局签署已审计财务报表的日期

B. 审计报告日应当是注册会计师获取充分、适当的审计证据，并在此基础上形成审计意见的日期

C. 审计报告日可以与管理当局签署已审计财务报表的日期一致

D. 审计报告日不应早于注册会计师获取充分、适当的审计证据，并在此基础上形成审计意见的日期

7. 如果需要修改已审财务报表而管理层拒绝修改，并且该事项对财务报表的影响超出一定范围，以致财务报表不符合会计准则的规定，不能在所有重大方面公允地反映被审计单位的财务状况、经营成果和现金流量，注册会计师只能发表（　　）审计报告。

A. 无保留意见　　　　　　　　B. 保留意见

C. 否定意见　　　　　　　　　D. 无法表示意见

8. 如果无法获取充分、适当的审计证据以作为形成审计意见的基础，但认为未发现的错报（如存在）对财务报表可能产生的影响重大且具有广泛性，则审计人员应出具（　　）审计报告。

A. 无保留意见　　　　　　　　B. 保留意见

C. 否定意见　　　　　　　　D. 无法表示意见

二、多项选择题

1. 审计报告按格式分类，可分为（　　）。

A. 标准审计报告　　　　　　B. 非标准审计报告

C. 综合审计报告　　　　　　D. 专项审计报告

2. 审计报告按使用目的分类，可分为（　　）。

A. 财政财务审计报告　　　　B. 经济效益审计报告

C. 公布目的的审计报告　　　D. 非公布目的的审计报告

3. 财务报表存在重大错报可能导致注册会计师出具非无保留意见审计报告。一般来说，财务报表的重大错报主要来自（　　）两个方面。

A. 财务报表存在重大错报　　B. 被审计单位严重亏损

C. 审计范围受到重大限制　　D. 注册会计师经验不足

4. 审计报告的意见类型包括（　　）。

A. 无保留意见　　　　　　　B. 保留意见

C. 否定意见　　　　　　　　D. 无法表示意见

5. 管理层对财务报表的责任段应当说明，编制财务报表是管理层的责任，这种责任包括（　　）。

A. 设计、执行和维护与财务报表编制相关的内部控制，以使财务报表不存在由于舞弊或错误而导致的重大错报

B. 按照适用的财务报告编制基础编制财务报表，并使其实现公允反映

C. 财务报表真实反映了经济活动内容

D. 作出合理的会计估计

6. 注册会计师的责任段应当说明下列内容（　　）。

A. 注册会计师的责任是在执行审计工作的基础上对财务报表发表审计意见

B. 注册会计师按照中国注册会计师审计准则的规定执行了审计工作

C. 审计工作涉及实施审计程序，以获取有关财务报表金额和披露的审计证据

D. 注册会计师相信获取的审计证据是充分、适当的，为其发表审计意见提供了基础

7. 注册会计师在确定审计报告的日期时，应当考虑（　　）。

A. 构成整套财务报表的所有报表（包括相关附注）已编制完成

B. 该会计师事务所对内部控制已经审核

C. 被审计单位的董事会、管理层或类似机构已经认可其对财务报表负责

D. 注册会计师已完成函证

8. 撰写审计报告要求（ ）。

A. 语言要清晰简练　　B. 证据要充分

C. 态度要客观公正　　D. 内容要全面合法

三、判断题

1. 审计报告的编写依据是审计工作底稿。（ ）

2. 财务报表属于审计对象，其编制质量的最终责任是由注册会计师而非管理当局来承担。（ ）

3. 审计报告的主要作用是鉴证作用。（ ）

4. 审计报告日期是指审计报告定稿日期或报出日期。（ ）

5. 注册会计师的审计报告须经财政部门或审计机关审定后方可提交给委托人。（ ）

6. 审计报告一般由审计项目负责人编制，审计决定也由其做出。（ ）

7. 在发生重大不确定事项时，如果被审计单位已在财务报表附注中作了充分披露，注册会计师应当出具保留意见的审计报告。（ ）

8. 无法表示意见就是不愿意发表意见。（ ）

9. 无保留意见的审计报告意味着注册会计师通过审计工作认为被审计单位财务报表的编制不存在错报。（ ）

10. 如果注册会计师未在审计报告中提及持续经营的不确定性，则应被视为对被审计单位持续经营能力的保证。（ ）

四、简答题

1. 什么是审计报告？它有哪些作用？

2. 审计报告的基本内容包括哪些要素？

3. 注册会计师认为已审财务报表符合哪些条件时，应出具无保留意见的审计报告？

4. 注册会计师认为已审财务报表符合哪些条件时，应出具保留意见的审计报告？

5. 注册会计师认为已审财务报表符合哪些条件时，应出具无法表示意见的审计报告？

6. 注册会计师认为已审财务报表符合哪些条件时，应出具否定意见的审计报告？

五、综合分析题

注册会计师2019年4月18日完成了对XYZ公司2018年度财务报表审计工作，发现如下情况：

（1）2019年2月3日经最高法院判决，XYZ公司2018年3月份涉及的侵权赔偿诉讼败诉，赔偿230万元，XYZ公司于实际支付时计入2019年2月份的账上，注册会计师建议XYZ公司调整2018年度财务报表遭到拒绝。XYZ公司2018年度利润总额为78万元。

（2）2018年11月份XYZ公司的某一仓库遭受水灾，保险公司和XYZ公司正在核定损失，但至2018年结账日难以估计损失。XYZ公司拒绝在财务报表附注中披露该事项及其影响。

（3）2018年11月份XYZ公司为B公司的借款担保到期，B公司已经破产，银行要求XYZ公司承担担保责任，赔偿300万元，至2018年12月31日法院尚未判决。2019年3月28日，经最高法院终审判决，XYZ公司向银行赔偿290万元。注册会计师建议调整2018年相关项目，但XYZ公司认为该事项在2019年发生，在实际支付时计入了2019年3月份的账上。注册会计师在计划阶段确定的重要性水平是200万元。

（4）XYZ公司自2018年度改变了存货计价方法：由个别计价法改为加权平均法，经注册会计师审计取证，认可XYZ公司会计政策的变更合法、合理，建议XYZ公司对此会计政策的变更及其对财务报表的影响在财务报表中披露，XYZ公司不接受注册会计师的建议。

（5）审计中发现XYZ公司少计资产13万元，占XYZ公司资产总额比重甚少，XYZ公司拒绝调整，注册会计师在计划阶段确定的重要性水平是100万元。

（6）XYZ公司的存货占总资产的35%，因存货存放在全国各地，注册会计师不能实施监盘。

（7）XYZ公司的应收账款总额为390万元，其中有10万元的应收账款，注册会计师没有收到函证回函，同时由于XYZ公司缺乏相应的原始凭证，注册会计师也没有办法实施替代程序，注册会计师在计划阶段确定的报表层次重要性水平是100万元。

要求：试分析在单独存在以上各种情况时，应当考虑出具什么类型的审计报告并说明理由。

复习思考题参考答案

第1章

一、填空题

1. 受托经济责任关系 2. 审计人 被审计人 审计委托人或授权人 3. 正则会计师事务所 4. 1994年1月1日 5. 经济监督 经济评价 经济鉴证 6. 制约作用促进作用 7. 政府审计 内部审计 民间审计

二、单项选择题

1. D 2. C 3. A 4. A

三、多项选择题

1. AD 2. AB 3. ABCD 4. BD 5. ABD 6. AC

四、判断题

1. × 2. √ 3. ×

五、简答题（略）

第2章

一、单项选择题

1. D 2. D 3. B 4. C 5. C 6. C 7. D 8. C

二、多项选择题

1. AC 2. ABC 3. ABC 4. ABCD 5. BC 6. ABCD 7. BC 8. ACD 9. ABC 10. AC

三、判断题

1. √ 2. × 3. × 4. √ 5. × 6. × 7. √

四、简答题（略）

第3章

一、单项选择题

1. B 2. C 3. B 4. C 5. B 6. B 7. C 8. A 9. B 10. B

二、多项选择题

1. ABCD　2. BC　3. ABC　4. ABCD　5. ABCD　6. AC　7. CD　8. AD　9. AD　10. AC

三、判断题

1. √　2. ×　3. ×　4. ×　5. √　6. √　7. ×　8. ×　9. √　10. ×

四、简答题（略）

第4章

一、单项选择题

1. B　2. A　3. A　4. B　5. A　6. C　7. A　8. A　9. A　10. B　11. D　12. D

二、多项选择题

1. ABCD　2. ABCD　3. AD　4. ABCD　5. ABCD　6. ABC　7. ABCD　8. BD　9. ABC　10. ABD

三、判断题

1. √　2. ×　3. ×　4. ×　5. ×　6. √　7. ×　8. ×　9. √　10. √

四、简答题（略）

五、案例分析题

1.

调　节　表

2019 年 1 月 15 日

材料名称	审计日盘点数量	结账日至审计日调节情况		结算日情况		
		减：入库数	加：出库数	结算日实存数	结算日账面数	差异
1	2	3	4	5 = 2 + 4 − 3	6	7 = 5 − 6
甲材料	6 080	12 400	11 720	5 400	6 400	−1 000
乙材料	8 570	14 300	13 930	8 200	8 800	−600
丙材料	4 140	6 400	6 660	4 400	4 500	−100

从上表数字可知，该公司 2018 年 12 月 31 日库存材料明细账的数字是不真实、不正确的，三种库存材料都发生了短缺，应进一步查

明原因。

2. 960，1 457，1 108，1 476，2 515

3.（1）抽样间隔 $=\frac{800}{800\times10\%}=10$

（2）样本号码为：320　330　340…1110

第5章

一、单项选择题

1. B　2. D　3. C　4. A　5. B　6. C　7. A　8. C　9. D　10. C　11. B　12. D

二、多项选择题

1. ABC　2. ABCD　3. ABC　4. CD　5. ABCD　6. ABCD　7. AD　8. ABCD　9. ABCD　10. AD

三、判断题

1. ×　2. √　3. ×　4. ×　5. ×　6. ×　7. ×　8. √　9. ×　10. ×　11. ×　12. √　13. √　14. ×

四、综合分析题

1. 执行上述（1）、（6）审计程序获得的审计证据应归为实物证据；

执行上述（7）审计程序获得的审计证据应归为环境证据；

执行上述（2）、（4）、（5）审计程序获得的审计证据应归为书面证据；

执行上述（3）审计程序获得的审计证据应归为口头证据。

2.（1）销售发票副本比产品出库单可靠。因为销售发票是在外部流转的，并获得公司以外的机构或个人的承认；而产品出库单只在公司内部流转。

（2）购货发票比收料单可靠。因为购货发票来自公司以外的机构或人员，而收料单是公司自行编制的。

（3）领料单比材料成本计算表可靠。因为领料单预先被连续编号，并经公司不同部门人员的审核；而材料成本计算表只在会计部门内部流转。

（4）工资发放表比工资计算单可靠。因为工资发放表经会计部门以外的工资领取人签字确认；而工资计算单只在会计部门内部流转。

（5）银行询证函回函比银行对账单可靠。因为银行询证函的回函是注册会计师直接获取的，未经公司有关职员之手；而银行对账单经过公司有关职员之手，存在伪造、涂改的可能性。

（6）存货监盘记录比存货盘点表可靠。因为存货监盘记录是由注册会计师自行编制的；而存货盘点表是公司提供的。

3. 该公司一般不可能胜诉。因为根据我国现行审计准则，审计档案的所有权属于承接该项业务的会计师事务所，因此该公司无权向甲会计师事务所索要审计工作底稿。

4.（1）申华会计师事务所本次审计工作底稿的归档期限不正确。审计工作底稿的归档期限是审计报告日后60天内，即2018年3月10日后的60天内完成。被审计单位的归档期限超过了这个规定。

（2）审计工作底稿归档后，可以修改现有审计工作底稿或增加新的审计工作底稿的情形有以下两种：

①注册会计师已实施了必要的审计程序，获取了充分、适当的审计证据，并得出了恰当的审计结论，但审计工作底稿的记录不够充分；②审计报告日后，发现例外情况要求注册会计师实施新的或追加审计程序，或导致注册会计师得出新的结论。

（3）审计工作底稿归档后，如果有必要修改现有审计工作底稿或增加新的审计工作底稿，注册会计师应当记录的事项有：修改或增加审计工作底稿的时间和人员，以及复核的时间和人员；修改或增加审计工作底稿的具体理由。

（4）申华会计师事务所应当自2018年3月10日起至少保存10年。

五、简答题（略）

第6章

一、单项选择题

1. B　2. B　3. B　4. C　5. D　6. D　7. C　8. B　9. C　10. C

二、多项选择题

1. ABD　2. ABD　3. ABCD　4. ABC　5. AD　6. ACD　7. AC　8. ACD　9. ACD　10. ABC

三、判断题

1. √　2. ×　3. ×　4. ×　5. √　6. √　7. √　8. ×　9. ×　10. ×

四、案例分析题

答：(1) 资产总额的重要水平为 180 000 ×0.5% =900（万元）

净资产的重要水平为 88 000 ×1% =880（万元）

营业收入的重要水平为 240 000 ×0.5% =1 200（万元）

净利润的重要水平为 24 120 ×5% =1 206（万元）

由于重要性水平与审计证据呈反向变动关系，为了保证审计证据的充分性，出于职业的谨慎考虑，应该选择不同财务报表重要性水平中的最低者为财务报表层次的重要性水平。故美大公司 2017 年度财务报表层次重要性的水平为 880 万元。

(2) 重要性与审计风险之间存在反向关系。重要性水平越高，审计风险越低；重要性水平越低，审计风险越高。注册会计师在确定审计程序的性质、时间和范围时应当考虑这种反向关系。在确定审计程序后，如果注册会计师决定接受更低的重要性水平，审计风险将增加。注册会计师应当选用下列方法将审计风险降至可接受的低水平。

①如有可能，通过扩大控制测试范围或实施追加的控制测试，降低评估的重大错报风险，并支持降低后的错报风险水平；

②通过修改计划实施的实质性程序的性质、时间和范围，降低检查风险。

五、简答题（略）

第 7 章

一、单项选择题

1. D　2. A　3. A　4. D　5. C　6. B　7. D　8. D　9. C　10. D

二、多项选择题

1. BD　2. ABCD　3. ABCD　4. ABCD　5. ABC　6. ABD　7. ABC　8. ABC　9. AB　10. ABC

三、判断题

1. ×　2. ×　3. ×　4. ×　5. √　6. ×　7. ×　8. ×　9. √　10. ×

四、分析题

答：根据总账与日记账分离、总账与明细账分离以及账实分离的基本要求，将上述 7 项工作分为以下 3 组，3 名会计人员可承担其中的任意一组。其一，记录总账、开具拒付通知单和调节银行对账单为一组。实际工作中，该项工作一般由主管担任。其二，开具支票，以便主管人员签章并记录现金日记账和处理并送存所收的现金为一组。实际工作中，该项工作一般由出纳担任。其三，记录应付账款明细账和记录应收账款明细账为一组。实际工作中，该项工作一般由主管和出纳以外的人员担任。

五、简答题（略）

第8章

一、单项选择题

1. （1）B；（2）D；（3）B；（4）A　2. D　3. B　4. B　5. C　6. A　7. B　8. D

二、多项选择题

1. ACD　2. ABCD　3. ABCD　4. ABCD　5. BCD　6. ABD　7. ABC　8. AD

三、判断题

1. √　2. ×　3. ×　4. √　5. ×　6. ×　7. ×　8. √　9. √　10. √

四、案例分析题

1. 审计差异调整分录：

借：应收账款　　1 150 万元

　　贷：预收账款　　1 150 万元

借：管理费用——计提的坏账准备　　143. 75 万元

　　贷：应收账款——坏账准备　　143. 75 万元

借：预付账款　　650 万元

　　贷：应付账款　　650 万元

【解析】属于重分类误差。“应收账款”账户为 5 150 万元（A 公司 5 000 + H 公司 150）；“坏账准备”账户为 643. 75 万元（借方余额 500/4 000 = 12. 5%；5 150 × 12. 5% = 643. 75）；资产负债表应收账款项目金额为 4 506. 25 万元；资产负债表预付账款项目金额为 2 150 万元（C 公司 1 750 + F 公司 400）；资产负债表应付账款项目金额为 4 150 万元（E 公司 3 900 + D 公司 250）；资产负债表预收账款项目金额为 2 400 万元（G 公司 1 400 + B 公司 1 000）。

2. 【解答】

（1）回函中出现不符事项的原因主要有三方面：①被审计单位与客户的登记入账时间不一致；②双方或一方存在记账错误；③被审计单位存在弄虚作假或舞弊行为。

（2）如果回函中出现的不符事项是由购销双方登记入账的时间

不同造成的，则不会造成财务报表错误，因而不需要进行调整。如果不符事项是由记账错误或弄虚作假等舞弊行为造成的，会引起财务报表错报，则需要加以调整。

（3）对于未收到回函的应收账款，审计人员应实施替代审计程序。例如检查资产负债表日后收回的货款；检查相关的销售合同、销售单、发运凭证等文件；检查被审计单位与客户之间的往来邮件，如有关发货、对账、催款等事宜邮件。

五、简答题（略）

第 9 章

一、单项选择题

1. B　2. B　3. A　4. C　5. A　6. B　7. C　8. D

二、多项选择题

1. AB　2. CD　3. AC　4. ABCD　5. AB　6. ABCD　7. AC　8. ABCD

三、判断题

1. √　2. ×　3. √　4. ×　5. ×　6. ×　7. ×　8. ×　9. ×　10. ×

四、简答题（略）

五、综合分析题

答：在单独存在上述各种情况时，应当分别考虑出具以下不同类型的审计报告：

（1）否定意见的审计报告。该事项属于需要调整的期后事项，如果调整 2018 年度财务报表，可能使利润盈亏逆转，属于性质严重的错报，所以应该发表否定意见。

（2）保留或否定意见的审计报告。属于无法估计的或有事项，应当在财务报表附注中予以披露，如果被审计单位不充分、适当披露，注册会计师应根据该事项对财务报表的影响出具保留或否定意见的审计报告。

（3）保留意见的审计报告。该事项已在审计报告日前予以证实，应当作为调整事项进行处理，需要调整的金额超过了重要性水平，但不至于发表否定意见，因此应当出具保留意见的审计报告。

（4）保留或否定意见的审计报告。会计政策变更应该在财务报表附注中予以披露，如果被审计单位不接受建议，注册会计师应根据该会计政策变更对财务报表的影响出具保留或否定意见的审计报告。

（5）无保留意见的审计报告。因为错报金额远远小于财务报表层次的重要性水平。

（6）无法表示意见的审计报告。监盘没有实施，审计范围受到严重限制。

（7）无保留意见的审计报告。无法实施审计程序的应收账款金额远远小于财务报表层次的重要性水平。

参考文献

[1] 郭磊、李普玲主编:《审计学原理与实务》,经济科学出版社2016年版。

[2] 王学龙主编:《审计学》,经济科学出版社2018年版。

[3] 中国注册会计师协会:《审计》,经济科学出版社2019年版。

[4] 杨明增、李美亭主编:《审计学》,经济科学出版社2018年版。

[5] 姜明主编:《审计》,清华大学出版社2009年版。

[6] 宋夏云、何恩良、尤家荣主编:《审计学》,立信会计出版社2008年版。

[7] 罗杰、邓小龙、赵春青主编:《审计学》,北京工业大学出版社2009年版。

[8] 宋常主编:《审计学》,中国人民大学出版社2010年版。

[9] 秦荣生、卢春泉编著:《审计学》,中国人民大学出版社2008年版。

[10] 徐掌元主编:《审计学》,经济科学出版社2008年版。

[11]《中华人民共和国国家审计准则》(审计署令第8号)。

[12]《中国内部审计准则》(2013)。

[13]《中华人民共和国注册会计师法》(2014年8月31日修订)。

[14]《中国注册会计师执业准则》(财会[2010]21号)。

[15]《中国注册会计师职业道德守则》(2009)。